清代湖北方志编纂研究

严忠良 著

湖北汽车工业学院博士科研启动项目（BK201704）成果

湖北省社科基金后期资助项目（2018093）成果

湖北省人文社科重点研究基地武当文化研究与传播中心项目成果

武汉大学出版社
WUHAN UNIVERSITY PRESS

U0690800

图书在版编目（CIP）数据

清代湖北方志编纂研究/严忠良著.—武汉：武汉大学出版社,2020.8
ISBN 978-7-307-21535-1

Ⅰ.清…　Ⅱ.严…　Ⅲ.地方志—编辑工作—研究—湖北—清代
Ⅳ.K296.3

中国版本图书馆 CIP 数据核字（2020）第 089875 号

责任编辑:李　程　黄河清　　　责任校对:汪欣怡　　　版式设计:韩闻锦

出版发行:**武汉大学出版社**　（430072　武昌　珞珈山）
　　　　（电子邮箱:cbs22@ whu.edu.cn　网址:www.wdp.com.cn）
印刷:武汉中远印务有限公司
开本:720×1000　1/16　印张:21.5　字数:309 千字　插页:1
版次:2020 年 8 月第 1 版　　2020 年 8 月第 1 次印刷
ISBN 978-7-307-21535-1　　定价:79.00 元

目　录

绪　　论

一、选题缘由及意义

地方志，乃一方之志书，具有鲜明的地域特性、历史承续性以及明显的资料性，包罗万象，涉及政治、经济、社会、军事、文化、自然地理等内容知识，是反映一方地情的重要文献，被誉为"独特的地方百科全书"①。地方志历来受到人们的重视，传统社会认为方志有"辅政资政""国史取裁""弘宣风教"的功能，有助于统治者对地方乃至全国的治理，"万里河山，四方险阻，攻守利害，沿袭根源，伸纸未穷，森然在目，不下堂而知王土，不出户而观万邦，图籍机权，莫先于此"。② 故而，官员莅任一地，则尽力搜罗和参阅当地志书，成为一种惯例，"入属境，看须知，览志书"③。历史文献学家张舜徽先生也十分重视地方志，认为"方志是保存社会史料的渊薮……如果我们今天还不看重于方志的研究、整理，想要编写一部反映中华民族文化的比较完整的中国通史是不可能的"④。中华人民共和国成立以来，特别是 20 世纪 80 年代后，学界对方志的功用认识充分且成熟，并以"资治、存史、教育"概

---

①　斯洪溢：《前言》，中国科学院北京天文台：《中国地方志联合目录》，中华书局 1985 年版，第 1 页。

②　乐史：《进太平寰宇记表》，转引自王晓岩：《历代方志名家论方志》，辽宁大学出版社 1986 年版，第 89 页。

③　《新编吏治悬镜》卷一《莅任初规》，转引自来新夏：《地方官读志书》，《秘书工作》2013 年第 7 期。

④　张舜徽：《中国文献学》，华中师范大学出版社 2004 年版，第 267～269 页。

括之，尤为重视地方志的编纂与研究工作。地方志纵述史事，横陈百科，与国史、家谱并称为中华民族的三大文献①，其重要的学术研究和现实借鉴价值受到充分重视。

湖北方志文献编纂历史源远流长，《禹贡·职方》和《山海经》以及专门记载湖北史事的楚《梼杌》被一些学者视为湖北方志的源头。② 秦汉至南北朝时期，尤其是南北朝时期，湖北方志数量逐渐增多，体例内容较为丰富，涉及地理、风俗、人物、物产等。其中，记人的志书有王璨《荆州文学记官志》、习凿齿《襄阳耆旧记》；记地理类的有盛弘之《荆州记》、郭仲雍《襄阳记》、袁崧《宜都郡记》；记载风俗物产的有宗懔《荆楚岁时记》、薛季宣《武昌土俗篇》等。至隋唐时期，图经大为盛行，如《汉阳郡图经》《复州图经》《襄州图经》等，发展为当时的主流志书，奠定了后世方志发展的基础，为方志体例的成熟做了准备。宋元时期，方志内容日益丰富，增加建置、物产、艺文等门目，体例趋于成熟、系统与定型。由于中央王朝和地方官员的重视，以及地方士绅的积极参与，这一时期湖北方志数量较为可观，种类也比较丰富，出现修志热潮。顾宏义《宋朝方志考》③考述两宋时期湖北修志达 75 种，《金元方志考》④指出金元时期湖北编纂方志有 8 种，其中比较著名的有《寿昌乘》《富川志》《下雉纂》《均州志》《施州图经》等，惜皆不传，今仅存《寿昌乘》残卷。明清时期，湖北方志走向全面辉煌，其中明代湖北编纂各类方志有 217 种，清代修志事业更为鼎盛，方志数量尤为宏富，达到 405 种，是全国志书编纂数量较多的省份之一。明清湖北方志涵括通志、府州县志、乡土志、道志、台志、土司志、山水志、寺观志等，种类齐全，理论成熟，名志迭出，如海内三大名志之一的童承叙《沔阳州

---

① 常建华：《社会生活的历史学：中国社会史研究新探》，北京师范大学出版社 2004 年版，第 191 页。

② 同治《公安县志》卷首《雷思霈序》载："楚志昉自《禹贡》《山海经》，惟言山川、田土、贡赋、物产，以至诡异神奸，今人所略，古人所详。《梼杌》《楚书》始综人理，《离骚》《九辨》始侈声歌等。"

③ 顾宏义：《宋朝方志考》，上海古籍出版社版 2010 年版。

④ 顾宏义：《金元方志考》，上海古籍出版社版 2012 年版。

志》，富有特色的颜木《随志》，特别是近代方志学奠基人章学诚主纂的《湖北通志》，达到了当时修志的最高成就水平，在方志史上具有里程碑式意义。由于预备立宪、观察民风需要，清廷命各地编纂乡土志，呈报地方实况，开展乡土教育，具有地方教材性质的乡土志在清末发展迅速。这一时期湖北编纂有《黄冈乡土志》《黄安乡土志》《松滋县乡土志》等多种乡土志，是研究晚清政治、经济、社会、文化等的重要历史资料。民国时期，虽然政府先后颁布《修志事例概要》《地方志书纂修办法》，指导和推动各省县修志工作，但由于战事频仍、经费困难，湖北方志编纂并不兴盛，许多地区未能实际开展，仅有 20 多种，而现存数量尤少，只有 8 种。① 民国时期所修方志一改传统社会"重人文轻经济"的弊病，增设实业、金融、交通、民族、宗教等内容，突出民事、经济等内容，编纂方法和体例在继承旧志的基础上也做了相应的变革，制图方法更加合理，具有较强的科学性和时代进步性。

湖北方志源远流长，数量宏富，种类齐全，尤其是清代方志，不乏上乘之作。然而，目前学界尚无一部系统、全面探究湖北方志发展源流、存佚数量和组织编纂状况的专著，已有专文研究从单一的某方面加以探究，缺乏多视角、深层次的综合性研究，研究深度和广度都有待加强，与浙江、湖南、云南、北京、河南等地区的方志研究水平和成果数量存在较大的差距。本书拟以清代湖北方志群兼及清代以前和民国方志为研究对象，采用历史文献学和计量史学的研究方法，勾勒湖北方志群编纂源流及其存佚概况，分析清代湖北方志编纂的体例创新、内容价值和志体流变等，以期对清代湖北方志有一个全面、整体的认识。

二、相关学术史及存留问题

(一) 湖北地区旧志文献整理

我国方志文献数量宏富，资料丰富，无论是内容的广度，还是编修

---

① 吴武才：《湖北省地方志述评》，金恩辉、胡述兆：《中国地方志总目提要》(下)，汉美图书有限公司 1996 年版，第 2 页。

的系统性，都是世界上任何国家同类文献无法比拟的，是中国优秀传统文化的瑰宝。系统地整理、研究方志文献，继承和发扬历史精粹，具有重要的学术价值和现实意义。湖北方志源远流长，种类齐全，现存方志数量也较为可观。清代以降，尤其是中华人民共和国成立以来，湖北方志在目录编印、内容提要、佚志辑录、校注勘误、资料类编等方面取得了显著成绩。

1. 编印志目，摸清收藏

目录是"学问之眉目、著述之门户"，编印方志目录是方志整理的基础工作，梳理方志起源、流变、存佚等，对推动方志学研究具有不可忽视的作用。根据目录著作性质，可分为综合性著作目录和专门性方志目录。综合性著作目录指的是全面著录图书庋藏单位各类图书的目录，所录图书涉及多种门类书籍。南朝萧齐时，王俭著《七志》，设有"图谱类"，收录图籍等方志性质的著作。南朝梁，阮孝绪《七录·土地部》著录地志、地记以及地图等早期方志多部。后世较为著名的综合性目录，如《隋书·经籍志》《通志·艺文略》《世善堂书目》《四库全书总目》《中国丛书综录》《全国善本书总目》《中国历代书目总录》《北京图书馆善本书目》《上海图书馆善本书目》等也著录了数量不等的地方志。综合性目录收录著述内容广、种类多，但著录方志数量往往较为有限。限于篇幅，本书对综合性目录著录方志不作详细介绍。

专门性方志目录一般著录方志书名、纂修者、卷数、成书年代、版本流传等内容，对于摸清方志馆藏家底具有重要意义，也为地方志的搜集、收藏提供了参考指南。最早见于记载的方志专目有《古今方舆书目》《天下志书目录》《两浙地志录》，但影响比较有限。清末民初，由于局势动乱、列强掠夺等原因，中国地方志流失严重，有识之士主张编印方志专目，摸清方志的收藏概况，以利于中国方志的收藏与保护，专门性方志目录编纂工作随即受到社会重视，取得了一系列成就和突出成效。

（1）民国时期的方志目录编印

1913年，缪荃孙编《清学部图书馆方志目》，著录方志1676部，其中湖北 80 种，记载志书卷数、纂修者以及纂修年代等，是近代方志专目的发端，奠定了方志目录学的基础。受其影响，全国各类图书馆、书店和私人藏书楼等都开始编印馆藏方志目录，方志专目流行一时。1931年，故宫博物院编印《故宫方志目》著录方志 1858 种，其中湖北 143种。1931 年，编《故宫方志目续编》一卷补录方志 98 种，其中湖北方志 3 种。朱士嘉编《中国地方志备征目》①著录国内外 22 家公私藏书机构馆藏方志 4912 种，收录湖北方志 244 种。该目录成为当时各大图书馆征求收藏志书的主要依据和清单，影响颇大。1933 年，李濂镗《方志艺文志汇目》②著录馆藏方志 300 余种，其中湖北方志 78 种。1933 年，张允亮《国立北京大学图书馆方志目》著录方志 607 种，其中湖北方志 38 种。万国鼎、储瑞棠《金陵大学图书馆方志目》③著录方志 2104 种，其中湖北方志近 110 种。1933 年，谭其骧《国立北平图书馆方志目录》著录馆藏方志 3800 余种。1934 年，谭其骧《续补馆藏方志目录》④增补湖北方志 15 种。1934 年，王绥珊《九峰旧庐方志目》⑤著录方志 2159种，其中湖北方志 93 种。1935 年，朱士嘉《中国地方志综录》著录 50多家公私收藏单位馆藏方志 5832 种，是我国第一部全国性方志联合目录，突破了以往馆藏方志目录的局限，厘清了包括湖北方志在内的各种志书的收藏概况，意义较大。后朱士嘉又出版《中国地方志综录补编》⑥增补方志 730 种，其中湖北方志 17 种，进一步梳理了湖北方志的收藏概况。1936 年，《国立武汉大学图书馆方志目录》著录方志 1332种，其中湖北方志 104 种。另外，《天一阁方志目》、《松筠阁方志目》、《邃雅斋方志目》、《教育部图书馆县志目录》、《文殿阁方志目》、《来熏阁书店方志目》（附补遗）、《天春园方志目》、《国立北平图书馆方志

①　朱士嘉：《中国地方志备征目》，《北平燕京大学图书馆报》1931 年。
②　李濂镗：《方志艺文志汇目》，《图书馆学季刊》1933 年第 6 期。
③　万国鼎、储瑞棠：《金陵大学图书馆方志目》，《金陵大学图书馆丛刊》1933 年。
④　谭其骧：《续补馆藏方志目录》，《国立北平图书馆馆刊》1934 年第 2 期。
⑤　王绥珊：《九峰旧庐方志目》，《浙江省立图书馆馆刊》1934 年第 6 期。
⑥　朱士嘉：《中国地方志综录补编》，《史学年报》1938 年第 5 期。

二编》、《国立中央研究院历史语言研究所图书室方志目》①等目录著作等对湖北方志亦有所著录。

（2）中华人民共和国成立以来编印的方志目录

中华人民共和国成立以后，党和政府较为重视地方志的收藏与整理，各省以及图书收藏机构积极开展方志清点工作，编制了一批地方志目录。据巴兆祥统计，1950—1966年所编馆藏方志目录达50多种，呈现繁荣局面。② 这些方志目录对湖北方志都有数量不等的著录，具体如表0-1：

表0-1　　　　1950—1966年所编方志目录著录湖北方志概况表

编者	书　　名	数量	出版时间
中南图书馆	《中南图书馆方志目录》	324 种	1954 年
上海图书馆	《上海图书馆藏方志目》	103 种	1957 年
天津人民图书馆	《天津市人民图书馆方志目录》	169 种	1957 年
北京图书馆	《北京图书馆方志目录三编》	97 种	1957 年
浙江师范学院图书馆	《浙江师范学院图书馆方志目录》	28 种	1957 年
广东省中山图书馆	《广东中山图书馆藏全国方志目录》	64 种	1957 年
中国科学院图书馆	《中国科学院图书馆藏方志目录续编》	19 种	1958 年
中共中央高级党校图书馆	《馆藏方志目录（初编）》	75 种	1958 年
云南省图书馆	《云南省图书馆馆藏地方志目录》	50 种	1959 年
北京师范大学图书馆	《北京师范大学图书馆地方志目录》	75 种	1959 年
西北大学图书馆	《西北大学图书馆馆藏方志目录》	6 种	1960 年
中国人民大学图书馆	《地方志目录》	73 种	1960 年

① 张政烺：《国立中央研究院历史语言研究所图书室方志目》，《图书季刊》1940年第3期。

② 巴兆祥：《方志学新论》，学林出版社2004年版，第299页。

编者	书　名	数量	出版时间
四川省图书馆	《四川省图书馆藏地方志目录（增订本）》	37 种	1961 年
湖南省中山图书馆	《湖南省中山图书馆馆藏地方志目录》	142 种	1964 年

20 世纪七八十年代，又兴起一股编印方志目录的高潮，其中馆藏方志专目有 30 多种、联合目录有 25 种①，目录志书数量有所增加，编纂质量得到相应的提高，见表 0-2。

表 0-2　　**1977—2009 年所编方志目录著录湖北方志概况表**

编者	书名	数量	出版时间
苏州市图书馆	《苏州市图书馆地方志目录》	11 种	1977 年
厦门大学图书馆	《厦门大学图书馆藏方志目录（初编）》	15 种	1977 年
济南市图书馆	《济南市图书馆藏地方志目录》	1 种	1977 年
湖南省社科研究所	《湖南省哲学社会科学研究所地方志目录》	15 种	1978 年
中国社会科学院考古研究所	《考古研究所地方志目录》	45 种	1978 年
江苏师范学院图书馆	《江苏师范学院图书馆藏方志目录》	21 种	1979 年
上海图书馆	《上海图书馆地方志目录》	200 种	1979 年
湖南师范学院图书馆	《湖南师范学院图书馆馆藏线装地方志目录》	49 种	1980 年
南京大学图书馆	《南京大学图书馆藏地方志目录》	142 种	1980 年

①　巴兆祥：《方志学新论》，学林出版社 2004 年版，第 299 页。

编者	书名	数量	出版时间
甘肃省图书馆历史文献部	《甘肃省图书馆馆藏方志目录》	34 种	1981 年
河北大学图书馆	《河北大学图书馆藏方志目录》	15 种	1981 年
中央民族大学图书馆	《中央民族学院图书馆馆藏地方志目录》	119 种	1982 年
郑州大学图书馆	《郑州大学图书馆馆藏地方志目录》	29 种	1983 年
王永祥	《广西师范学院图书馆地方志目录》	12 种	1983 年
西南民族学院图书馆	《西南民族学院图书馆藏地方志目录》	52 种	1985 年
大连图书馆	《大连图书馆馆藏地方志目录》	104 种	1985 年
中国科学院北京天文台	《中国地方志综录》	336 种	1985 年
倪晶莹	《四川大学图书馆馆藏地方志目录》	48 种	1991 年
北京图书馆	《北京图书馆普通古籍总目·地志门》	238 种	2003 年
赫俊红	《中国文化遗产研究院藏地方志书目》	91 种	2009 年

　　湖北省地方志办公室编印有数种湖北省方志联合目录，与《中国地方志联合目录》互为表里，较为系统地反映了湖北方志馆藏概貌。1981年，湖北省地方志办公室、湖北省图书馆编印《湖北省地方志目录(初稿)》，以湖北省图书馆馆藏方志为基础，综合武汉大学、湖北大学等武汉地区藏书较多的高校、市县图书馆，参考《中国地方志联合目录》《上海图书馆地方志目录》等，著录湖北方志 372 种。2002 年，湖北省地方志编纂委员会编《湖北省地方志目录》，著录湖北方志 387 种，但编排较为混乱，志书著录信息错讹亦多，未能刊刻，流传也不甚广。

2011年，湖北省政府办公厅下达《关于开展全省历代旧志搜集整理工作的通知》，湖北省地方志办公室编《湖北省历代旧方志目录》，著录1949年以前所编湖北省府州县志以及乡土志、专志等共计514种，所收方志按照现今行政区域编次，著录书名、卷数、编修者、版本、馆藏地等信息，较为清晰地反映了湖北省历代旧志的编纂概况，是目前著录湖北旧志最为齐备的方志目录，意义较大。然而，该目录收录过滥，著录不少非志体地方史籍。秦滉、向耘辑等在参考《湖北地方志目录》《中国地方志联合目录》等基础上，结合各地区馆藏实际状况，对武汉、荆州等地现存方志也有所著录。

另外，港澳台地区也收藏有较为可观的旧志，编撰有数部志书目录。1957年，台湾"中央图书馆"编制《台湾公藏方志联合目录》，收录方志3530种。1980年又加以增订，重新排版刊行，著录淡江大学、中国文化大学等14家图书馆所藏方志，其中湖北方志162种。① 1985年，王德毅《台湾地区公藏方志目录》②著录台湾地区12家图书馆馆藏方志4600余种，其中湖北方志197种。1990年，杨维坤编《香港大学图书馆丛书之四：中国地方志目录》著录香港大学馆藏1700多种方志，其中湖北方志35种。

（3）海外志书目录编印

近代以来，国内局势动荡，外强入侵，大批珍贵古籍被掠夺，中国地方志也流失严重。日本、美国、法国、韩国、澳大利亚等国家的公私图书机构都收藏有数量不等的中国地方志，其中不乏珍本、孤本。

日本是海外收藏中国地方志最多的国家，其中海内外孤本、善本达234种，收录湖北旧志7种。1935年，岩井大慧《东洋文库地方志目录》著录东洋文库所藏中国地方志2550种，其中湖北方志113种。1939年，日本"台湾总督府图书馆"编印该馆所藏中国地方志目录，收录馆

① 台湾"中央图书馆"特藏组：《台湾公藏方志联合目录（增订本）》，台湾"中央图书馆"1981年版。

② 王德毅：《台湾地区公藏方志目录》，台湾汉学研究资料及服务中心编印1985年版。

藏中国方志 149 种，其中湖北 2 种。1962 年，山根幸夫编《日本现存明代地方志目录》著录明代方志 540 种，其中湖北 19 种。1969 年，日本国立国会图书馆编《日本主要图书馆、研究所所藏中国地方志总合目录》著录中国方志近万种，其中湖北志书 168 种。金子和正编《日本天理图书馆中文地志目录》、日本国立国会图书馆一般考察部编《国立国会图书馆中国地方志综录稿》、东洋文献中心联络协会编《中国方志联合目录》、山根幸夫编《新编日本现存明代地方志目录》《九州大学藏中国地方志目录》等对湖北方志都有所著录。

　　日本馆藏丰富的中国方志也引起了国内学者的注意和重视。1956年，中国科学院图书馆编印《国外稀见方志目录》(第一辑《日本之部》)，著录日本藏稀见方志 156 种，其中湖北 2 种。朱士嘉、赵慧《日本现存稀见中国宋明两代地方志草目》①著录日本所藏中国宋明两代中国方志 105 种，其中湖北 6 种。崔建英《日本见藏稀见中国地方志书录》②著录方志 140 种，其中湖北 2 种。巴兆祥《庆应义塾大学图书馆中国地方志目录》③著录庆应义塾大学馆藏中国地方志 2111 种，其中湖北方志 40 种。巴兆祥《中国地方志流播日本研究》下编《东传方志总目》④著录日本 53 家主要图书机构馆藏中国方志 4025 种，其中湖北方志 167种。

　　欧美等国家馆藏中国方志数量亦较为可观，尤其是美国，收藏中国方志数量仅次于日本。1942 年，朱士嘉《美国国会图书馆藏中国方志目录》著录馆藏方志 2936 种，其中湖北 126 种。1957 年，法国人赫·渥爱特《欧洲图书馆藏中国方志目录》收录欧洲 9 国、25 个图书馆藏中国方志 2590 种。1967 年，约瑟夫·罗编《华盛顿大学中国官方地方志

　　①　朱士嘉、赵慧：《日本现存稀见中国宋明两代地方志草目》，《中国地方史志》1982 年第 2 期。
　　②　崔建英：《日本见藏中国地方志书录》，书目文献出版社 1986 年版。
　　③　巴兆祥：《庆应义塾大学图书馆中国地方志目录》，《史学》2001 年第 3、4期。
　　④　巴兆祥：《中国地方志流播日本研究》，上海人民出版社 2008 年版。

目录》著录馆藏中国方志 883 种，其中湖北 5 种。1969 年，美国芝加哥大学远东图书馆编《芝加哥大学远东图书馆中文地方志目录》著录馆藏中国地方志 1934 种，其中湖北 74 种。1979 年，安德鲁·莫顿编《英国各图书馆所藏中国地方志总目录》著录大英博物馆、牛津、剑桥等图书馆所藏中国方志 2516 种。1980 年，美国斯坦福—伯克利联合东亚中心编《中国方志目录》著录中国方志 2503 种，其中湖北方志 72 种，但收录过滥，如《武汉市建置沿革》等非志体书籍亦加采录。2014 年，李丹编《美国哈佛大学哈佛燕京图书馆藏中国旧方志目录》[①]著录 1949 年以前的中国旧方志 3858 种，其中湖北 122 种。

韩国收藏中国方志大约有 1000 种，在数量上次于日本和欧美国家，所藏孤本、善本也不多。金孝京《国立中央图书馆所藏中国本地方志目录》著录湖北方志 2 种。吴金成《汉城大学校所藏中国明、清时代方志目录》[②]、《国内所藏中国地方志目录》[③]、《国内所藏中国明清地方志目录补》[④]等方志目录对湖北方志也有所涉及。

上述方志目录基本上摸清了包括湖北在内的中国现存方志数量、版本、馆藏等信息，为保护和传承方志做了有益工作，为研究湖北方志、推动学术发展创造了有利条件。然而，这些方志目录也存在一定的不足。首先，大部分方志目录所著录的是省府县志等狭义上的方志，而对山水志、寺观志、书院志等专志未有著录。其次，上述方志目录大多著录的是湖北现存方志，而未能系统爬梳历代方志、目录著作以及其他资料，应全面著录历代湖北散佚方志，编纂专门性湖北佚志目录，以便更好地认识和把握湖北方志发展脉络。最后，对基层图书馆和民间收藏关注也明显不够，遗漏了一批现存方志，如巴东县档案馆藏民国《巴东县

①　李丹：《美国哈佛大学哈佛燕京图书馆藏中国旧方志目录》，广西师范大学出版社 2013 年版。

②　吴金成：《汉城大学校所藏中国明、清时代方志目录》，《汉城大东洋史学科论集》1984 年第 8 辑。

③　吴金成：《国内所藏中国地方志目录》，《东亚文化》1987 年第 25 辑。

④　吴金成：《国内所藏中国明清地方目录补》，《汉城大东洋史学科论集》1993 年第 17 辑。

志》、兴山县图书馆藏乾隆《兴山县志》抄本等。

2. 方志提要

方志提要是对方志纂修者、版本、内容等基本信息准确而简要的概述，有益于考镜源流，探究方志编纂得失。根据提要著录内容，可以分为综合类提要目录和专门性方志提要两种。

综合类提要著录方志约起源于宋朝，发轫于晁公武《郡斋读书记》，其中著录有《吴地记》《新宁志》等方志。① 清初以降，考据之风盛兴，综合性提要著作成果丰富。著录湖北方志的综合性提要著作主要有《四库全书提要》《续修四库全书提要》《郑堂读书记补逸》《中国善本古籍提要》等。《四库全书提要》述湖北方志 4 种。《续修四库全书提要》是民国时期收录方志最多的一部综合性提要，著录方志 3349 种，其中湖北省243 种。周中孚《郑堂读书记补逸》②著录方志 342 种，简述了雍正《湖广通志》、陈士元《江汉丛谈》等湖北方志。王重民《中国善本书提要》③收录古籍善本 4200 余种，补遗 100 多种，对湖北方志亦有涉及。阳海清《中南、西南地区省、市图书馆藏古籍稿本提要》④述馆藏湖北方志 6种。《中国少数民族古籍总目提要：土家族卷》、《中国少数民族古籍总目提要：苗族卷》、《湖北书征存目》⑤、《潜江书征》⑥、白国安等编《长江流域历史地志书目提要》⑦、阳海清《现存湖北著作总录》等也著录湖北方志多部。

至 2004 年，国内共编印专门性方志提要 80 多种。⑧ 翟宣颖《方志

---

① 巴兆祥：《方志学新探》，学林出版社 2004 年版，第 290 页。

② 周中孚：《郑堂读书记补逸》，商务印书馆 1940 年版。

③ 王重民：《中国善本书提要》，上海古籍出版社 1983 年版。

④ 阳海清：《中南、西南地区省、市图书馆藏古籍稿本提要》，华中理工大学出版社 1998 年版。

⑤ 张康逊、张国淦：《湖北书征存目》，北京图书馆出版社 2008 年版。

⑥ 甘鹏云：《潜江书征》，北京图书馆出版社 2008 年版。

⑦ 白国安、肖焕忠、王莉：《长江流域历史地志书目提要》，湖北科学技术出版社 2003 年版。

⑧ 巴兆祥：《方志学新探》，学林出版社 2004 年版，第 291 页。

考稿》①是我国近代第一部方志提要专著，著录天春园所藏方志 600 余种，详载方志编纂年代、著者、体例等，并考评得失。《方志考稿》开专门性方志提要之风，对后世影响较大。骆兆平《天一阁藏明代地方志考录》②著录明代方志 435 种，其中湖北 20 种。《中国地方志词典》③是第一部有关中国地方志的专门词典，收录方志词条 2000 条，其中收录湖北方志 19 条。陈光贻《稀见地方志提要》④著录中国地方志 1160 种，其中湖北方志 42 种。该书对存佚方志皆有所考述，但限于条件，所著录志书多为上海图书馆藏志书，对国内外其他图书机构馆藏方志著录较少。《中国方志大辞典》⑤著录湖北方志 25 种，概述志书编纂年代、卷数、纂修者以及主要内容及特色等。《中国地方志总目提要》⑥著录 1949 年以前旧志 8577 种，其中湖北方志有 336 种，扼要概述湖北方志的编纂沿革、文献特征和学术价值等。石洪运《湖北省图书馆藏稀见方志提要》⑦著录该馆藏稀见湖北旧志 17 种。林平、张纪亮《明代方志考》⑧收录明代方志计 2000 余种，其中湖北方志 78 种。

3. 佚志辑录

辑录，乃是将历代史志、书目以及前人著述著录或提及而后世不见流传的内容，从收录或征引该书图文内容者钩稽出来。我国古籍历经多次"五厄"，诸多史籍多遭罹难，难以尽传。而地方志书刻本数量不多，多以抄本流传，虽然编纂有数量相当宏富的志书，但散佚极为严重，元

①　翟宣颖：《方志考稿（甲集）》，北平天春书社 1930 年版。

②　骆兆平：《天一阁藏明代地方志考录》，书目文献出版社 1982 年版。

③　黄苇：《中国地方志词典》，黄山书社 1986 年版。

④　陈光贻：《稀见地方志提要》，齐鲁书社 1987 年版。

⑤　《中国方志大辞典》编辑委员会：《中国方志大辞典》，浙江人民出版社 1988 年版。

⑥　金恩辉、胡述兆：《中国地方志总目提要》，台湾汉美图书有限公司印行 1996 年版。

⑦　石洪运：《湖北省图书馆藏稀见方志提要》，《图书情报论坛》1997 年第 1 期。

⑧　林平、张纪亮：《明代方志考》，四川大学出版社 2001 年版。

代之前所修方志几乎损失殆尽，明代志书存世者亦不甚多，恰如刘纬毅
所言："留传至今者，仅千分之四五耳。实为我国文化史上的一大遗
憾。"①所幸，后世正史、地理书、文集笔记等对佚志多有征引，留下零
圭碎璧、吉光片羽，可为辑佚提供可贵的线索和资料。而这些散佚旧志
不仅有助于研究当时方志概况，梳理方志发展脉络，还是重要地情文献
资料，是考证政治、经济、文化等重要的史料。章学诚曾讲到，"古逸
宜存，再则曰逸篇宜采"，即出于散佚方志的价值而倡导对散佚方志加
以辑录。通过系统性利用丛书、类书、正史政书、传世志书以及其他文
献，辑录散佚旧志，尽可能地梳理旧志散佚概况，再现旧志原貌，对于
推动旧志研究具有重要意义。

　　元末明初陶宗仪《说郛》采撷古籍 600 余种，其中汉唐宋元方志有
40 多种。《说郛》也被视为辑佚方志之嚆矢。其后，宋元明三代在佚志
辑录上皆有一定的成绩。但晚清、民国时期无疑是旧志辑佚成果甚为丰
富的阶段。王谟《汉唐地理书钞》②辑录汉唐地理书 50 种，其中湖北 7
种。王仁俊《玉函山房辑佚书补编》③收录唐朝以前方志约 60 种，其中
湖北方志 10 多种。文廷式利用《永乐大典》辑录《寿昌乘》一卷，后由武
昌柯氏息园刊行，是目前仅存的宋代湖北方志残本。陈运溶《麓山精舍
丛书》④辑佚旧书 86 种，其中包括范汪《荆州记》、庾仲雍《荆州记》、
郭仲产《荆州记》、刘澄之《荆州记》、萧绎《荆南地记》以及佚名《荆
州图记》、《荆州图副》、《荆州图经》、《荆州土地记》等多种湖北旧
志。张国淦撰《中国古方志考》，在《禹贡》半月刊连载，后经整理，
由中华书局于 1962 年修订出版。该书系统整理元代以前方志，共著
录方志 2171 种，其中湖北 219 种，具有方志提要、辑佚、评述等综
合性功能，为后世方志考录奠定了基本范式，是方志学研究的基本参
考著作。

---

① 刘纬毅：《汉唐方志辑佚》，国家图书馆出版社 1997 年版，第 1 页。
② 王谟：《汉唐地理书钞》，中华书局 1961 年版。
③ 王仁俊：《玉函山房辑佚书补编》，上海古籍出版社 1989 年版。
④ 陈运溶：《麓山精舍丛书》，岳麓书社 2008 年版。

中华人民共和国成立以后，方志辑佚也取得了较为显著的成就。罗新《永乐大典所录湖北方志考》①从《永乐大典》辑录湖北方志 22 种。马蓉《永乐大典方志辑佚》②共收录各地方志 900 种，其中湖北 39 种。刘纬毅《汉唐方志辑佚》③辑录汉唐方志 440 种，其中湖北方志 7 种。刘纬毅《宋辽金元方志辑佚》④辑佚宋辽金元方志 1087 种，其中湖北 75 种。顾宏义《宋朝方志考》⑤著录两宋路府镇等各类方志 1031 种，其中湖北75 种。顾宏义《金元方志考》⑥著录金元方志 311 种，其中湖北 8 种，附有方志名索引和著者名索引，便利检索。

4. 类编资料

地方志内容丰富，资料齐备，素有“博物”之誉，如加以系统整理，编印资料汇编，做到“古为今用”，对继承文化遗产、繁荣学术研究、推动社会经济文化建设等方面颇具学术价值和现实意义。早在唐宋时期，徐坚《初学记》、欧阳询《艺文类聚》、李昉《太平御览》等类编中有大量方志资料。中华人民共和国成立以来，自然科学工作者和社会科学工作者利用地方志所提供的资料，取得了一系列成就，方志资料类编成绩呈现全面性、系统性的特点。《祖国两千年铁矿开采和锻冶》《中国古今铜矿录》《中国天文气象总表》《五百年来我国旱水涝史料》《中国地震资料年表》等从大量地方志采择而成。另外，《方志综合资料》《地方志分类资料》《旧方志资料类编目录》等辑录有湖北方志资料。《中国地方志经济资料汇编》《中国地方志民俗资料汇编》《中国地方志煤炭史料选辑》《地方志灾异资料丛刊》《方志著录元明清曲家传略》《中国地方志基督教史料辑要》《中国地方志佛道教文献汇纂》《明代方志选编序跋凡例卷》《清代方志序跋汇编》《地方志物产》等门类性方志汇编对湖北方志亦

①　罗新：《永乐大典所录湖北方志考》，《湖北方志通讯》1988 年第 3 期。

②　马蓉：《永乐大典方志辑佚》，中华书局 2004 年版。

③　刘纬毅：《汉唐方志辑佚》，北京图书馆出版社 1997 年版。

④　刘纬毅：《宋辽金元方志辑佚》，上海古籍出版社 2011 年版。

⑤　顾宏义：《宋朝方志考》，上海古籍出版社 2010 年版。

⑥　顾宏义：《金元方志考》，上海古籍出版社 2012 年版。

有所辑录。专门辑录湖北方志资料汇编的主要有袁艳梅《古傩史料：湖北方志卷》①、黄红萍《武汉旧志序跋校注》②等。《古傩史料：湖北方志卷》参考450多种湖北方志，系统辑录了湖北傩戏资料。《武汉旧志序跋校注》按通志、府志、县志、小志四类编排，辑录了武汉旧志50余种序跋。湖北省文史研究馆编《湖北省自然灾害历史资料》③、武汉中心气象台编《湖北省近五百年气候历史资料》④、熊继平《湖北地震史料汇考》⑤、王必胜《荆门地震史料》⑥等诸多著作辑录湖北方志有关地震、洪涝等自然灾害资料。虽然湖北方志资料类编成就丰富，但仍有一定空间有待挖掘，如利用湖北方志中所编纂的军事、医药、物产、人物、民族、风俗和方言等资料⑦，能较好地便利学术研究，服务社会。

（二）湖北方志研究概况

1. 志书评述

志书评述，即方志简述与评介，是方志研究的重要内容，是总结方志成功经验和避免失误的重要手段，有助于提高修志水平，保证志书质量，推动方志事业的发展。《中国地方志总目提要》《稀见地方志提要》《中国地方志辞典》等对湖北旧志亦有一定的评述，而专门评述和研究湖北方志的主要成果如下。

嘉靖《湖广图经志书》是现存最早的明代湖北方志。李秋芳《嘉靖

---

① 袁艳梅：《古傩史料：湖北方志卷》，中央民族大学出版社2003年版。

② 黄红萍：《武汉旧志序跋校注》，武汉出版社2009年版。

③ 湖北省文史研究馆：《湖北省自然灾害历史资料》，湖北省文史研究馆1957年版。

④ 武汉市中心气象台：《湖北省近五百年气候历史资料》，湖北省武汉中心气象台1978年版。

⑤ 熊继平：《湖北地震史料汇考》，地震出版社1986年版。

⑥ 王必胜：《荆门地震史料》，《荆门方志通讯》1987年第2期。

⑦ 早在20世纪80年代，朱士嘉先生发表《关于旧志整理工作的设想》（《湖北方志通讯》1984年第5期），提出结合湖北省的特点、需要，计划编纂地理、矿产、农业、林业等方面的资料以及地图篇目索引、风俗资料、湖北医学家、书法家、雕刻家、能工巧匠的传记资料、艺文志选抄等，但目前为止亦未能较好落实。

〈湖广图经志书〉及其史料价值》①、赵慧《关于〈（嘉靖）湖广图经志书〉》②考证纂修者生平事迹，考述嘉靖《湖广图经志书》的编纂、版本流传等概况，分析该书的文献价值。宋泽宇探究湖北、湖南省馆藏康熙《湖广通志》版本的差异。③《〈湖北通志志余〉稿本简介》④概述《湖北通志志余》的纂修者、纂修年代、篇目内容以及馆藏状况等。《〈湖北金石志〉读后》⑤指出《湖北金石志》校正嘉庆《湖北通志》60多处讹误，为民国《湖北通志·金石志》的成书奠定基础，起到承前启后的作用。朱湘铭、尹兰兰纠正《湖北艺文志附补遗》中的史实、字词等数十条疏误。⑥吴猛指出《湖北艺文志》文献征引标识不明、内容裁减不当、收录著述不全等不足。⑦温显贵、吴猛认为《湖北通志·艺文志》案语廓清了相关书目的基本问题，还充实、整合了大量内容，起到了考镜源流、辨章学术的作用。⑧吴猛指出《湖北艺文志》在文献学、史学研究方面的价值和意义。⑨李天翔略述了湖北省图书馆藏9种稀见方志（其中湖北方志5种）的主要内容及其版本流传等。⑩

《寿昌乘》是湖北唯一传世的宋代方志。胡伟、曾育荣《鄂州现存最

---

①　李秋芳：《嘉靖〈湖广图经志书〉及其史料价值》，《史学史研究》2010年第4期。

②　赵慧：《关于〈（嘉靖）湖广图经志书〉》，《湖北方志》1989年第3期。

③　宋泽宇：《康熙〈湖广通志〉的改版情况——以湖北、湖南省图书馆藏本为例》，《荆楚学刊》2017年第3期。

④　佚名：《〈湖北通志志余〉稿本简介》，《湖北方志通讯》1985年第10期。

⑤　佚名：《〈湖北金石志〉读后》，《湖北方志通讯》1989年第3期。

⑥　朱湘铭、尹兰兰：《〈湖北艺文志附补遗〉举正》，《湖北大学学报（哲学社会科学版）》2006年第6期。

⑦　吴猛：《浅谈〈湖北艺文志〉编纂的不足》，《中国地方志》2009年第11期。

⑧　温显贵、吴猛：《试论〈湖北通志·艺文志〉"案语"的学术价值》，《中国地方志》2007年第2期。

⑨　吴猛：《〈湖北艺文志〉研究》，湖北大学硕士学位论文，2006年。

⑩　李天翔：《湖北省图书馆藏稀见抄稿方志述略》，《图书情报论坛》1998年第1期。

早方志〈寿昌乘〉考略》①、胡伟《〈寿昌乘〉研究》②考述宋代《寿昌乘》成书、流传、散佚、辑佚等过程,利用《寿昌乘》探究宋代寿昌军、寿昌军学概况。曾育荣《〈寿昌乘〉辑本辑佚之考察》③指出现行辑本存在内容缺漏、文字讹误以及体例混乱等不足,增补 4 条辑本未收佚文。郑昌琳《现存最早的一部武昌府志》④、徐孝定《对〈现存最早的一套武昌府志〉的意见》⑤就北京图书馆藏康熙《武昌府志》是否是最早的府志进行了讨论。王汗吾《纪录汉口历史的〈夏口县志〉》⑥、杜宏英《一部承前启后的地方志书——记民国〈夏口县志〉》⑦简述该志纂修者、编纂过程、方志例目等基本内容,分析该志的价值及其局限性。饶嵩乔简述徐焕斗的生平事迹及其著作《汉口小志》的主要内容。⑧ 杜七红从史学史角度探究《汉口小志》编纂体例的创新及其文献价值。⑨ 熊晓华扼要概述《武昌府志》的纂修者、版本、内容等信息,认为该志博采旧章,为研究鄂州历史提供了重要依据。⑩ 秦腊英梳理历代鄂州旧志的编纂概况,考证鄂州图书馆藏道光《武昌县志》为孤本,具有重要的史料文献价值。⑪

①　武清海主编:《荆楚文化与长江文明》,湖北人民出版社 2011 年版。

②　胡伟:《〈寿昌乘〉研究》,湖北大学硕士学位论文,2012 年。

③　曾育荣:《〈寿昌乘〉辑本辑佚之考察》,《中国地方志》2015 年第 2 期。

④　郑昌琳:《现存最早的一部武昌府志》,《武汉志通讯》1983 年第 1 期。

⑤　徐孝定:《对〈现存最早的一套武昌府志〉的意见》,《武汉志通讯》1983 年第 3 期。

⑥　王汗吾:《纪录汉口历史的〈夏口县志〉》,《武汉文史资料》2010 年第 8 期。

⑦　杜宏英:《一部承前启后的地方志书——记民国〈夏口县志〉》,《中国地方志》2009 年第 5 期。

⑧　饶嵩乔:《徐焕斗与〈汉口小志〉》,《湖北档案》2007 年第 12 期。

⑨　杜七红:《〈汉口小志〉的编纂体例与史料价值》,《史学月刊》2009 年第 10 期。

⑩　熊晓华:《清光绪〈武昌县志〉评价》,《湖北方志》2003 年第 5 期。

⑪　秦腊英:《道光〈武昌县志·艺文志(下)〉孤本考略》,《图书情报论坛》2008 年第 2 期。

　　王征《盛弘之〈荆州记〉（辑本）整理与研究》①、童元秀《盛弘之〈荆州记〉的价值析论》②考辨盛弘之生平事迹，考述《荆州记》的成书、流传和散佚概况，探究《荆州记》的史料价值。周斌梳理了魏晋南北朝时期荆州地记的编纂概况，分类讨论地记纂修者的身份，并讨论了六朝荆州地记的内容和叙述风格。③浦士培考述《江陵志》的纂修者生平事迹、成书年代，分析该书的编纂体例，指出该志在中国方志史占有重要地位。④张跃飞指出顺治《江陵志余》体例新颖、条目清晰、征引丰富，对后世官私修志产生了一定影响。⑤《舒成龙修志始末》概述了荆门知州舒成龙纂修乾隆《荆门州志》始末。⑥黄道华概述同治五年《枝江县志》的纂修背景、纂修过程、主要内容等，指出其中存在粉饰太平的不实记载。⑦严肃指出民国《松滋县志》在深入调查、科学分析和系统归纳的基础上，客观反映了松滋县的社会经济概况，提出诸多解决社会问题的方案，适应当时社会需要。⑧鲜健鹰概述《宜都乡土调查志》的主要内容、版本流传等基本状况，指出该志开始注重吸收、运用西方科学知识来纂修方志，但也存在结构不够完善、志目分类稍显粗糙、征引不足等问题。⑨

　　杨居让通过检索《藏园群书经眼录》等多种书目文献，认为陕西省

---

　　①　王征：《盛弘之〈荆州记〉（辑本）整理与研究》，陕西师范大学硕士学位论文，2015年。

　　②　童元秀《盛弘之〈荆州记〉的价值析论》，《高等函授学报（哲学社会科学版）》2004年第5期。

　　③　周斌：《六朝荆州地记研究》，山东师范大学硕士学位论文，2013年。

　　④　浦士培：《南宋〈江陵志〉探源》，《湖北方志通讯》1986年第1期。

　　⑤　张跃飞：《顺治〈江陵志余〉的特点及影响》，《图书馆杂志》2015年第5期。

　　⑥　佚名：《舒成龙修志始末》，《荆门方志通讯》1985年第1期。

　　⑦　黄道华：《论清同治五年〈枝江县志〉》，《湖北方志通讯》1984年第3期。

　　⑧　严肃：《志书的生命力——读〈松滋县志〉（民国本）》，《湖北方志通讯》1985年第2期。

　　⑨　鲜健鹰：《管窥〈宜都乡土调查志〉》，《中国地方志》2009年第5期。

图书馆藏天顺《重刊襄阳郡志》可能不是孤本，尚有其他版本流传。①
刘鸣冈指出王万芳总纂《襄阳府志》布局得当、详略适度、考核严实、
特色鲜明等优点，但存在轻重失次、附文繁琐、取材不当等弊病。② 欧
阳光钊、傅献瑞评价童承叙《沔阳志》内容丰富，考订严核，体例谨严，
颇具创新，为一代名志。③ 牛建强根据万历《郧台志》和万历《郧阳府
志》考证嘉靖《郧台志》的作者是叶照，而非叶熙。④ 王一军、康安宇纠
正了学界《郧台志》与《郧阳府志》混同的错误认识。⑤

　　张兴文概述康熙《卯峒司志》的纂修过程及其主要内容，评价该志
层次简明、文风朴实、内容丰富，对研究土家族历史具有特殊的史料价
值。⑥ 宋怀思详述光绪《利川县志》的内容及其体例，指出该书体例谨
严、内容全面，为鄂西历史研究提供了宝贵资料。⑦ 汪国超考述
1942—1946 年宣恩县志馆的成立、解散始末，分析了民国《宣恩县志》
未能成书的原因。⑧

　　2. 方志源流

　　考镜源流是方志研究的重要内容，系统梳理方志源流有利于认识和

---

① 杨居让：《馆藏珍本探秘：〈重刊襄阳郡志〉孤本质疑》，《当代图书馆》
2008 年第 4 期。

② 刘鸣冈：《试评王万芳总纂的〈襄阳府志〉》，《湖北方志通讯》1983 年第 8
期。

③ 欧阳光钊、傅献瑞：《童承叙〈沔阳志〉》，《荆州文史资料》1990 年第 1
期。

④ 牛建强：《〈嘉靖郧台志〉之主纂者为叶照而非叶熙》，《文献》1985 年第 3
期。

⑤ 王一军、康安宇：《〈郧台志〉与〈郧阳府志〉迥异辨》，《十堰职业技术学
院学报》2003 年第 4 期。

⑥ 张兴文：《土家族发现珍贵文献康熙〈卯峒司志〉》，《湖北民族学院学报》
1998 年第 1 期。

⑦ 宋怀思：《读清光绪甲午版〈利川县志〉后记》，《剑南文学》2013 年第 1
期。

⑧ 汪国超：《中华民国时期宣恩县志馆之始末》，宣恩县政协文史资料委员
会：《宣恩文史资料》第 11 辑，宣恩县政协文史资料委员会 2007 年版，第 37~40
页。

把握方志发展的脉络及其规律，总结方志编纂的经验和教训。

　　徐孝宓、刘昌润主编的《湖北省方志考略》①按照行政区划，梳理湖北省志及各地府县旧志编纂概况，是研究湖北旧志的重要成果。孙继民指出六朝时期两湖地区方志数量可观，但隋唐五代时期散佚严重，仅有少数保存下来，至元代以后基本散失。② 严忠良系统勾勒湖北旧志发展史，考述了清代湖北方志的编纂概况，探究清代湖北方志的编纂流程、经费、人员分工等相关问题，讨论清代湖北方志的散佚规律，是第一部系统研究清代湖北方志的论著。③ 贺觉非《湖北地方志述略》④、楚宝《湖北方志概述》⑤、张静《湖北旧志述略》⑥探究湖北历代方志的源流、分布、类型等，但未能将佚志纳入考察，所得结论不无局限。赵慧、天池考述《中国地方志联合目录》未见湖北旧志 20 多种，搜遗之功颇有价值，但过于泛滥，著录部分非志体史书。⑦

　　熊庆农梳理咸宁地区历代旧志，分析咸宁地区旧志方志的编纂思想及理论，指出清代咸宁方志的内容价值及其现实意义，但对于咸宁旧志编纂数量的统计亦未准确。⑧ 张卫萍考述天门地区旧志的编纂源流、总体特点，指出天门旧志的价值及其不足。⑨ 杨桂萍概述宜昌旧志的编纂源流，分析宜昌旧志编纂兴盛原因，指出宜昌旧志的编纂特点，探究宜昌旧志在经济、风俗、古迹、民族、慈善等方面的史料价值，评析宜昌

　　① 徐孝宓、刘昌润：《湖北省地方志考略》，吉林省地方志编纂委员会、吉林省图书馆学会 1988 年版。

　　② 孙继民：《六朝时期两湖方志的流传和辑佚》，《湖北方志通讯》1986 年第 8 期。

　　③ 严忠良：《清代湖北方志编辑研究》，武汉大学博士学位论文，2017 年。

　　④ 地方史志研究组：《中国地方志分论》，中国地方史志协会、吉林省图书馆学会 1981 年版，第 269 页。

　　⑤ 楚宝：《湖北方志概述》，《湖北方志通讯》1983 年第 4 期。

　　⑥ 张静：《湖北旧志述略》，《湖北方志》2011 年第 5 期。

　　⑦ 赵慧、天池：《湖北旧志杂考》，《湖北方志》1992 年第 4 期。

　　⑧ 熊庆农：《清代咸宁方志纂修与价值》，华中师范大学硕士学位论文，2011 年。

　　⑨ 张卫萍：《天门旧志研究》，华中师范大学硕士学位论文，2011 年。

旧志的意义及其不足。① 丁文英考述荆门地区存佚旧志的纂修者、志目内容、版本流传及其特色等，指出荆门地区旧志对荆门地区社会经济研究以及编纂新方志的作用。② 王毅从历史文献学和历史地理学的角度评述包括巴东县、兴山县等在内的三峡地区方志的整理及其研究概况，指出当前三峡地区方志研究的不足。③《荆门历代修志简介》④梳理了自宋元明三朝以来荆门地区地方志的纂修概况。《荆州地方志版本篇目》⑤略述历代荆州方志的纂修者、卷数、存佚、版本及其馆藏等信息。邹昌盛《〈襄阳府志〉源流与版本考》⑥、魏平柱《古襄阳郡府方志源流》⑦详述历代襄阳地区方志的编纂源流，概述纂修者、卷数、内容、版本及其馆藏状况等，为襄阳地区方志的研究奠定了基础。康安宇《〈郧阳府志〉略影》⑧、张培玉《明清郧阳府志述略》⑨、冷遇春《郧阳修志历程》⑩梳理了明清时期郧阳地区府志的修纂情况，其中《〈郧阳府志〉略影》和《郧阳修志历程》都对《郧台志》有所提及，前者将其视为特殊的方志单独概述，后者则将其视为府志的一种。范植清系统梳理鄂西地区散佚方志，考述散佚方志的纂修者、纂修年代、卷数、内容等，但对鄂西散佚方志的考述亦不全，部分信息有误，如沈庆《施州卫志》天顺年间方才成书，王煜《来凤县志稿》的卷数有 20 卷和 22 卷之说等，咸丰地区尚有蒋世

①　杨桂萍：《宜昌旧志研究》，华中师范大学硕士学位论文，2015 年。

②　丁文英：《湖北省荆门市辖境旧志考述》，宁夏大学硕士学位论文，2010年

③　王毅：《明代三峡地区方志整理与研究述略》，《三峡论坛》2014 年第 2 期。

④　佚名：《荆门历代修志简介》，《荆门方志通讯》1985 年第 1 期。

⑤　佚名：《荆州地方志版本篇目》，《荆门方志通讯》1985 年第 1 期。

⑥　邹昌盛：《〈襄阳府志〉源流与版本考》，《襄阳史志简报》1984 年第 5～6期。

⑦　魏平柱：《古襄阳郡府方志源流》，《湖北方志》2009 年第 6 期。

⑧　康安宇：《〈郧阳府志〉略影》，《图书情报论坛》2005 年第 1 期。

⑨　张培玉《明清郧阳府志述略》，《中国地方志》2007 年第 12 期。

⑩　冷遇春：《郧阳修志历程》，《郧阳师范高等专科学校学报》2008 年第 2 期。

槐、宋文藻、文有典、徐正旭等佚志未能提及。① 严忠良较为系统地爬梳了1949年以前恩施地区旧志散佚情况，纠正了范植清一文多处讹误。②

专志是地方志书的重要组成部分，是专门记述某一事物或某一事业的历史与现状的著述，包括专门志、专题志、部门志、行业志等独立于综合志书之外的志书。傅钧烈概述了《黄鹄山志》《大别山志》《灵泉志》《沙湖志》《鹦鹉洲志》等山水志的编纂概况，分析诸志体例、内容、特点等。③ 张全晓梳理历代以来武当山方志编纂谱系，考察明代武当山方志的异同得失，总结了明代武当山方志的编纂成就等。④ 胡军辑录清版《九宫山志》中有关宋元明清道教音乐史料，考述九宫山道教音乐文化发展脉络。⑤ 王琛瑜通过《九宫山志》的有关记载重塑湘南道教音乐活动的轨迹。⑥ 陈丽芳介绍了《沙湖志》的编纂背景、主要内容及其现实价值等。⑦ 夏增民利用多种旧志，勘察实地，指出任桐有关沙湖说法有误。⑧ 曹鑫考述《赤壁志》的版本及其馆藏概况，指出《赤壁志》虽间有讹误，但对保存、研究赤壁文学和历史文化有着较为重要的文献价值。⑨

3. 方志学者与湖北方志

---

① 范植清：《鄂西州及长阳、五峰古佚方志考略》，《鄂西大学学报》1989年第1期。

② 严忠良：《恩施地区散佚旧志考述》，《图书馆理论与实践》2017年第1期。

③ 傅钧烈：《略谈武汉的"山水志"》，《湖北方志通讯》1983年第8期。

④ 张全晓：《明代武当山方志考略》，《中国地方志》2011年第5期。

⑤ 胡军：《清版〈九宫山志〉音乐史料研究》，《武汉音乐学院学报》2011年第5期。

⑥ 王琛瑜：《〈九宫山志〉中湘南道教音乐活动考究》，《兰台世界》2015年第10期。

⑦ 陈丽芳：《任桐的〈沙湖志〉和扬铎的〈沙湖三唱〉》，《武汉文史资料》2012年第3期。

⑧ 夏增民：《任桐的〈沙湖志〉之"沙湖"指谬》，《武汉文史资料》2017年第6期。

⑨ 曹鑫：《珍本〈赤壁志〉及其价值》，《中国地方志》2017年第1期。

在千余年的湖北方志发展史中不乏杰出的方志学者,如习凿齿、童承叙、颜木等,尤其是清代和民国时期,涌现了章学诚、王柏心、王葆心、甘鹏云、洪良品、杨守敬、范锴、周锡恩等一批方志学者,他们结合各自修志实践,提出诸多修志理论,推动了湖北方志的发展。

章学诚,浙江绍兴人,清代杰出方志学家,被梁启超誉为方志学奠基者,一生曾往来湖北多次,居鄂长达二十余年,其间写出《修志十议》《方志立三书议》等方志理论著述,纂修或预修《湖北通志》《荆州府志》《天门县志》《麻城县志》等数种湖北方志,可以说在鄂期间是章学诚方志思想沉淀、成熟的关键时期。陈蔚松《章学诚与〈湖北通志〉》①、张军《从〈湖北省志〉看章学诚的省志编纂思想》②两文概述了章学诚的生平,勾勒出《湖北通志》的主要内容,分析了该志的义例特色以及未能刊行的原因。黄道立《巨细毕收　博而能断——章学诚编修地方志的理论和实践》③概述了章学诚的方志编纂理论及其实践特点。傅振伦《章学诚与湖北方志》④、里僻《章学诚在湖北及其学术上给我们的启示》⑤概述章学诚在湖北的际遇及其著述活动,指出应当批判地继承章学诚的方志思想。胡华概述章学诚纂修《天门县志》的过程及其篇目,认为该志内容详实,考证严谨,详略得当,志体合宜,但其中也宣扬了封建正统观、伦理观,具有历史局限性。⑥ 郭康松概述章学诚《湖北通志》的志目、体例等,指出《湖北通志》对于研究章学诚学术思想、湖北地域文化等具有史料价值。⑦ 洪嫚简述《湖北通志》的编纂缘起,分析该书

①　陈蔚松:《章学诚与〈湖北通志〉》,《江汉论坛》1981年第4期。

②　张军:《从〈湖北省志〉看章学诚的省志编纂思想》,《广西地方志》2014年第1期。

③　黄道立:《巨细毕收　博而能断——章学诚编修地方志的理论和实践》,《湖北方志通讯》1981年第5期。

④　傅振伦:《章学诚与湖北方志》,《湖北方志》1987年第1期。

⑤　里僻:《章学诚在湖北及其学术上给我们的启示》,《湖北方志通讯》1986年第1期。

⑥　胡华:《乾隆〈天门县志〉与章学诚》,《湖北方志通讯》1986年第2期。

⑦　中国历史文献研究会:《章学诚国际学术研讨会论文集》,北京图书馆出版社2004年版。

未获刊行的原因，论述《湖北通志》的义例、体例、体裁及其内容，考察了《湖北通志》的记载范围及其取材原则，指出《湖北通志》的价值及其不足。① 李玉华、胡华《论章学诚在天门的理论研究与修志实践》②、高远《章学诚在荆州的修志实践》③概述章学诚在荆州期间所纂修、裁定的府县志，指出章学诚的修志特色及其思想。王嘉炜分析了章学诚"志乃史体"方志观的阶段性发展，指出《湖北通志》是章学诚方志理论完全成熟后的代表作。④

王葆心，近代方志学家，湖北罗田人，曾任湖北国学馆馆长、湖北通志馆筹备处主任、《湖北通志》总纂，纂有《续汉口丛谈》《再续汉口丛谈》《江汉献征录》《方志学发微》等。王醇《关于〈方志学发微〉一书著作权的说明》⑤指出《方志学发微》为王葆心独著，而非集体创作。叶显恩《王葆心传》⑥是国内第一部王葆心个人传记，全面介绍王葆心个人生平及其主要活动。朱艳林、余国庆、张静总结了王葆心有关方志资料、修志人选、志例把握以及人物传记撰写等方志思想，评价王葆心的方志思想为后世典范，具有重要启示作用。童荺概述王葆心的方志代表著述及其方志实践，概况了王葆心有关于方志取材、编纂、体例、源流、流派等的方志思想。⑦

其他方志学者，如颜木、袁宏道、甘鹏云、李廉方等，学界亦有一定的研究成果。彭为群详述颜木所修《应山县志》《随志》《兴都志》等志书内容、体例及其对当今修志的借鉴作用。⑧ 李寿和简述袁宏道纂修

① 洪嫚：《章学诚〈湖北通志〉简论》，湖北大学硕士学位论文，2005 年。

② 李玉华、胡华：《论章学诚在天门的理论研究与修志实践》，《荆州文史资料》1990 年第 1 期。

③ 高远：《章学诚在荆州的修志实践》，《荆州文史资料》1990 年第 1 期。

④ 王嘉炜：《章学诚"志乃史体"观的逐步完善——从安徽两志与〈湖北通志〉比较入手》，《安徽文献研究集刊》2011 年第 4 卷第 1 期。

⑤ 王醇：《关于〈方志学发微〉一书著作权的说明》，《湖北方志通讯》1981 年第 6 期。

⑥ 叶显恩：《王葆心传》，崇文书局 2009 年版。

⑦ 童荺：《王葆心方志思想研究》，湖北大学硕士学位论文，2009 年。

⑧ 彭为群：《颜木——明代独树一帜的志家》，《湖北方志》1993 年第 4 期。

《公安县志》的过程及其散佚原因。① 朱可泓通过分析《方志商》探究甘
鹏云的方志思想及其修志方法，指出其对当今修志的借鉴作用。② 刘艳
华对甘鹏云的方志成就和方志思想亦有所评述。③ 邓晶晶《甘鹏云与
〈方志商〉》④、仓修良《方志学通论》⑤、许卫平《中国近代方志学》⑥等
均有简述甘云鹏等人生平事迹及其方志思想。

4. 作为史料文献的湖北方志

"志录一邑之小"，方志是区域时空的文化载体，为"一方古今总
览"，内容丰富，详载一地史事，相较正史等而言，内容详实，资料集
中，合理利用可以"补史之缺，参史之错，详史之略，续史之无"。⑦
利用地方志资料，进行社会经济史研究，是无需加以说明的常识。⑧ 发
挥湖北方志的史料价值，利用湖北方志进行文献学、历史地理、社会经
济史等方面的研究，也是湖北方志研究的重要方面。20 世纪 80 年代以
来，经济社会史研究复兴，特别是区域社会史研究纵深推进，地方志资
料受到相当重视。利用湖北方志的论著成果斐然，不胜枚举。

胡静利用光绪《武昌县志》、宣统《湖北通志》等资料纠正《明史》中
有关于李自成"走延宁、蒲圻，至通城，窜于九宫山"中"延宁"实为"咸
宁"的误载。⑨ 李伟国利用嘉靖《湖广图经志书》增收、补缺、校正《宋

---

① 李寿和：《"以一代长，作一邑志"——袁宏道修〈公安县志〉》，《湖北方志通讯》1986 年第 5 期。

② 朱可泓：《从〈方志商〉看甘鹏云的修志思想和方法》，《湖北方志通讯》1983 年第 9~10 期。

③ 刘艳华：《甘鹏云学术成就与学术思想考述》，华中师范大学硕士学位论文，2011 年。

④ 邓晶晶：《甘鹏云与〈方志商〉》，《湖北方志通讯》1987 年第 2 期。

⑤ 仓修良：《方志学通论》，方志出版社 2003 年版。

⑥ 许卫平：《中国近代方志学》，江苏古籍出版社 2002 年版。

⑦ 转引自宋曦《地方志与历史学》，《方志学研究论丛》，台湾"商务印书馆"1999 年版，第 2 页。

⑧ ［日］山根幸夫：《中国史研究入门》，社会科学文献出版社 2000 年版，第 27 页。

⑨ 胡静：《〈明史·李自成传〉传勘误一则》，《史学月刊》1984 年第 4 期。

全文》。① 王可喜利用光绪《兴国州志》辑录了《全宋诗》《全宋词》中未收张釜、陶去泰、陈海增诗、焦仰词各一首。② 李勇军、陆楚琼利用民国《夏口县志》《汉口丛谈》等方志文献资料探究清代汉口地理、政治、经济和社会生活诸多方面的概况。③ 卢川通过分析光绪《荆州府志》的体例、内容及其书写方式，探究荆州城市近代转型及其变迁。④ 方志设有五行志、祥异志等内容，集中记载了旱涝、瘟疫、地震、冰雹、蝗灾等自然灾害，张霞利用方志资料梳理了明清鄂南地区灾害，概述了鄂南地区灾害的基本状况。⑤ 童琴分类整理鄂州地区旧志中的岁时方言词语，归纳岁时民俗词语的构成方式和特点，分析岁时民俗词产生变化的原因。⑥ 艾义伟通过实地勘察，纠正《武昌县志》有关吴王城和武昌宫的错误记载。⑦ 董恩林针对学界对苏东坡是否游历兴国州的分歧，利用《兴国州志》及相关资料论证澄清苏轼游历兴国州的历史事实。⑧ 龚先砦利用《孝感县志》考察古代孝感县孝子行孝形式所呈现出的多样化、极端化和践行孝道全面性等特点。⑨

　　作为史料的方志，上述论著仅占其成果的很小一部分。方志作为重

① 李伟国：《嘉靖〈湖广图经志书〉所录〈宋全文〉未收文考》，《历史文献研究》第 34 辑，华中师范大学出版社 2015 年版。
② 王可喜：《宋人冯京、王遇等佚诗文辑考》，《古籍整理研究学刊》2013 年第 1 期。
③ 李勇军、陆楚琼：《地方文献中的清代汉口城市社会》，《湖北社会科学》2009 年第 8 期。
④ 卢川：《从光绪〈荆州府志〉看清代荆州城市变迁》，《湖北经济学院学报》（人文社会科学版）2011 年第 11 期。
⑤ 张霞：《鄂南方志中的明清灾情调查》，《安徽农业科学》2015 年第 13 期。
⑥ 童琴：《从地方志看鄂州岁时民俗词语变迁》，《湖北第二师范学院学报》2017 年第 6 期。
⑦ 艾义伟：《吴王城与武昌宫考——兼正清光绪〈武昌县志〉之误》，《鄂州大学学报》2001 年第 1 期。
⑧ 董恩林：《苏东坡游历阳新、庐山考——以〈兴国州志〉所载为例》，《华中国学》2017 年第 2 期。
⑨ 龚先砦：《清代孝感县孝行考论——立足〈孝感县志〉的考察》，《湖北工程学院学报》2018 年第 1 期。

要历史文献资料，为史学研究提供丰富、宝贵的素材，业已得到学界相当的重视，有力推动研究的深入发展。但是利用地方志进行学术研究尚应注意几个问题：第一，不可偏信方志资料，应须审慎考核。我国现存方志有八千多种，其中湖北方志有四百种，是巨大的文献宝库，包含了宝贵的史料。但不少学者认为方志资料来自官府公文、私家著述和金石碑刻，以当地人修当地史，"地近则易核，时近则迹真"，故而过分迷信方志，以为所载史事可信无疑，而未能审慎考核，辨伪存真。实则明清方志虽然数量众多，除了少数出自名家能手外，绝大多数是地方官员组织一批地方举人、贡生、秀才士绅等纂修而成，修志水平有限，其中不乏应付之作，仓促完成，讹误缺漏，谭其骧先生特别枚举了旧志资料的不足和讹误①。第二，注意方志资料具有承袭性，利用史料需要注意探究史源。地方志所利用官府公文、私家著述等资料整合编纂成志，惯于抄录前志和他书内容，而又未相应说明文献来源和年代，许多学者对待方志资料时采取"拿来主义"，不注意利用史源学方法考究资料渊源，造成讹误。如张建民教授指出，清代郧阳地方志载有"陕西之民五，江西之民四，德、黄、吴、蜀、山东、河南北之民二，土著之民二，皆各以其俗为俗焉"，史料源头实为万历《郧阳府志》，所反映的是明代后期秦巴山区人口情况，而许多学者不加以考证，误以为是对清代人口结构的分析。② 这种不注重考究资料来源、拿来就用的现象甚为常见，不仅违背了严谨的学风，相应地，研究结论往往也不够客观，甚至背离历史事实。

5. 新文化史视野下的湖北方志研究

进入 21 世纪以来，受到西方史学思想的影响，新文化史在中国渐而兴起，重视分析历史文献背后的权力及话语成为新文化史研究的重要特点之一。在新文化史研究中，地方志被视为构建的"文本"，折射出

---

① 谭其骧：《地方史志不可偏废，旧志资料不可轻信》，《中国地方志》1981年第 5 期。

② 张建民：《明清长江流域山区资源开发与环境演变：以秦岭—大巴山为中心》，武汉大学出版社 2007 年版，第 50 页。

权力、话语、社会观念等。而探究方志自身作为文本被书写的过程，亦成为一个新的研究取向。① 李晓方《社会史视野下的地方志利用与研究述论》②一文较为系统地梳理了当前新文化史视野下的方志研究成果。就湖北地区而言，具有新文化史研究倾向的论著主要有：朱志先、张霞通过分析王廷陈书信，揭示王廷陈仅为挂名作者，未能实际参与纂修《兴都志》。③ 张小也通过比较分析清代五种《江夏县志》与《灵泉志》的异同，指出了编纂方式和材料内容所反映的地方社会的自我认知和地方史构建的过程。④ 张婷从文化学角度分析乾隆《襄阳府志》所载有关习家池及堕泪碑诗歌所体现的士人出世入世的矛盾心境。⑤ 朱志先考察了《兴都志》和《承天大志》的编纂始末历程，通过比较分析两部方志的不同遭遇，折射明廷不同利益集团的权力斗争。⑥ 王晓芬概述明清时期通山地方志的编纂状况，比较国家图书馆藏康熙《通山县志》和台湾地区手抄本康熙《通山县志》异同，探究通山县大族朱氏凭借在地方的威权和姻亲关系增强地方志书写中的话语权。⑦ 李晓溪通过梳理《黄梅老寺志》的编纂和增补，反映寺僧对自身地位和权力网络的构建以及明清时期寺庙权力中心的转移。⑧ 虽然目前这一取向下的论著尚不甚多，但可能是湖北地方志研究的一种发展趋势。

---

① 周毅：《方志中的历史书写研究范式——一个发展研究的新取向》，《中国史研究动态》2019 年第 2 期。

② 李晓方：《社会史视野下的地方志利用与研究述论》，《中国地方志》2011 年第 7 期。

③ 朱志先、张霞：《王廷陈参修〈兴都志〉考略》，《黄冈师范学院学报》2011 年第 1 期。

④ 张小也：《地方志与地方史的构建：以清代〈江夏县志〉与民间文献〈灵泉志〉的对比为中心》，《清史研究》2012 年第 3 期。

⑤ 张婷：《乾隆〈襄阳府志〉中习家池及堕泪碑诗歌的文化沉思》，《荆楚学刊》2018 年第 1 期。

⑥ 朱志先：《〈兴都志〉与〈承天大志〉纂修考述》，《中国地方志》2013 年第 7 期。

⑦ 王晓芬：《康熙〈通山县志〉考》，《湖北方志》2015 年第 1 期。

⑧ 李晓溪：《寺庙权力中心的转移与佛教方志的文本建构——以清代〈黄梅老寺中山志〉为中心》，《中国地方志》2017 年第 9 期。

改革开放以来，湖北各地先后成立以地方志事业为内容的专门办公单位，《湖北方志通讯》《京山县史志通讯》《荆门方志通讯》《荆门方志资料》等各级方志刊物创刊，清代湖北方志研究已取得了众多成果，并呈现出良好的发展势头，但在学术发展过程中也存在一些薄弱环节和不足。湖北旧志的研究成果呈现零散性特征，整体性研究不足。现有的湖北方志研究更多侧重于某一区域或某一种方志，而未能从长时段、跨区域视野探析湖北方志的历史发展脉络及各地方志编纂的差异性。学界较为重视方志的文献价值，未能深刻认识到方志是一种具有独特编纂体例和方法的传世文献。在湖北方志研究中，应当更多落实到方志自身，尤其是方志的编纂工作，包括设置志局、筹集经费、修志人员分工、搜集志料、地方官与士绅在修志中的作用和影响等，以进一步拓宽方志研究的领域。过多关注现存方志研究，忽略对散佚旧志的考察。系统地爬梳散佚旧志，分析湖北散佚方志的特征及其佚失原因，不仅有利于准确、客观地认识湖北方志脉络，也有助于深化理解现存旧志的特征等。且在利用湖北地方志进行学术研究中过于偏信方志资料，缺乏必要的审慎考核，同时地方志所利用官府公文、私家著述等资料整合编纂成书，惯于抄录前志和他书内容，而又未说明文献来源和年代，部分学者利用地方志进行研究未能注意方志资料具有承袭性，利用史料未能探究史源，采取"拿来主义"，未注意利用史源学方法考究资料渊源，造成讹误。

地方志是中华优秀传统文化的重要组成部分，是世界历史文化长河中具有中国特色的文明传承方式。党的十八大以来，党中央、国务院高度重视地方志事业发展。国务院办公厅印发《规划纲要》，2017年《国家十三五时期文化发展改革规划纲要》出台，将地方志工作纳入社会主义文化强国建设任务之一，《关于实施中华优秀传统文化传承发展工程的意见》将地方志工作纳入中华优秀传统文化传承发展工程。湖北旧志研究应当积极总结以往研究的经验教训，特别是改革开放以来的相关成果，开拓新的研究选题，关注地方志中地图、民俗、科技等相关研究；积极推进多学科交叉和跨地域比较研究，将社会学理论、经济学理论、政治学理论等引入湖北旧志的研究中，观照江西、湖南、浙江等其他地方志，在比较分析中深入研究湖北旧志。

三、基本概念的界定、研究方法

(一) 基本概念的界定

1. 清代

清史起讫时间，学术界有不同的理解，部分学者主张将公元 1616 年努尔哈赤建立大金 (后金) 作为清代起点。结合研究课题的具体情况及学术界一般性观点，本书所讨论的清代，是指从公元 1644 年崇祯皇帝自缢煤山，多尔衮奉迎顺治帝进入北京，祭告天地祖宗，宣布为中国君主，取代明朝统治中国，至公元 1911 年清帝溥仪宣告退位、清朝覆灭这段时期。由于研究主题的需要，有时也会适当涉及明代末期和民国初期。清代在继承和发展前代的基础上，其修志数量、修志理论、编纂体例以及修志频率等均远超前朝，达到历史鼎盛时期。较之前代，清代方志散佚较轻，现存数量最多，资料丰富，通过梳理、研究能够更为全面地接近真实的历史原貌。且清代上承宋元明，下接民国，承前启后，处于历史承袭与嬗变的关键阶段和时期，具有重要的历史地位和学术价值。故而，本书选择清代为研究的时间段。

2. 湖北

本书所讨论的湖北为现今湖北省辖区，包括武汉市、黄冈市、咸宁市、黄石市、鄂州市、孝感市、襄阳市、十堰市、宜昌市、荆州市、荆门市、仙桃市、恩施土家族苗族自治州和神农架林区等。历史上湖北省建制因袭变革较大，具体到清代，主要包括湖北布政使司所辖武昌府、汉阳府、黄州府、襄阳府、郧阳府、德安府、安陆府、施南府、荆州府、宜昌府以及夔州府建始县和六安府英山县等。湖北省现今的地理位置在东经 108°21′—东经 116°07′，北纬 29°05′—北纬 33°20′，面积约 18.6 万平方公里，居中国大陆之中部，略偏东南，长江自西至东横贯其中，汉水为其最大的支流。唐后期，以湘、资水流域置湖南观察使，至宋代则设置荆湖南路，而在沅、澧二水流域及今湖北中部设荆湖北路，是为"湖北"得名之始。而入清以来，康熙三年(1664年)分湖广行省为左、右布政使；三年后，又改湖广左司为湖北省，湖北作为高层政区渐而成型、稳定和成熟，相对具有区域上的完整性和独立性。文化上，"楚北""楚""荆""江汉"等成为湖北代名词，湖北区域内居民共有的文化认同，也为区域外人士所广泛认可。且湖北居民形成了"湖北一省西北阻山，东南临水，居水陆之冲要，为南北之喉膺，险要所在，节节皆关形胜"为主要省区格局的观念，虽历经千百年王朝动荡和分裂，但湖北基本上维持着相对稳定的疆域。湖北地处中国腹地，衔接东西，贯通南北，在中国历史与文化上有着重要的地位，恰如梁启超所言："湖北为长江文化的重要代表，并能沟通黄河文化，一面自己产生文化，一面又为文化的媒介者。"①而与江西、湖南、河南、浙江等地相比，湖北方志研究尚属薄弱环节，无论是研究的深度还是广度，都有待加强和深化，与梁启超"将来之湖北之文化必跻于最高尚之地位"的寄语和期待相距甚远。正是因自宋代以来，湖北成为一个相对稳定的区域且在中国历史文化中具有重要的地位，本书以湖北为主要探讨对象，弥补湖北方志研究的不足，丰富湖北历史文化研究。

3. 方志

方志，即地方志乘，指按一定体例，全面记载某一时期某一地域的自然、社会、政治、经济、文化等方面情况或特定事项的史籍文献。方志类别，随着社会发展而层出不穷。按照所载区域和内容，有综合性志书与专门性志书之别。综合类方志主要是按照行政区划而定，如通志(总志、省志)、府志、州志、厅志、台志、区志、都邑志、道志、县志、乡土志、里镇志、土司志、边关志、卫所志等。专门性方志，是相对综合性志书而言，专门记述某一事物或某一事业的历史与现状的著述，主要有山水志、建筑志、书院志、寺观志等。本书所探究的方志主

————————

① 梁启超：《梁启超在武大暑校讲演纪》，《申报》1922年9月5日、6日。

要是综合类方志，即省志、道志、府志、县志、乡土志、土司志等，不涉及山水志、寺观志、书院志等专门志。由于明代之前，志书种类尚较为单一，故而所探究的志书亦包括一定数量的专门志。

(二) 研究方法

1. 文献研究法

史料是进行历史研究的基础，也是研究的起点。近代史学家梁启超十分强调史料的基础性作用，"史料为史之细胞，史料不具或不确，则无复史之可言"，还指出搜集史料应当不遗余力："遗佚之史迹虽大半皆可遇而不可求，但吾侪总须随处留心，无孔不入，每有所遇，断不放过。须知此等佚迹不必外人纪载中乃有之，本国故纸堆中所存实亦不少，在学者之能施特别观察而已。"①搜集丰富的一手史料是保证地方志研究科学和可信的前提，是学术研究严谨性的体现和科学性的保证。作为历史研究中最为基本的研究方法，文献研究通过尽可能搜集、整理和分析相关文献，以间接形式解决学术问题。文献研究法在占有全面的、客观的资料基础上，通过适当的归纳、分析，形成新的论据和观点，是解决相关问题的重要途径。

2. 统计研究法

在搜集准确和全面的湖北方志数据信息的基础上，运用自然科学中的数学方法对历史资料进行定量分析，通过数据整理、分析和运算，以反映研究对象的特征、过程、性质等，结合定量和定性方法，以克服有关湖北方志研究的宏大而模糊的叙述，以期尽可能真实、直观和更具有验证性地还原湖北方志的历史原貌。

3. 比较研究法

比较史学主要从时间和地理空间来展开，即从纵向和横向两个方面来进行比较研究。传统的孤立研究往往把某种历史现象局限于一定的时间与空间范围内，容易片面切断历史现象之间的联系，难以从整体出发

---

① 梁启超：《中国历史研究法》，岳麓书社 2010 年版，第 67 页。

揭示历史现象之间的异同关系。本书立足清代，上溯秦汉晋南北朝，下延民国，勾勒湖北方志发展概况，横向注重与浙江、江西等省方志等的比较，纵向则注意与汉唐、宋元、明等不同时期的湖北方志相参照，以避免褊狭的倾向，在内外牵引比较研究中，客观、全面地深入研究清代湖北方志的相关问题。

第一章　清代之前湖北方志的编纂

方志具有独特的接续性和传承性，清代湖北方志是在千余年的修志传统和历史积淀中萌芽、发展、繁盛起来的。没有前代的沉淀与积累，湖北方志亦难以在清代呈现兴盛局面。根据中国方志史脉络以及中国古代史断限的一般观点，结合湖北方志发展特点，清代之前湖北方志发展概况可分为汉魏六朝、隋唐五代、宋元、明等四个阶段的，而每个阶段的志书在种类、内容、体例等方面方面具有相应的时代特征。

第一节　汉魏六朝时期湖北方志编纂

公元前 221 年，秦灭六国以后，建立统一的君主专制中央集权国家，废封建，行郡县，初期将"西涉流沙，南尽北户，东有东海，北过大夏"的广袤版图划分为三十六郡（后又增南海、桂林、象、九原四郡），郡辖有若干县，形成较为严密和系统的政区制度，为地方志的编纂奠定了建制基础。且秦统治者强化对各地的控制，掌握地情，曾编纂《秦地图》。由于秦朝因暴政短祚而亡，方志成就并不突出，但为后世奠定了一定的基础。

公元前 206 年，刘邦进入咸阳，萧何即接收秦朝图志，"诸将皆争走金帛财物之府分之，何独先入收秦丞相御史律令图书藏之。具知天下阨塞，户口多少，强弱处，民所疾苦者，以何得秦图书也"①。可见，

---

① 司马迁：《史记》卷五十三《萧相国世家》，中华书局 1982 年版，第 2014 页。

秦朝方志犹存，并为汉代所继承，亦可知刘邦集团重视利用图志的价值，将其作为掌握国情和强化统治的重要资料与手段。西汉王朝结束了数年的动荡不安，中央集权制度得到巩固，郡县制度日趋完善。经过汉初七十余年的休养生息，社会较为安定，农业生产和社会经济得到恢复和发展，呈现繁荣局面，为文化发展以及方志的萌生奠定了良好的基础。最高统治者为了实施行之有效的管理，了解全国各地的土地、户口、赋役、物产、民情以及山川关隘的需要，较为重视地方志编纂。汉武帝时期，朝廷命令各地官府将地志报送太史，"计书既上太史，郡国地志，固亦在焉"。

至汉末魏晋南北朝时期，地方经济得到增长，原已被抑制的豪强地主势力又开始复苏和壮大。地方经济的复苏，地方人物的崛起，为方志的产生提供了物质基础和人才基础。魏南北朝时期，地方志名目有地记、图经、人物传、风俗志、地理志等，虽然体例尚未定型和成熟，但方志体例已见雏形。这一阶段的湖北方志数量较多，种类亦较为丰富，在全国具有相当重要的地位，但散佚十分严重。通过后世文献征引的吉光片羽和学者的辑佚考证，湖北方志主要有地记、地志、图经等种类。

一、汉魏六朝时期湖北的历史概况

（一）魏晋六朝时期湖北独特的战略地位

汉魏六朝时期，湖北各地建制及其沿革复杂多变，政区设置归属也颇多变异。总的来说，三国时期曹魏在湖北设有南阳、南乡、江夏、襄阳、魏兴、上庸、新城七郡；孙吴在湖北占据大片疆土，前后设有荆州南郡、宜都郡、建平郡、江夏郡、蕲春郡等；刘蜀曾一度控制湖北，后又退缩至鄂西北地区，建安二十四年关羽败亡，蜀国遂撤荆州，乃至最终在湖北并无疆土。西晋时期，南北暂时实现统一，湖北也结束魏吴蜀分疆而治的局面，而得以统一。西晋初年，在湖北设有义阳郡、南乡郡、魏兴郡、上庸郡、新城郡、襄阳郡、建平郡、宜都郡、南郡、南平郡、江夏郡、武昌郡、长沙郡、弋阳郡、庐江郡等。元康元年，割荆州之武昌等三郡，并扬州七郡，因皆为滨江地区而命名为江州，试图解决荆州、扬州二州疆土广袤，难以统理的问题。怀帝时期，又以荆州、长沙等刘郡，广州之三郡，别设湘州。① 永嘉之乱以后，王室东迁，在建康设立割据政权，偏安江东，主要保有荆州、扬州、湘州、江州、梁州、益州、交州、广州，以及徐州大半和豫州谯城等地。这一时期的湖北建制主要是南郡、南平郡、武宁郡、江夏郡、竟陵郡、顺阳郡、义阳郡、随郡、新野郡、建平郡、长沙郡、宜都郡、武昌郡等实州郡县。另外由于大批北人南下，又在湖北设有新兴郡、长宁郡、南河东郡、汶阳郡、汝南郡、绥安郡、扶风郡、广平郡等一批侨州郡县。东晋灭亡以来，宋、齐、梁、陈等南朝政权在湖北的建制亦多变化，如孝武帝孝建元年，分荆州之江夏等五郡，合以湘、江、豫三州之三郡设立郢州；宋明帝时期，分义阳等四郡新设司州等。

湖北地处天下之冲，长江横贯东西，东接吴越，西通巴蜀，北及商、洛，南下湘粤，水陆交通便利，在割据时期战略价值进一步凸显。汉魏晋南北朝时期，湖北战乱频仍，其中规模较大的战役有赤壁之战、襄樊之战、夷陵之战等，始终处于分裂割据，朝代更迭频繁，湖北地区长期处在不同政权的分隔之中。②

建安十三年（208 年），曹操南征以后，湖北一分为三，分属曹操、刘备、孙权控制，荆州在三国鼎立局面、巩固及其破坏起到重要作用。③ 三国之谋臣将士多次向各自主公阐述荆州之重要性。荀彧早在建安九年（204 年）为曹操策划"先定河北，后修复旧京，后南临荆州"以实现"天下大定"的计谋。鲁肃也进言孙权："夫荆楚与国临接，水流顺北，外带江汉，内阻山陵。有金城之固，沃野万里，士民殷富，若据而有之，此帝王之资也。"④而诸葛亮在隆中亦向刘备分析荆州的重要性：

① 罗运环等：《荆楚建制沿革》，武汉出版社 2013 年版，第 51 页。

② 牟发松：《湖北通史·魏晋南北朝卷》，华中师范大学出版社 1999 年版，第 1 页。

③ 牟发松：《湖北通史·魏晋南北朝卷》，华中师范大学出版社 1999 年版，第 43 页。

④ 《三国志》卷五十四《吴书·鲁肃传》，中华书局 1982 年版，第 1268 页。

"荆州北据汉、沔，利尽南海，东连吴会，西通巴、蜀，此用武之国，而其主不能守，此殆天所以资将军，将军岂有意乎?"①围绕荆州，魏蜀吴三国进行了多次战争，而夏口、江陵、襄阳始终为三方必争之地，这一地区屯驻了规模庞大的军队以及安置了相应民众。武昌(今鄂州)曾两度为孙吴都。

入晋以后，尤其是东晋以后，湖北是抵御北方少数民族政权的前线地带，承担北方防御重责。同时，湖北是六朝都城建康的门户屏障，顺江而下能够有效支援建康，维持和巩固朝局。盛弘之这样描述湖北战略地位，"自晋室南迁，王居建业，则以荆扬为京师根本之所寄。荆楚为重镇，上游之所总，拟周之分陕，故有西陕之号焉"②，"江左大镇，莫过荆扬"。故而，多位当权重臣或皇子曾出镇湖北，通过策应、制约，保持内外实力均衡。③ 高门大族颍川庾氏、谯郡桓氏、琅琊王氏，名将殷仲堪、沈攸之等曾镇守荆州，特别是颍川庾氏和谯国桓氏几乎世袭镇守荆州地区。

南朝以后，为抑制豪强势力，后世统治者往往任命出身较为低微的"寒人"充任湖北地方官员。宋武帝刘裕鉴于"上流形胜，地广兵强"，"得贤则中原可定，势弱则社稷同忧"，以皇家子弟驻守。彭城王义康、宋文帝等皆曾镇守荆州等。齐、梁亦以继承惯例，予以遵行。

在这种独特历史背景下，湖北充任战略屏障，维持偏安江左的建康政权，在六朝政局中具有特殊政军事地位和关键作用。为了充分熟悉和掌握湖北这一关键区域地理沿革、山川关隘、人物士族、物产资源、民情习俗等的需要，催生了地志的萌芽和发展。

(二)外来人口的迁入与社会经济的发展

东汉末年，中原丧乱，群雄割据，纷乱不已，社会生产遭到严重破坏，"俄而汉室大乱，祸起萧墙，贼臣专政，豪雄虎争。县邑闾里，奸

---

① 《三国志》卷三十五《诸葛亮传》，中华书局 1982 年版，第 912 页。

② 乐史撰，王文楚点校：《太平寰宇记》，中华书局 2007 年版，第 2831 页。

③ 牟发松：《湖北通史·魏晋南北朝卷》，华中师范大学出版社 1999 年版，第 3 页。

宄烟发，州县残破，天下土崩，四海大坏"①。较之中原地区的战乱局面，长江中游的湖北政局相对安定，"三十有九载兵车无用""百许年中无风尘之警"。在汉晋南北朝近四百年间，众多北方流民迁徙到荆襄地区，荆襄官员也极为重视安抚流民，招纳人才，扩充势力。魏晋南北朝时期，民族矛盾、阶级矛盾和统治阶级的内部矛盾交织，战乱不已，动荡不安，民众生活极为不安定。由于董卓之乱，关中豫、兖州等地流民逃亡到荆襄者达十万之众，"关中膏腴之地，顷遭荒乱，人民流入荆州者十万余家"②。西晋诸王混战，北方又有十余万户流民逃至湖北。而李雄父子割据四川，引起动乱，巴蜀之民沿长江抵达湖北者也不下十万。十六国时期，五胡乱华，陕西等地流民迁徙湖北，"荆、扬二州，户口半天下"③。

据牟发松考证，东汉时期湖北省增加 42308 户、124391 口，魏晋南北朝时期亦有维持着相当数量可观的规模。④ 流民的大量迁入，直接补充湖北战乱人口的损耗，甚至出现"旧民甚少，新户稍多"。户口的殷实，社会局面的相对安定，地域经济开发亦得到发展，农副业皆有长足的发展，"荆城跨南楚之富，扬都有全吴之沃，鱼盐杞梓之利，充牣八方，丝棉布帛之饶，覆衣天下"⑤。手工业也是"百工集趋，机巧万端"⑥。荆州为商贾所聚，商业贸易往来频繁，以江陵、夏口、襄阳为中心的区域市场初步形成。夏口城下的黄军浦乃"商舟之所会"，"商旅

①　严可均：《上古秦汉三国六朝文》卷五十六《刘镇南碑》，中华书局 1958 年版，第 1362 页。
②　《三国志》卷二十一《魏书·王卫二刘傅传》，中华书局 1982 年版，第 610 页。
③　《宋书》卷六十六《王敬弘何尚之传》，中华书局 1974 年版，第 1738 页。
④　牟发松：《湖北通史·魏晋南北朝卷》，华中师范大学出版社 1999 年版，第 423~426 页。
⑤　《宋书》卷五十四《孔季恭 羊玄保沈昙庆》，中华书局 1974 年版，第 1540 页。
⑥　严可均：《全上古三代秦汉三国六朝文》，中华书局 1958 年版，第 1362 页。

39

从来皆于浦停泊"，夏口东九十里处"有石矶，波涛迅急，商旅惊骇"。①

（三）地方豪强势力膨胀与郡望门第的彰显

在社会等级和阶层分化甚为复杂的时期，门阀士族阶层自东汉以来逐渐形成和发展，至魏晋时期渐而固化，形成一个特殊的阶层，即门阀政治，在政治上占据权力的核心，操控地方选人、国家用人的九品中正制，在地方属于豪强势力，并且各割据政权往往依赖这些地方豪强才能得以巩固，有效推行和强制执行政治统治和社会控制。

东汉末年以来，地方豪强势力膨胀，既是国家政权统治的基础，亦与国家政权存在或多或少的各种矛盾。湖北地方豪族势力庞大，甚至敢与官府对抗，诸多地方事务皆要得到他们的认可方能施行。如汉献帝时，刘表到荆州任刺史，由于湖北宗族抵制而无法到江陵上任，后得到南郡大族蒯越、襄阳大族蔡瑁等支持，而得以站稳脚跟。② 蔡氏家族是东汉时期湖北实力雄厚的大族，家道殷实，"宗室甚强，共保于洲上"。蔡瑁，"瑁家在蔡洲上，屋宇甚好，四墙皆以青石结角，婢妾数百人，别业四五十处"③。习氏"宗族富盛，世为乡豪"，在襄阳湖、白马坡一带经营鱼池，且有封邑在沔水又东南迳邑城北。出自该族的习凿齿，长于文史，熟稔荆州典故，曾与青州伏滔反复辩论荆州人才之盛，"王中郎令伏玄度、习凿齿论青、楚人物，临成，以示韩康伯。康伯都无言，王曰：'何故不言？'韩曰：'无可，无不可'"④。张光，江夏人，为郡官，后任江夏西部都尉、凉州刺史等，家世有部曲，亦为地方土豪。

晋宋之际下至南朝，自南阳迁居江陵的几大家族也表现活跃，在

---

① 王玲：《魏晋六朝湖北地区的商业与市场网络》，《中南财经政法大学学报》2007 年第 1 期。

② 丁毅华：《湖北通史·秦汉卷》，华中师范大学出版社 1999 年版，第 236 页。

③ 习凿齿撰，黄惠贤校补：《校补襄阳耆旧记》，中州古籍出版社 1987 年版，第 12 页。

④ 刘义庆：《世说新语》卷上《言语第二》，岳麓书社 2015 年版，第 23 页。

地方政治、经济和文化中占有相当的优势，俨然地方事务的主宰者。① 南阳著姓刘氏、宗氏，新野庾氏、淯阳乐氏相继南迁，成为当地大族。特别是南阳刘氏，代有官宦，"刘乔有赞世志力，惠帝末为豫州刺史。乔胄胤丕显，贵盛至今"②。刘眈历任度支尚书，加散骑常侍，女嫁桓玄，子刘柳任尚书左右仆射、徐兖江三州刺史。南朝以后，刘氏子弟依旧保持显赫政治优势，"家甚豪富"。刘湛，博涉史传，熟谙前世旧典，初任刘裕太尉府行参军，后任荆州功曹、秘书丞、荆州长史等，并充任荆州大中正，负责一州人士品评，实际掌控荆州选官任官大权。

汉魏六朝时期，高门大族在政治、经济、文化上具有明显的优势。《荆楚岁时记》撰者宗懔，先祖亦从南阳迁居江陵，"懔八世祖承，晋宜都郡守，属永嘉东迁徙，子孙因居江陵焉"③，属于荆州地区数一数二的大族。新野庾氏，早期渡江家境拮据，至刘宋则已经"家甚豪富"，庾彦达官至益州刺史、子庾业历任豫章太守、太常卿，后世亦不乏显位者，成为"西楚望族"。《江陵记》作者庾诜即出自该族，庾诜撰有《帝历》二十卷、《易林》二十卷、《晋朝杂事》五卷、《总抄》八十卷，"新野庾诜，荆山珠玉，江陵杞梓，静侯南度，固有名德，独贞苦节，孤芳素履，奄随运往，恻怆于怀，宜谥贞节处士，以显高烈"④。又范汪，撰《荆州记》，原属范阳大姓，后渡江投先已迁居江陵的新野庾氏，"六岁过江，依外家新野庾氏，荆州刺史王澄见而奇之"⑤。

(四) 人才麇集和社会文化活动的活跃

东汉末年以来，政治和社会动荡，学人和学术资源由原来的政治、

---

①　牟发松：《湖北通史·魏晋南北朝卷》，华中师范大学出版社 1999 年版，第 353 页。

②　《三国志》卷二十一《魏书·王卫二刘传》，中华书局 1982 年版，第 617 页。

③　《梁书》卷四十一《宗懔传》，中华书局 1973 年版，第 584 页。

④　《梁书》卷五十一《处士传》，中华书局 1973 年，第 751 页。

⑤　《晋书》卷七十五《范汪传》，中华书局 1974 年版，第 1982 页。

文化中心的中原地区向其他地区流动，区域性的学术文化中心应时而起。①

东汉末年，荆州牧刘表采取得当举措，保境安民，聚集了王璨、宋忠等文学之士近千人，士民多归之，"招诱有方，威怀兼洽，万里肃清，大小咸悦而服之。关西、兖、豫学士归者盖有千数，表安慰赈赡，皆得资全"②。荆州蔚然成为当时的学术高地，"当世知名，辐辏而至，四方襁负，自远而至"③。刘表在荆州设立学校，讲授儒术，学者云集"笃志好学，吏子弟，受禄之徒，盖以千计"，形成"童幼猛进，武人革面，总角佩觿，委介免胄，比肩继踵，川游泉涌，亹亹如也"的兴盛局面。而授业经史数量也很多，"耆德故老，綦毋闿等，负书荷器，自远而至者三百余人"④。刘表统治时期的荆州代替洛阳成为全国的学术中心，士人发挥他们的专长，开展学术文化事业。⑤

陶侃坐镇荆州，为官勤政务实，呈现"武昌号为多士"的局面。殷浩、庾翼皆在其幕府任职。荆州本地名士有黄承彦和孟氏兄弟。黄承彦"高爽开列，为沔南名士"⑥。东晋时期，孟嘉、孟陋兄弟皆有长名。孟嘉，娶陶侃女为妻，为庾良从事，历任安西府功曹、征西府参军。孟陋，博学多通，名著海内。庾亮出镇荆州时，亦是名士麇集。桓温出镇荆州时，人才堪称空前，"温在镇三十年，参佐习凿齿、袁宏、谢安、王坦之、孙盛、孟嘉、王珣、罗友、郗超、伏滔、谢奕、顾恺之、王子

---

① 李传印：《荆州学派的学术文化特色及其影响》，《华中国学》第 1 卷，华中科技大学出版社 2013 年版，第 218 页。

② 范晔撰，李贤等注：《后汉书》卷七十四下《袁绍刘表列传》，中华书局 1999 年版，第 1637 页。

③ 严可均：《全上古三代秦汉三国六朝文》，中华书局 1958 年版，第 1362 页。

④ 严可均：《全上古三代秦汉三国六朝文》，中华书局 1958 年版，第 965 页。

⑤ 唐长孺：《汉末学术中心的南移于荆州学派》，《唐长孺社会文化史论丛》，武汉大学出版社 2001 年版，第 2 页。

⑥ 《三国志》卷三十九《蜀书·诸葛亮传》，中华书局 1982 年版，第 911 页。

猷、谢玄、罗含、范汪、郝隆、车胤、韩康等，皆海内奇士，伏其如人"①。其中罗含，为湖南桂阳人，先任庾亮荆州从事，后为桓温所称许，聘为参军，撰《荆州记》。

梁元帝萧绎，梁武帝第七子，普通七年(526年)出任荆州刺史，太清元年(547年)再次出任荆州刺史，后即位江陵，直至承圣三年(554年)为西魏所杀，前后在荆州二十余年。萧绎自诩"韬于文士"，性好读书，"多不自执卷，置读书左右，番次上直，昼夜为常，略为休已，虽睡，卷犹不释"②，一生文化活动亦多在荆州，幕僚亦多楚人，将荆襄地区的文化发展推向新的高点。③

萧纲，梁武帝第三子，历任荆州刺史、江州刺史等，普通四年以后，任雍州刺史，驻襄阳，直至中大通二年徙为扬州刺史，在湖北境内凡十余年。萧纲自幼聪悟，有文才。武帝萧衍特意为其挑选文才之士充任府僚。在其幕府及后来的政权中，萧纲也招揽众多文学士人，如徐擒父子、张率、刘孝仪兄弟、孔休源、鲍至、韦粲、庾肩吾等数十人，形成雍州文人集团和西府文人集团。徐擒，字士秀，东海人，幼而好学，及长，遍览经史，起官太学博士，后一直追随萧纲转任各地。徐陵，字孝穆，博涉经史，纵横有口辩，至陈朝为一代文宗。张率，字士简，吴郡人，少好属文，年十二即能属文，至年二十六为文千余首，历任著作佐郎、秘书丞，为东南才子。前后在萧纲军府任职十年。刘孝仪，举秀才，文辞宏丽，任萧纲安北功曹参军。庾肩吾，新野人，八岁能诗，历任萧纲军府常侍、中郎、参军、文德省学士。萧纲每徙镇，常随府转。萧绎定期不定期举办包括书籍整理、著书立说、宣讲经义活动，如以贺革为首宣讲《三礼》活动，听者甚多，"王初于府置学，以革领儒林祭酒，讲《三礼》，荆楚衣冠听者甚众"。萧纲曾描述与幕僚在一起饮酒赋诗、谈论文史的情景，"吾昔在汉南，连翩书记，及忝朱方，从容坐

---

① 余嘉锡：《世说新语笺疏》，中华书局1980年版，第773页。
② 《南史》卷八《简元帝》，中华书局1975年版，第234页。
③ 夏日新：《梁元帝对荆州文化的影响》，《长江大学学报》2018年第3期。

首，良辰美景，清风月夜，鹢舟乍动，朱鹭徐鸣，未尝一日而不追随，一时而不会遇，酒阑耳热，言志赋诗，校覆忠贤，榷扬文史，益者三友，此实其人"。萧纲在襄沔流域的文化活动，培育和锻炼了一批人才，将荆襄地区文化发展推向新的高峰。① "自晋氏南迁之后，南郡、襄阳，皆未重镇，四方凑会，故益多衣冠之绪，稍尚礼仪经籍焉。"魏晋以来，荆襄地区生齿日繁，人才济济，欧阳修曾有诗言道："荆州汉魏以来重，古今相望多名臣。"②

这一时期，大量北方名士长期在荆襄活动和定居，直接推动了湖北文化的发展与繁荣。清代中期名臣陶澍曾说："汉魏以来，襄、郑一代衣冠极盛。"③"春秋战国时代湖北的政治、经济、文化重心在荆州附近的郢……从汉代开始，襄阳渐有取代荆州成为湖北重心之势。"一时人才荟萃，荆襄成为当时的文化重地，出现了湖北第二次人才的高峰。④

二、汉魏六朝时期湖北方志编纂概况

汉魏六朝时期，地方志名目有地记、图经、人物传、岁时记、风俗志、地理志等，虽然体例尚未定型和成熟，但方志体例已见雏形。这一阶段的湖北方志散佚严重，但通过后世文献征引的吉光片羽和学者的辑佚考证，数量较多，种类也不少，主要有地记、郡书等类。

(一) 地记

地记，亦称地志，为早期地方志书种类之一，是专门记载一方山川、古迹、人物和风俗的地方性著作，是地方性的人物传记与地方性的地理著作相汇合而形成的。⑤ 虽然傅振伦认为地记不等同于方志，"方

---

① 夏日新：《梁简文帝萧纲在襄沔流域的文化活动》，《荆楚学刊》2015年第1期。

② 欧阳修：《欧阳修集编年笺注》卷七《古诗》，巴蜀书社2007年版，第265页。

③ 陶澍：《蜀輶日记》卷四，国家图书馆藏道光四年版。

④ 宣统《湖北通志》卷一百二十三《人物志序》，"论湖北之人才，春秋楚为首，三国时次之"。

⑤ 仓修良：《方志学通论》，方志出版社2003年版，第45页。

志之书，自有其特质，虽兼记史地，而与史书、地记皆不相同"，指出："故方志之于地记也，其记事范围，论方域则地记为大广，论时代则方志为久。盖地记除沿革、地理而外，多主断代，与方志通述之体有别，研究方志不可不知也。"①但地记似地理书而非地理书，写人物而非单一的传记，"一书而两类互见"，已经超越了纯粹的地理书和人物传记，实则具备了方志的诸多特征，所以王庸先生认为地记是早期的地方志，对后世方志发展起到了重要作用，"魏晋以来，不仅有异物志、山水记之兴起，各地方记之作尤盛，且亦以长江流域及其南方各州郡为多，其内容则大抵为风土记与风俗传行政，或重史传，或重地理物产，颇不一致"②。

这一时期，湖北地记著作数量较为丰富，其中亦多名篇，如庾仲雍《荆州记》、盛弘之《荆州记》等，颇为后世所称许，被赞为汉晋时期少有的名篇佳构。地记著作有山川记、风土记、物产记等名目，内容丰富。载物产，如《荆州土地记》"宜都出大枇杷"③；《荆州记》"黄石山出银砾，人常采之"④。载山川名胜，如《武昌记》"九宫山，西北陆路去州五百八十里，其山晋安王兄弟九人造九宫殿于此山，遂以为名"⑤；《南雍州记》"武当山，广三四百里。山高陇峻，若博山香炉，苕亭峻极，干霄出雾。学道者，常百数，相继不绝。若有于此山学者，心有隆替，辄为百兽所逐"⑥。载水利，如《武昌记》"北济湖，本是新兴冶塘湖。元嘉初，发水冶，水冶者以水排冶。令颜茂以塘数破坏，难为功力。茂因废水冶，以人鼓排，谓之步冶。湖日因破坏，不复修治，冬月

---

① 傅振伦：《中国方志学通论》，商务印书馆1935年版，第5页。
② 王庸：《中国地理学史》，商务印书馆1956年版，第143页。
③ 贾思勰：《齐名要术》卷十《非中国物产者·枇杷》，商务印书馆1930年版，第82页。
④ 转引自《汉唐方志辑佚》，北京图书馆出版社1997年版，第112页。
⑤ 《太平御览》卷四十八《地部十三·九宫山》，中华书局1960年版，第233页。
⑥ 《太平御览》卷四十三《地部八·武当山》，中华书局1960年版，第206页。

则涸"①。载风俗，如《宜都山川记》记时人利用温泉治病，"佷山县(今长阳县)东有温泉，注大溪，夏才暖，冬则大热，上常有雾云气。百病久疾，入水多愈，此泉先出盐也"②。载古迹者，如伍端休《江陵记》"楚文王始自丹阳徙都城于郢，今州北南城是也"③。从内容上来看，湖北地记载有地理、风俗、物产、风俗、古迹等，是方志发展的早期阶段，并为后世定型方志所承袭。

(二)郡书

郡书，即郡国之书。专记一郡先贤、耆旧、士德、节士，用以叙功劝善。郡书始于汉光武帝为表彰故里，乃命地方官作《南阳风俗传》，"后汉光武始诏南阳撰作风俗传，故沛、三辅有耆旧节士之序，鲁庐江有先贤之传。郡国之书，由是而作"④。郡书多记郡国乡邦先贤节行，"郡书者，矜其乡贤，美其邦族，施于本国，颇得流行"⑤。郡书实为一方人物志，对后世方志人物一门的发展产生了重要影响。

湖北最早的郡书应属王璨《荆州文学记官志》⑥。《荆州文学记官志》所载乃是荆州教育机构的官员及其弟子，"按《文学官志》备载文学祭酒从事及学官子弟姓名、籍贯、爵里，王璨称三百余人者是也"⑦。

---

① 《太平御览》卷八三三《资产部十三·冶》，中华书局1960年版，第3716页。

② 虞世南：《北堂书钞》卷一四六《酒食部五·盐三十三》，中国书店1989年版，第617页。

③ 徐坚：《初学记》卷八《州郡部·山南道七》，中华书局1962年版，第182页。

④ 《隋书》卷三十三《经籍志二》，中华书局1973年版，第981页。

⑤ 刘知幾：《史通》卷十内篇《杂述第三十四》，上海古籍出版社1982年版，第275页。

⑥ 清人樊增祥以习凿齿《襄阳耆旧传》和郭缘生《武昌先贤志》为湖北郡志之开端，"习凿齿《襄阳耆旧传》、郭缘生《武昌先贤志》为湖北志人物之始"(《樊山集》卷二十四《重修湖北通志商例》)，实则《荆州文学记官志》远较《襄阳耆旧传》为早。

⑦ 姚振宗：《后汉艺文志》卷二《史部·职官类》，《二十五史补编》第2册，中华书局1986年版，第57页。

西晋时期，有高范《荆州先贤传》和张方《楚国先贤传》。《荆州先贤传》，又名《荆州先德传》，载有周瑜、庞士元、罗愿、吕乂、马良等三国人物事迹。《楚国先贤传》，又称《楚国先贤赞》。是书所载人物上迄春秋战国时期百里奚、熊宜僚和宋玉，下至西晋韩邦等。《隋书·经籍志》、《旧唐书·经籍志》和《新唐书·艺文志》皆有著录，《宋史》未曾提及，可能在元初即已散佚。东晋时期，习凿齿撰《襄阳耆旧记》，前载襄阳人物，中载其山川、城邑，后载牧守，其中人物所记者多是襄阳习氏、庞氏、蔡氏、杨氏、马氏、向氏和罗氏等大族先贤史事。不过，与其他郡书不同的是《襄阳耆旧记》加入历史地理等内容，结合了人物与地理写法，体例更加丰富和系统，是一部综合性的历史文献。南朝宋人郭缘生撰有《武昌先贤志》二卷，《隋书·经籍志》和《旧唐书·经籍志》皆有所著录，可见其在隋唐五代时尚存。

概而言之，魏晋南北朝时期，与湖北相关的郡志有四种，是修纂郡书最多的时期，至隋唐以后趋于衰落，这一发展进程与全国郡书发展概况基本同步；从地域来看，郡志主要集中在襄阳、荆州、武昌等地，反映了魏晋南北朝时期湖北的学术中心乃至政治、经济中心均处于汉江流域，尤其是襄阳地区。

(三) 图经

图经，又称图志、图记等，是地图加以文字说明的志种，"图则作绘之名，经则载言之训"。图经最早起源于汉代，"图经之名，起于汉代，诸郡要皆有图经，特无由考耳"[①]。图经的出现和流行，在中国方志发展史上具有重要意义，反映方志"图"到"志"的转变过程。方志学家金毓黻在《中国史学史》中指出："方志为一方之史，世人已无异议。而图经亦详建置沿革人物古迹，以明一方之变迁进化，备史之一体，且为宋以后郡县志书之所本。故述方志，不能置图经而不数。"[②]隋朝之

---

① 姚振宗：《后汉艺文志》卷二《史部·职官类》，《二十五史补编》第 2 册，中华书局 1986 年版，第 72 页。

② 金毓黻：《中国史学史》，商务印书馆 2007 年版，第 165 页。

前，图经甚少，黄苇认为："自图经之书，东汉以后未有发展，后世迄未发现自三国、经两晋、至南北朝期间的图经。"①而刘纬毅则指出魏晋南北朝图经达到数十种之多。实则通过严密考证和分析，能确定为隋朝之前所编图经不足十种，其中湖北地区有《荆州图经》。

《荆州图经》，撰者、卷数皆不详。该志载："襄阳县南八里，岘山东南一里，江中有蔡洲，汉长水校尉蔡瑁所居，宗族强盛，共保蔡洲，为王如所没，一宗都尽。又曰：武当县西北四十里，江中有沧浪洲，长四里、广十三里，《禹贡》称汉水东流为沧浪水，疑此洲是也。"可见，该书成书年间应晚于三国，而据华林甫考证其撰写年代应在南朝宋元嘉二十六年之前。② 是书早佚，《艺文类聚》《太平御览》《太平寰宇记》《舆地纪胜》《路史》等著录征引佚文六条。《荆州图经》所载疆域范围包括江夏一郡和襄阳、武当、夷道、秭归、永阳五县，治所分别在今湖北武汉市武昌、襄樊市襄阳、丹江口市西北、宜都市、秭归县、安陆市等，地域涉及今湖北之大半。

从残存的吉光片羽来看，是志所载内容多为荆州一地之地理、山川、城池、古迹等内容，如载城池者，"《荆州图经》曰：江夏郡所治夏口城，其西南角，因几为高墉，枕流，上则回眺山川，下则激浪崎岖，是曰黄鹄几，实乃舟人之所艰也"③。又如载古迹者，"《荆州图经》曰：宜都夷道县西山顶上有古墓，名曰女王冢，不详其人。林则女贞，战则白猨"④。又有载山川者，"《荆州图经》云：空舲峡山，在秭归县东，绝崖壁立数丈，飞鸟不能栖。有一火烬插石崖间，望见可长数尺。相传云：尧洪水时，行者泊舟崖侧，爨于此，余烬插之，至今犹曰插竈"⑤。

---

① 黄苇：《方志学》，复旦大学出版社 1993 年版，第 137 页。
② 华林甫：《隋唐〈图经〉辑考》，《台湾政治大学历史学报》2007 年第 27 期。
③ 《艺文类聚》卷 六十三《居处部三》，中华书局 1965 年版，第 1138 页。
④ 《太平御览》卷九一〇《兽部二十二》，中华书局 1960 年版，第 4032 页。
⑤ 王象之：《舆地纪胜》卷七十四《归州》，中华书局 1992 年版，第 2465 页。

三、汉魏六朝时期湖北志书散佚

汉末魏晋以及五代十国，尤其是南朝的动乱，造成了包括地记、郡书、图经在内的大量书籍的损失，"永嘉丧乱，众家之书并亡"①。

梁武帝雅好经史，重视搜罗书籍，达二万多卷，"梁初，秘书监任昉，躬加部集，又于文德殿内列藏众书，华林园中总藏释典，大凡二万三千一百六卷，而释氏不豫焉"②，但统治末期，北魏降将侯景叛乱，反攻建康，焚烧图籍百厨，"初侯景来，既送东宫妓女，尚有数百人，景乃分给军士。夜于宫中置酒奏乐，忽闻火起，众遂惊散，东宫图籍数百厨，焚之皆尽"③。

梁元帝喜欢读书，亦喜聚书，在《聚书篇》中详细叙述了个人聚书经历和藏书概况，"又得南平嗣王书，又得张雍州书，又得桂阳藩王书，又得留之远书。吾今年四十六岁，自聚书来四十年，得书八万卷"④。后平侯景之乱，又得书七万余卷，"元帝克平侯景，收文德之书及公私经籍，归于江陵，大凡七万余卷"⑤。此时，梁元帝的藏书量达十余万卷之多，实为可观。在西魏重兵围困江陵时，绝望下梁元帝焚烧所藏书籍竟达十四万卷之多，"周师陷江陵，梁王知事不济，入东阁竹殿，命舍人高善宝，焚古今图书十四万卷"⑥。隋末唐初、安史之乱以及靖康之乱等又进一步加速了汉魏六朝时期地记的减少，至宋元时期几乎损失殆尽，仅存《襄阳耆旧记》残本。⑦

魏晋南北朝时期，湖北方志大量散佚，但并不意味着志书内容全部

① 陆德明：《经典释文》，转引自李玉安：《中国图书散佚史》，武汉大学出版社2014年版，第119页。

② 《隋书》卷三十二《经籍志一》，中华书局1973年版，第907页。

③ 《太平御览》卷六百十九《学部十三》，中华书局1960年版，第2781页。

④ 《金楼子》卷二《聚书篇》，中华书局1985年版，第32~33页。

⑤ 《隋书》卷三十二《经籍志一》，中华书局1973年版，第907页。

⑥ 《太平御览》卷六百十九《学部十三·载书》，中华书局1960年版，第2781页。

⑦ 孙继民：《六朝时期两湖方志的流传和辑佚》，《江汉论坛》1986年第4期。

消亡，难以窥探其中吉光片羽。郦道元《水经注》、颜师古《前汉书注》、李昉《太平御览》、乐史《太平寰宇记》等史注、类书、地理著作等对上述志书皆有所引用。元末明初以来，历代学者对魏晋南北朝时期湖北方志较为关注。元人陶宗仪《说郛》、明人编纂《五朝小说大观》辑有一部分湖北方志。至清代中叶，陈运溶、王漠、严可均、王仁俊、曹元忠等人的辑佚工作大规模开展，取得显著成效，其中《麓山精舍丛书》是最全面、最丰富的湖北散佚方志辑本合集，较为集中地反映了汉魏六朝湖北方志发展概貌，见表1-1。

表 1-1　　　　　　　魏晋南北朝时期湖北方志编纂概况表

序号	朝代	志名	撰者	卷数	内　　容	资料出处
1	三国	荆州文学记官志	王璨	不详	备载文学祭酒从事及学官弟子姓名爵里	中国古方志考
2	吴	桂阳先贤画赞	张胜	一卷①	张胜，任孙吴左中郎。是书载有张熹、罗陵、武丁、胡滕等人事	中国古方志考
3	吴	荆扬已南异物志	吴薛莹	不详	荆扬，即荆州、扬州合成，该书主要载长江以南地区产物，记述甚详	中国古方志考
4	魏晋	荆州记	无名氏	不详	载荆州物产、古迹、山川等。载有刘备、诸葛亮等史事，成书年代应在六朝时期	中国古方志考
5	魏晋	荆州图副记	不详	不详	又名《荆州图副》《荆州图记》《荆州图》等。该书载荆州山川、古迹、习俗、城池等	中国古方志考

---

① 宋人高似孙《史略》载该书为"五卷"。

续表

序号	朝代	志名	撰者	卷数	内　　容	资料出处
6	晋	宜都山川记	袁崧	不详	袁崧，河南扶沟县人，任吴郡太守。宜都，魏置隋废，治所夷道县，即今湖北宜都。该书载宜都山川、物产	中国古方志考
7	晋	武昌记	史荃①	不详	载今湖北鄂州市山川、名胜、祠庙、物产、古迹等	中国古方志考
8	晋	零陵先贤传	司马彪	一卷	载有李融、郑产、杨怀、刘巴、刘备等人史事	中国古方志考
9	晋	楚国先贤传赞	张方	十二卷	张方，又作张方贤，河间人，历任中领军、京兆太守。《楚国先贤传赞》，亦称《楚国先贤传》《楚国先贤志》等，载有孟宗、孙敬、樊英、孙休、郭攸之等人史事	中国古方志考
10	晋	荆州先贤传	高范	三卷	又称《荆州先德传》，载有庞士元、司马德操、马良、萝献等人史事	中国古方志考
11	晋	荆州记	罗含	不详	罗含，字君章，衡阳末阳人，历任郡主簿、从事、征西参军、尚书郎、郡太守等职	中国古方志考
12	晋	荆州记	范汪	不详	范汪，字玄平，颍川人，官吏部尚书。该书主要记载荆州地理沿革、山水、古迹等	中国古方志考

---

① 《太平御览》作皮零，另外其他书作史岑、史苓等，异写颇多，或以行似而讹。

序号	朝代	志名	撰者	卷数	内　容	资料出处
13	晋	荆州土地记	不详	不详	主要记载湖北各地山川、物产	汉唐方志辑佚
14	晋	襄阳耆旧记	习凿齿	五卷	前载襄阳人物，中载山川、城邑，后载其牧守	中国古方志考
15	东晋	沔南故事	应詹	三卷	应詹，字思远，汝南南顿人，应璩之孙、应贞从子，以才艺学问知名，迁太子舍人，累官光禄勋、江州刺史。该书"纪载一方大事"	隋书经籍志
16	东晋	宜都山川记	袁崧	一卷	主要载宜都疆域、分野、地名、神话传说等	中国古方志考
17	晋宋	荆州图记	不详	不详	载荆州地理山川、景物古迹等	汉唐方志辑佚
18	南朝	楚国先贤传	邹宏甫	不详	载有郑产史事	中国古方志考
19	刘宋	荆州记	庾仲雍	不详	该志内容较为丰富，载有荆州山川、地理沿革、古迹、关隘、物产等	中国古方志考
20	刘宋	荆州记	刘澄之	不详	章宗源撰《隋书经籍志考证》记该书早佚。该书载有云梦泽资料	中国古方志考
21	刘宋	荆州记	郭仲产	二卷	载荆州地理、山水、古迹、人物	中国古方志考
22	刘宋	南雍州记	郭仲产	三卷	郭仲产，里籍不详，曾任尚书库部郎，后为南郡王从事，著有《荆州记》《湘州记》等。该书载山川、人物、古迹等，史料价值较高	旧唐书经籍志

续表

序号	朝代	志名	撰者	卷数	内　　容	资料出处
23	刘宋	随王入沔记	沈怀文	六卷①	沈怀文，武康人，历任江夏王司空参军、司徒参军、侍中等职，在湖北随诸王历职多年。该书应为沈怀文任职王府时所撰湖北见闻等	隋书经籍志
24	刘宋	荆州记	盛弘之	三卷	盛弘之，籍贯不详，曾任临川王侍郎。荆州，刘宋时治所江陵。该书载荆州地理沿革、城池、山川、物产、古迹等资料甚多	中国古方志考
25	刘宋	武昌先贤志	郭缘生	二卷	郭缘生，晋郭翻后嗣，曾任天门太守	隋书经籍志
26	南齐	汉水记	庾仲雍	五卷	又称《汉纪》，以汉水为纲，兼及流域内物产山水、风土人情、传说故事	中国古方志考
27	齐、梁	江陵记	伍端林	不详	该书载古迹、地理等内容	中国古方志考
28	南梁	江陵记	庾诜	一卷	续伍端林《江陵记》	中国古方志考
29	南梁	南雍州记	鲍至	六卷②	鲍至，东海人。载襄阳宗族、人物、列女、山水、古迹等内容	中国古方志考
30	南梁	荆南地志	萧绎	二卷	又名《荆南志》《荆南记》《荆南地记》。萧绎，自世诚，南梁简元帝。该书载荆南地区山川、物产等	中国古方志考

①　《隋书·经籍志》作"六卷"，《新唐书》《旧唐书》作"十卷"。

②　《隋书·经籍志》作"六卷"，《新唐书·艺文志》言"三卷"。

续表

序号	朝代	志名	撰者	卷数	内　　容	资料出处
31	南梁	荆楚岁时记	宗懔	十卷	系统记载荆楚岁时风物的专书	中国古方志考

资料来源：张康逊、张国淦《湖北书征存目》，张国淦《中国古方志考》，宣统《湖北通志》，孙继民《六朝时期两湖方志的流传和辑佚》，刘纬毅《汉唐方志辑佚》等。

第二节　隋唐五代时期湖北方志编纂

隋开皇九年(589年)，隋军消灭了南陈政权，彻底结束了数百年南北分裂对峙的局面，中国重新统一，并重建中央集权制统一国家，自此中国历史进入了一个新的发展时期。隋唐五代时期，湖北虽然历经多次战乱与变故，但总的来说社会、经济与文化等有所发展，特别是地方行政建制得以厘清、中央对地方施行有效的管理等，推动了地方志的发展，呈现出新的特征：官修方志逐渐取代私修志书成为主流；图经成为最为广泛和常见的志种，进入"方志图经"时代。

一、隋唐五代湖北方志编纂的历史条件

(一)隋唐五代湖北经济持续发展

隋唐五代时期，是中国第三个温暖期，平均温度比现今要高1℃~2℃，"第六世纪末到第十一世纪初，是隋唐(589—907年)统一年代、中国气候在第七世纪的中期变得和暖"①。温暖的气候，空气更加湿润，雨量也较为充沛，农业植物能够获得更长的成长期，有利于农作物轮作

---

① 竺可桢：《中国近五千年来气候变化的初步研究》，《考古学报》1972年第1期。

复种。且这一时期，水旱等自然灾害也相对稀少。①

这一时期，人口迁徙频繁，特别是安史之乱引起的大规模人口南移，延续至中晚唐、五代，改变了北方黄河中下游自秦汉以来的人口中心局面，重新塑造了人口分布格局。② 其中南奔至湖北的移民数量极为可观，湖北各地人口猛增。安史之乱后，鄂州人口增长三倍，"此邦晏如，襁负云集。居二载，户口三倍"；荆州人口"十倍"于初。至大业年间，湖北在籍人口达到 240 多万。人口的移入和增长，不仅增加了湖北的劳动人手，而且带来了先进生产经验与技术，推动了经济发展。气候的温润、人口的增殖，推动了农业、工商业经济的进步。隋唐时期，湖北人民利用江河湖泊自然灌溉农田之外，还人工开凿渠堰，特别是在襄州、荆州一带修有汉江堤、长乐堰等，并且积极推广复合农业以及曲辕犁等先进农产工具，土地生产率和劳动生产率大为提高，农产品单产量明显提升。由于国家统一，社会趋于稳定，商业贸易也呈现多层次、多品种、商品化的繁荣局面。

(二)地方行政制度的整顿与改革

由于大量北方流民的移入，东晋南朝政权采取在原州郡县系统以外另设侨州郡县的措施，以招抚侨流，而侨州、侨郡、侨县的设立和插入，使得地方行政混乱相杂。隋初，杨尚希上书指出"天下州郡过多"的弊端，"自秦并天下，罢侯置守，汉、魏及晋邦邑屡改。窃见当今郡县，倍多于古，或地无百里，数县并置，或户部满千，二郡分领"，以致"民少官多，十羊九牧"。且侨州郡县中的大门豪族凭恃政治、经济等方面的优势政策和地位，往往挟藏户口，多有私附，兼并大量土地，少向或者不向国家缴纳租税徭役，影响政府的财政收入。

湖北是东晋南朝设置侨州郡县较早的地区之一，其中襄沔、江陵、

---

① 李文澜：《湖北通史·隋唐五代卷》，华中师范大学出版社 1999 年版，第 7 页。

② 唐长孺：《魏晋南北朝隋唐史三论》，武汉大学出版社 1992 年版，第 248~256 页。

夏口等地也是侨州郡县较为集中和重要的地区之一。东晋南朝在襄阳先后设一侨州、九侨郡、二十六侨县，江陵辖二侨郡、十四侨县，南郡辖二侨郡、八侨县，夏口辖二侨郡。[①] 隋开皇三年(583年)，改地方州郡县三级为州县二级，将州府和军府合一。大业三年(607年)改州为郡，行郡县两级制。湖北域内辖有襄阳、房陵、竟陵、沔阳、安陆、永安、汉东、江夏、清江、夷陵、蕲春、春陵、陈、义阳等十五郡、八十一县，郡县数量大为精简，每郡辖有五六县，地方管理体制更加健全。至唐太宗年间，又进一步精简机构，大规模合并州县，省并后有十五州。

(三)地方豪族的衰微与中央集权的加强

汉末以来，地方豪强势力强大，享有政治、经济和文化等特权，渐而成为门阀势力。就湖北而言，以荆州、襄阳为中心的柳氏、习氏等文化和武力豪强士族集团尤为强势，垄断地方选举，把控地方政权。然而经过规模庞大的农民起义和波诡云谲的政治与军事争战后，世家大族遭到严重冲击，势力明显衰微。在平定侯景之乱中，柳氏族中人才战死者达到六人，不得不降于侯景，后又败于西魏杨忠，柳仲礼及弟柳子礼、子柳或皆没于此战，自从家门不振；韦粲败死青塘一役，宗族死者数百人，遭到毁灭性打击。襄阳蔡氏，宗族甚为强盛，但在西晋末年王如起义中，"一宗都尽"[②]。

隋文帝统一全国以后，采取种种举措进一步削弱世家大族势力。开皇三年，隋文帝规定地方两级官员由中央所命，每年应考核政绩，以为升黜的参考，且地方属官也需要三四年一调任，"刺史、县令三年一迁，佐官四年一迁"[③]，改变以往地方政权为士族所把控的局面，士族势力在一定程度上被遏制。唐代继承隋朝相关制度，对地方实行行之有

① 李文澜：《湖北通史·隋唐五代卷》，华中师范大学出版社1999年版，第37页。
② 习凿齿著，舒焚、张林川校注：《襄阳耆旧记校注》，荆楚书社1986年版，第73页。
③ 《隋书》卷二八《百官志》，中华书局1973年版，第792页。

效的管理和控制。贞观元年，唐太宗根据山川形势将全国划分为十个监察区，即十道，后又派出观风俗大使、巡察使等，观风俗之得失，察政刑之苛弊，监督各地官员。唐代后世君王都承袭了该项制度，定期派遣使职监察州县，地方官尾大不掉的状况有所限制和减少。

二、隋唐五代时期湖北地方志编纂概况

隋炀帝杨坚灭北周后，结束了自西晋以来三百多年的分裂割据状态，实现了中国历史上的又一次大统一。统一的中央集权王朝建立，必然要全面、完整和准确地掌握地方政治、经济、文化、地理、习俗等情况，进一步加强对全国各地有效的控制和管理，而要求地方定期编纂和呈报图经版籍至中央，无疑是有效的举措之一。故而，隋唐两代最高统治者极为重视地方志编纂，且形成了官修志书、定期修志以及专职人员负责志书编纂等制度；大统一的中央王朝对魏晋以来混乱的地方行政制度加以规整，形成成熟、完善的地方行政区划；地方豪族势力遭到严重打击，从而削弱了魏晋地记等赖以存在和发展的政治基础，为代表中央政权意识形态的新型地方志厘清了道路。这一时期，地记、郡书等方志大为减少，图经颇为流行，中国方志史进入"图经时代"。

(一)隋唐五代时期湖北方志种类

1. 地记

历经魏晋南北朝的极盛，至隋唐时期地记数量大为萎缩和减少。就湖北一地而言，可确定为隋唐时期所撰修者仅有三种，分别为《襄沔记》《楚地记》《荆渚记》。

《襄沔记》，又称《襄沔杂记》，三卷，吴从政撰。吴从政，唐中宗时人，自号栖闲子，其他事迹不详。吴从政，在增删《荆楚岁时记》《荆州岁时记》《南雍州记》等魏晋南朝地记的基础上写成此记，于今襄阳、武汉等汉水流域地史事记载尤为详细。是书业已散佚，然《方舆纪胜》《太平御览》等摘引该书多处内容，从中可见其片羽吉光，主要记载境内古迹、名胜、山水等，如载灄水发源、境内流向等，

"源出随州枣阳县石鼓山，经襄阳县界一百五十里，西流入汉，不通船运"；又载繁钦、王璨等旧宅遗迹，"繁钦宅、王璨宅并在襄阳，井台犹存"。

《楚地记》，撰者、卷数皆不详。是书成书不晚于唐，至南宋则已不全。后世著作中亦有参考者，《太平御览》、《太平寰宇记》、罗璧《罗氏识遗》各引一条，明人董斯章《广博物志》引二条。① 是志载有三国襄阳史事："蜀关羽攻没于禁等七军，兵势甚盛。独襄阳徐晃屯守不下。曹公谓晃曰：'全襄阳者，徐公之功也。'后吴大帝率兵向西，时曹仁镇之。司马宣王言于魏文曰：'襄阳水陆之冲、御寇要地，不可失也。'"②亦载有地理建制："汉江之北为南阳，汉江之南为南郡。"③以及载建制沿革："巴陵，潇湘之渊，在九江之间，今岳州巴陵县。即楚之巴陵，汉之下隽也。"④

《荆渚记》，撰者、卷数不详。是书载有鹦鹉洲、败船湾、南浦等江夏境内地理胜地，亦载有夏口、江夏郡建制沿革等内容。

2. 郡书

郡书与地记一样在魏晋南北朝是当时主流志种之一，具有重要地位。至隋朝，中央朝廷为适应大统一的需要，强化皇家威权，加强各类著述的形式和内容管理，明令禁止私自撰写史志等，"人间有撰集国史，臧否人物者，皆令禁绝"⑤。而作为臧否人物而兴的郡书则首当其冲，数量大为减少，渐趋衰落。就湖北一地而言，仅有陆龟蒙撰《续襄阳耆旧传》。陆龟蒙，字鲁望，苏州长洲人，曾任湖州、苏州刺史幕僚，后隐居松江甫里，以诗文知名，著有《甫里集》《吴兴实录》《笠泽丛

---

① 张保见：《乐史〈太平寰宇记〉的文献学价值与地位研究》，四川大学出版社 2016 年版，第 364 页。
② 《太平御览》卷一六八《襄州》，中华书局 1960 年版，第 819 页。
③ 《太平御览》卷一六八《邓州》，中华书局 1960 年版，第 819 页。
④ 罗璧：《罗氏识遗》卷三《洞庭古九江》，中华书局 1991 年版，第 36 页。
⑤ 《隋书》卷一《高祖纪》，中华书局 1973 年版，第 38 页。

书》等，事迹详见《新唐书》。宋人祝穆《方舆胜览》征引该书所载汉水风景，载"汉水碧于天，南京豁然秀。庐罗遵古俗，鄢郢迷昔圃"①。明人何良俊《语林》引用该书："《续襄阳耆旧传》曰：'柳浑，字夷旷，襄阳人。天宝初，补单父尉，累拜监察御史。求外职，宰相惜其才，留为左补阙。'"②可见，《续襄阳耆旧传》的体例与《襄阳耆旧传》大抵相似，不是纯粹的人物类专门志书。

3. 图经

隋唐结束了魏晋以来长达三百多年混乱局面，建立统一中央集权王朝，为地方世族代言的地记、地志和郡书渐已衰落，代之兴起的是图经。地方官员能够利用图经尽快了解和掌握当地的赋役、民俗、地理山川等状况，便于在短期内成功管理一方陌生的土地。加上图经能够满足日益增长的社会需求，凡文人吟咏、地方纪事、传记撰写、出门旅游等都不同程度依靠图经。③ 隋文帝开皇十三年（593年），明确下诏禁止各地修纂私家国史、地志等，从而将修志权力收归国家。④至隋炀帝大业年间，则诏令各地进献图经，"隋大业中，普昭天下诸郡，条其风俗、物产、地图，上于尚书"⑤。这是我国历史上由中央政府组织的大规模修志活动的开始，开创了官修志书之先河，对图经编纂产生积极促进作用，"盖自隋文帝受周禅，至开皇三年罢天下郡，其县乃隶州而已。九年平陈以后，四海一家，大业三年罢州为郡，四年大簿。凡郡国一百八十三，而图经于是乎作"⑥。唐王朝国力雄厚，经济

---

① 《方舆胜览》卷三十二《京西路·襄阳府》，中华书局2003年版，第580页。
② 何良俊：《何氏语林》卷十三《方正第六》，《景印文渊阁四库全书》第1041册，台湾"商务印书馆"1986年版，第662页。
③ 华林甫：《随带〈图经〉辑考》，《台湾政治大学历史学报》2005年第27期。
④ 《隋书》卷二《高祖下》，中华书局1973年版，第28页。
⑤ 《隋书经籍志》卷二《史部地理类序》，商务印书馆1955年版，第67页。
⑥ 王谟：《汉唐地理书钞》，中华书局2006年版，第207页。

发达,更为重视图经编纂,制度亦更为健全,要求地方图经每三年一造,德宗建中元年(780年)改为五年一造,送呈兵部,"建中元年十一月二十九日,诸州图每三年一送职方,今改至五年一造送"①。并安排尚书省兵部职方郎中、员外郎专司负责,"掌天下之地图,及城隍、镇戍、烽候之数,辨其邦国都鄙之远迩,及四夷之归化者"②。

图经是随着隋唐大一统局面出现后,中央政府加强中央集权的需要而由官方确认的一种地方文献形式。究其兴盛的原因,有的学者分析指出,中央集权加强和地方世家大族势力的削弱,东晋以来侨置州郡的混乱得以改变,修史制度和选举制度的变化是其主要原因。③ 图经最早当属东汉时期的《巴郡图经》等。汉桓帝时,蜀中刺史但望即利用《巴郡图经》考察境内地理形势、户口物产以及民风土俗等,"桓帝时,刺史但望采文学掾赵芬等议,上疏曰:谨按《巴郡图经》,境界南北四千,东西五千,周万余里,属县十四,盐铁五官,各有丞史……远县去郡千二百至千五百里,乡亭去县或三四百,或及千里……太守行桑农不到四县,刺史行部不到十县……而江州以东,滨江山险,其人半楚,姿态敦重;垫江以西,土地平敞,精敏轻疾。上下殊俗,情性不同。敢欲分为二郡,一治临江,一治安汉"④,隋朝大业三年罢州为郡之后,图经开始作为官方要求编修之地方文献而开始兴盛起来。虽然隋唐图经几乎尽数散佚,然而经王谟、陈运溶、张国淦、华林甫等学者的辑佚得以窥见其片鳞只爪,隋唐五代图经数量至少有60多种(参见表1-2)。

---

① 《唐会要》卷五十九《尚书省诸司下》,上海古籍出版社2006年版,第1213页。

② 《唐六典》卷五《尚书兵部》,台湾"商务印书馆"1986年版,第61页。

③ 仓修良:《方志学通论》,方志出版社2003年版,第170~176页。

④ 曹学佺:《蜀中广记》卷十七,《景印文渊阁四库全书》第591册,台湾"商务印书馆"1986年版,第205页。

表 1-2　　　　　汉晋南北隋唐五代时期图经时代分布表①　　　　（种）

朝代	图经数量
汉晋	3
南北朝	6
隋	14
唐、五代	53
无法断代	128
汇总	204

这一时期，南方经济恢复并发展，在全国发挥着日益重要的作用和地位，长江流域文化渐而发达，江南、淮南、剑南、山南四道图经数量明显占优势，达 58 种，约占总数的 65.9%。② 由于隋唐时期，湖北政区多有变革，而图经同名异书、异名同书、成书年代往往难以确定，笔者参考王谟《汉唐地理书钞》、张国淦《中国古方志考》、刘纬毅《汉唐方志辑佚》及华林甫《清儒地理考据研究》诸书，认为隋唐时期湖北所编纂的图经主要有《汉阳郡图经》《鄂州图经》《鄂州旧图经》《谷城县图经》《江夏图经》《复州图经》《夷陵图经》等 7 种。③（参见表 1-3）从数量来看，湖北图经数量从魏晋南北朝的一种，上升到 7 种，明显增多；魏晋时期，湖北图经占各类志种的 3.23%，隋唐五代图经占比则上升至 63.64%，比重明显上升，成为主要志种。参见表 1-4。

---

① 华林甫：《清儒地理考据研究》第四册《隋唐五代卷》，齐鲁书社 2015 年版，第 169 页。

② 华林甫：《随带〈图经〉辑考》，《台湾政治大学历史学报》2005 年第 27 期。

③ 华林甫则认为唐代湖北图经则有《夷陵图经》《襄州图经》《谷城图经》《江夏图经》《汉阳郡图经》等 5 种。

表 1-3 隋唐五代时期湖北方志编纂概况表

序号	志名	朝代	撰者	卷数	内 容	资料出处
1	谷城县图经	隋唐	不详	不详	《太平寰宇记》著录征引一条，载："晋咸宁中封扶风王子畅为顺阳王，城内有顺阳碑。"	中国古方志考
2	江夏图经	隋唐	不详	不详	《太平御览》著录，征引佚文八条，载江夏地理、山川	清儒地理考据研究
3	荆渚记	隋唐	不详	不详	《太平御览》《舆地纪胜》等参引该书载夷陵郡地理交通、山川形胜等。考夷陵郡，《元和志》载大业三年，改硖州为夷陵郡	中国古方志考
4	楚地记	约唐代	不详	不详	唐《元和郡县图志》《太平寰宇记》等征引，载包括湖北在长江中游地区地理形胜、景物风俗	中国古方志考
5	汉阳郡图经	唐代	不详	不详	汉阳郡，始置于唐武德四年，又为杜佑所引用。《舆地纪胜》征引一条，载赤壁内容	中国古方志考
6	襄沔记	唐	吴从政	三卷	吴从政，唐景龙中人，号栖闲子。是书据《荆楚岁时记》《荆州记》《南雍州记》而成。载襄汉事迹甚详	中国古方志考
7	鄂州旧图经	约唐	不详	不详	《舆地碑记目》《太平御览》《舆地纪胜》征引数条，载鄂州山川关隘、景物古迹等。又该志载唐人夏侯宋客墓碑等事	中国古方志考

续表

序号	志名	朝代	撰者	卷数	内　容	资料出处
8	鄂州图经	唐	不详	不详	《舆地纪胜》《明一统志》征引，载地理沿革、山川、景物	中国古代方志考
9	复州图经	约唐	不详	不详	复州始设北周武帝年间，又载唐人陆羽历钱塘，撰《天竺灵隐二寺记》事，且《舆地纪胜》《太平御览》等征引载监利县沿革、古迹	中国古方志考
10	续襄阳耆旧传	唐代	陆龟蒙	不详	陆龟蒙，字鲁望，江苏长洲人，《新唐书》有传。《舆地胜览》征引一条："汉水碧于天，南京豁然秀。庐罗遵古俗，鄢郢迷昔囿。"	汉唐方志辑佚
11	夷陵图经	唐	不详	不详	唐陆羽《茶经》征引该书，载黄牛、荆门、女观、望州等山茶茗	中国古方志考

表 1-4　　　　　　**魏晋隋唐五代时期湖北主要志种概况表**

朝代 志种	隋唐五代		魏晋南北朝	
	数量（种）	比例	数量（种）	比例
地记	3	27.27%	22	70.97%
郡书	1	9.09%	8	25.80%
图经	7	63.64%	1	3.23%
汇总	11	100%	31	100%

从空间上看，以襄阳为中心的地区仍是隋唐时期方志编纂最为集中的地带，这与襄阳自秦汉以来即"代为重镇"，至隋唐为"汉江间州以十

数，而襄阳为大，旧多为三辅之豪，今则一郡之会"①的重要地位有着密切的关联。而荆州之重要性也为有识之士所推崇，"南荆乃九州之会"，"荆南巨镇，江汉上游，有控巴蜀，左联吴越，南通五岭，北走上都"。②

第三节　宋元时期湖北方志编纂

宋元四百八十余年，是中央集权制度不断强化和完善的时期。这一时期地方建制趋于成熟，奠定了明清以后地方行政格局的基础。由于宋元中央集权制度的巩固、地方建制的成熟以及两朝官府对志书的重视，地方志也取得显著成就，志书编纂规程详细而完善、志书编纂普及程度明显提高，规模总量也有较大幅度的提高。就湖北一地而言，志书数量也有所增加，种类体例结构完善、内容更为丰富翔实，湖北方志大为发展，进入成熟和定型期，呈现新的阶段性特征。

一、宋元时期湖北方志编纂的历史条件

（一）宋元时期湖北建制沿革

960 年，后周节度使、禁军统帅赵匡胤在陈桥发动兵变，黄袍加身，建立宋朝。太平兴国四年(979 年)，赵匡义灭掉最后一个割据政权北汉，再一次统一中国，结束数十年战乱频仍、割据分裂的局面。在三百多年的统治时期，宋代在地方施行路州县制，宋初分天下为十五路，后又增至二十六路，至南宋时缩减至十八路。其中涉及湖北疆域者有京西南路、荆湖北路、江西南路、淮南西路和夔州路。而荆湖北路、荆溪南路为湖北主体。荆湖北路有府二，即江陵、德安；州十，其中鄂、复、峡、归四州属湖北。京西南路有府一，即襄阳府；州七，其中随、

---

① 《全唐文》卷二九一《故襄州刺史靳公遗爱碑铭》，中华书局 1983 年版，第2952 页。

② 《全唐文》卷三三六《谢荆南节度使表》，中华书局 1983 年版，第 3405 页。

金、房、均、郧五州归湖北；军一，即光化军。夔州路之施州，江西南路之兴国军，及淮南西路的蕲州、黄州属于湖北。

至元十三年(1276年)，元军攻破临安，南宋灭亡。三年后，赵昺蹈海自尽，南宋流亡政权也为元兵所灭，标志着汉族帝统中断、蒙古政权完成了中国全境的统一。元朝在统一战争中，即开始设立中书省和行中书省，至元二十七年(1290年)设有十一行省、一百八十五路、三十三府、三百五十九州、四军，与湖北有关的建制有河南江北行省襄阳路、德安府、安陆府、荆门州、峡州路、中兴路、沔阳府、蕲州路、湖广行省归州、汉阳府、武昌路、兴国路、四川行省夔州路、荆湖北道宣慰司、沿边溪峒招讨司、散毛峒安抚司、师壁峒安抚司等。①　其中，武昌为湖广等处行中书省首府，江陵为荆湖北路宣慰司首府，而襄阳为河南江北等处中书省襄阳路首府，从而从行政上确定了武昌、江陵、襄阳三地在湖北独特的政治地位。

宋元时期，湖北建制相对较为稳定，为地方志编纂奠定了较好的地方行政制度，有利于湖北方志进一步发展。

(二)宋元时期湖北经济的发展进步

宋元湖北经济生产的发展历经恢复、发展、破坏与再恢复的曲折发展过程。在这一过程中，湖北农业、手工业和商业等方面呈现一些新的景象和特色，为宋元方志编纂提供了经济条件和物质支持。

除鄂西地区外，湖北大部分地区土质良好，多为宜于耕种的土地，"荆、襄之间，沿汉上下，膏腴之田七百余里"。江汉平原向来为湖北良田所在，"沃土如膏瘠土肥"。而鄂东蕲州、黄州、兴国等丘陵低地，亦有大片可耕之地，加上湖泊河泽纵横，更利于谷稻种植。宋元两代地方官和民众重视土地经营、堤防堰渠兴建和农业新技术采用，改善了农田灌溉条件，防范洪涝灾难，提升了农业生产效率，农业生产得到一定的进步和发展。宋仁宗至和二年(1055年)，宜城县令孙永组织民力清理长渠，使"田之受渠水者皆复其旧"，实现"并渠之民足食而甘饮，其

---

①　罗运环等：《荆楚建制沿革》，武汉出版社2013年版，第98~101页。

余粟散于四方"的效果。英宗治平三年（1065 年），知县朱纮主持修复了木渠，不到三个月而使得沿途诸多堰塘相通，形成渠水灌溉体系，灌溉了襄阳地区近六千顷土田。至道元年（995 年），梁鼎、陈尧叟兴建水田，鼓励垦殖，一时之间"四方之民辐辏开垦，环数千里并为良"。虽然鄂西施州、房州、归州等山区依旧以刀耕火种的原始粗放型方式进行农业生产，但江汉平原、鄂东丘陵则具备土地肥沃、灌溉便利、人力充足等有利条件，施行精细耕种，成为湖北重要粮食产区，也在全国农产地区中具有重要地位。

宋元时期，湖北地区盛产桑麻。蕲州"桑麻阴阴"，襄阳"雨后桑麻长"，江陵"桑麻成沃野"。由于湖北纺织产品产量高、质量良好，销路灵通，每年向朝廷缴纳不少赋税外，各地还须有不同数量的绢、绫、葛、布等织品上供朝廷。另外，湖北采矿冶炼业、造船业、漆器、瓷器、造纸等亦有不同程度的发展。特别是造纸，鄂州蒲圻纸和峡州夷陵纸由于质量上乘，具有薄厚均匀、紧度良好、吸墨性好等优点，多用于传写书籍和各类账表，在宋代即有盛名。[1]

宋元农业和手工业的发展，为商业贸易的繁荣奠定了良好的基础，加上湖北便利的水陆交通，湖北商业贸易也有长足的发展。鄂州、江陵、襄阳、蕲州等商业城市是商人和货物的集散地和中转站，商品交换和贸易活动空前频繁。而散布在乡间的镇市也成为经济发展的新增长点。镇市大多设在水陆交通要道和民众集中居住的地方，规模性地开展商品交换和贸易往来，形成规模虽小而分散较广的商品聚散地，在乡间居民生活中起到不可忽视的作用。

（三）宋元时期湖北文教发展概貌

宋元时期，特别是宋代，湖北文化教育得到长足发展。州府县学不断扩建，私人办学也蔚然成风，造就了不少人才，为湖北人文荟萃打下

---

[1] 刘玉堂、雷家宏、徐凯希：《荆楚经济史话》，武汉出版社 2013 年版，第 110~115 页。

了切实的基础。①

隋文帝晚年废学，湖北境内的府学和县学都被废止。经唐代的经营，府、县、乡里学校又得以恢复，至宋代则呈现繁荣景象。北宋大观年间（1107—1110年），江陵府学的生员达七百多人，成为湖北地区规模最大的府学，人文呈现升腾气象。② 庆历年间，嘉鱼人李宗仪和李宗儒修建义学，免费供乡人子弟学习。理宗淳祐年间（1241—1251年），孟拱见"襄、蜀荡析，士无所归，蜀士聚于公安，襄士聚于郧渚"，乃在公安、南阳设学院，招收襄阳等地读书人。而影响最大的要属南湖书院。初建时，即有屋舍五十间，宝祐年间又加以扩展，在教书育人的同时，还购置藏贮一批书籍，种类在50以上。③

元统一天下后，渐而偃武修文，恢复一批在宋末毁圮的州县学校，还新建了一些学校。如当阳县学，即至元十四年为知县王元宾和张彦文所建，后继知县赵珪修复。黄梅县学则在至元十六年所建，至正六年知县乔思加以扩充，修建校舍、两庑仪门讲堂等。元代建立的这些学校对湖北古代地方学校教育布局起到补苴罅漏的作用。

两宋时期，湖北人才迭出，入朝辅政者有光化张士逊，安陆宋庠、宋祁兄弟，江夏冯京，江陵唐介等。由于种种原因，外来的名儒也较多，如寇准、苏轼、欧阳修、陆九渊等，在湖北期间兴建学校，培育后进，为湖北文教发展起到突出作用。元代的湖北文教虽不及宋代发达，然而也有所发展，特别是赵复、程钜夫及其门人潜心学术，传授生徒，推动了湖北文化的发展。

二、宋代湖北方志的进一步发展

唐末、五代十国的战乱，给社会经济造成重大破坏的同时，志书图籍也散离亡佚得很是严重。宋统一全国以后，政局日益稳定，强化中央

---

①　王瑞明、雷家宏：《湖北通史·宋元卷》，华中师范大学出版社1999年版，第237页。

②　熊贤君：《湖北教育史》，湖北教育出版社1999年版，第60页。

③　罗新：《湖北历代书院考》，《江汉论坛》1988年第10期。

集权制度，而志书无疑是掌握一方地理险要、徭役赋税、民风土俗等，制定和施行治国方略较为直接的参考资料之一。鉴于前代武人割据的教训，宋统治者采取"佑文"的政策，"极重史事"，文士的待遇地位得到提高，文化事业也得以充分发展。故而，宋代建国之初便极为重视志书的修纂。

开宝四年(971年)，太祖赵匡胤诏令"知制诰卢多逊、扈蒙等重修天下图经"①。随即，卢多逊便出使江南，"求江表诸道图经，以备修书，于是十九州形势尽得之"。开宝八年，修订《开宝诸道图经》。宋代将地方志的编纂制度化，凡遇闰年便修造图经，"凡土地所产，风俗所尚，具古今兴废之因，州县之籍，遇闰岁造图以进"②。景德四年(1007年)，各地所修图经体例不一，翰林学士李宗谔奉命修《祥符州县图经》，统一体例，规模空前，达一千五百六十六卷，对地方修志起到了纲领性的指导作用。徽宗大观元年，朝廷设志局，以编纂《九域志》，命各州郡编纂图经上呈志局以为参览，开启国家设局修志之始。地方官员也充分认识到地方志的功用，恰如周应合在景定《建康县志序》中说："天时验于岁月灾详之书，地利明于形势险要之设，人文著于衣冠礼乐之藏。忠孝节义，表人材也；版籍登耗，考民力也；甲兵坚瑕，寸军实也；政教修废，察吏治也。古今是非得失之迹，垂劝鉴也。夫如是，然后有补于世。"朝廷多次重申修志诏令，无疑促进了方志数量增长，呈现出修志热潮，"僻陋之邦，偏小之邑，亦必有记录焉"③。郑樵《通志》著录当时十八路、府图经达1432种。顾宏义《宋朝方志考》考证，两宋路、州、镇志诸类存佚志书合计达1031种。④

宋志数量多，体例也渐而成熟、定型。方志学家张国淦在《中国古方志考》中谈及："方志之书，至赵宋而体例始备。举凡舆图、疆域、

---

① 王应麟：《玉海》，广陵书社2003年版，第271页。
② 《宋史》卷一六三《职官志三·兵部》，中华书局1977年版，第3856页。
③ 黄岩孙：《仙溪志跋》，转引自仓修良：《方志学通论》，方志出版社2003年版，第246页。
④ 顾宏义：《宋朝方志考》，上海古籍出版社2001年版，第4页。

山川、名胜、建置、职官、赋税、物产、乡里、风俗、人物、方技、金石、艺文、灾异无不汇于一编。隋唐以前，则多分别单行，各自为书。其门类亦不过地图、山川、风土、人物、物产数种而已。"①

这一时期，湖北地区修志也出现高潮，据顾宏义《宋朝方志考》统计湖北有 75 种，次于四川的 143 种、浙江的 128 种、江西的 117 种、江苏的 89 种，在全国属于修志较多的地区。刘纬毅《宋辽金元方志考》则认为有 67 种，但该书收录非志体地方史志，失之过滥，又有诸多方志未有著录，存在遗漏的问题。笔者结合二书以及《中国古方志考》等书，能确定为宋代所编纂方志有 63 种。具体来看，宋代湖北方志呈现出以下几个特征。

（一）地志、图经渐为"志乘"取代

宋代方志"图经""地记""志乘"等志名并用，但是整体上来看，三种志名出现的次数和地位逐渐发生较大的变化，具体如表 1-5。

表 1-5　　　　　　　　　两宋方志分类、分期统计表

朝代 志型	北宋		南宋		不详		合计	
	数量 （种）	占比	数量 （种）	占比	数量 （种）	占比	数量 （种）	占比
地记	0	0	4	6.35%	2	3.17%	6	9.53%
图经	15	23.81%	11	17.46%	6	9.53%	32	50.79%
志乘	1	1.59%	23	36.51%	1	1.59%	25	39.68%
总计	16	25.40%	38	60.32%	9	14.28%	63	100%

第一，地记大为减少。宋代湖北仅有《武昌土俗编》《荆门军记》《鄂州风土考古记》《渤海记》《齐安拾遗》《兴国拾遗》等 6 部，其中南宋 4 种，不明年代者 2 种，是数量最少的方志类型，可见地记在宋代已趋衰落。与前代相较，宋代地记在内容和体例等方面已有较大的变革。郡守

---

① 张国淦：《中国古方志考》，中华书局 1962 年版，第 2 页。

薛季宣纂有《武昌土俗编》二卷，载有武昌郡山川、城市、宫苑、古迹和风俗等，较为全面地记述了一方史事，"载一县之事颇详"①。其纂修目的已不在夸饰门阀和郡望，而在强调资政、存史以及服务社会经济，期望能"邑之游者不必问，问者不必语，开卷略举，以代烦言，为省事之一端，用备遗亡云尔。至于兼收遗佚，以成土地之图，上裨天子之司徒，则吾岂敢"②。

石才儒在《郢州风土考古记》的序中亦特别强调地理沿革、水陆交通、物产、民风等关乎一地之治理者，并详加稽核，以为存史、治世之需：

> 谓之郢者，实郊郢焉。谓之石城，因冈阜峭壁，而为子城。属县二，曰长寿，治慕化、安定二乡；曰京山，治太平、长安、移风三乡。其民朴，其俗俭，其土饶粟麦，其产多麋鹿，有西北之风声气习焉……若夫山川区域之显晦，人物风俗之差殊，名存而实亡，今是而昔非，传闻之与亲见，固已复不相眸，况出千百岁之后，颓坏毁灼之余，州图方志之鲜备，遗民故老之罕言，欲以参稽订正，祛世俗之惑，而信陵谷之传。顾岂浅见谀闻所能，要当质诸宏览博物君子。③

第二，在隋唐的基础上，宋代湖北图经数量有所增长，达到 32 种。从类型上看，宋代湖北图经种类齐全，有路、军、府、州、县等类，路图经有《荆湖北路图经》，军图经有《汉阳军图经》《汉阳军旧图经》《兴国军图经》《武昌军图经》《武昌军图经》，府图经有《德安府图经》《襄阳

---

① 陈振孙：《直斋书录解题》卷八《地理类》，上海古籍出版社 1987 年版，第255 页。

② 薛季宣撰，张良权点校：《薛季宣集》，上海社会科学院出版社 2003 年版，第 445 页。

③ 嘉靖《湖广图经志书》卷十《安陆州》，书目文献出版社 1991 年版，第954~955 页。

府图经》，州图经有《黄州图经》《襄州图经》《复州图经》，县图经有《竹山县图经》《枣阳县图经》《嘉鱼县图经》《房县图志》等。从时间上来看，北宋有 15 种，占比 46.88%；南宋 11 种，占比 34.38%%；另外，不明确定年代者 6 种①，约占比 18.75%。可见，两宋时期湖北图经各阶段呈减少趋势，其中北宋湖北方志以图经为主，尚具有一定的优势；而至南宋以后，图经渐趋减少，成为次等类型方志，这与全国概况大体相同。②（参见表 1-6）

表 1-6　　　　　　　　　两宋时期湖北各类图经分布概况表

朝代＼志型	北宋		南宋		不详		合计	
	数量（种）	占比	数量（种）	占比	数量（种）	占比	数量（种）	占比
路	1	3.13%	0	0	0	0	1	3.13%
军	6	18.75%	6	18.75%	1	3.13%	13	40.63%
府	1	3.13%	0	0	1	3.13%	2	6.25%
州	4	12.5%	4	12.5%	3	9.38%	11	34.38%
县	3	9.38%	1	3.13%	1	3.13%	5	15.63%
合计	15	46.88%	11	34.38%	6	18.75%	32	100%

第三，称"志""乘"类方志大为增多，逐渐成为主流。北宋湖北称志乘者一种，即《黄州志》，占同类型方志的 4%；南宋有绍熙《富川志》、乾道《江陵志》、淳熙《富水志》、嘉定《景陵志》、《古沔志》等 23 种，占同类型方志的 92%；不能确定年代而称志乘者 1 种，即黄璃《夷陵志》1 种，占同类型方志的 4%。北宋时期，湖北志乘数量并不占优势，占同期方志总量的 6.25%，明显少于其他类型方志（图经 14 种，

---

①　这 6 种图经大多为南宋著作所征引，较大可能是北宋时期所修。
②　仓修良《方志学通论》系统统计张国淦《中国古方志》所录全国宋代方志概况，北宋图经有 96 种，南宋则锐减至 31 种。

占比 87.5%）；而至南宋，志名者方志数量迅速增多，达到 23 种，占同期方志总量的 60.53%，远远超过图经（11 种，占比 28.95%）、地记（4 种，占比 10.53%），成为最重要的方志类型，方志名称趋于统一，表明南宋方志日渐成熟、规范化。

（二）方志编纂普遍，但又相对集中

由于宋代湖北社会经济发展，各地修志亦呈现兴盛态势，各地都编有数量不等的方志，但因各地政治战略地位不同，经济、文化发展具有差异性，方志编纂亦呈现出不平衡性。各地修志概况具体详见表 1-7。

表 1-7　　　　　　　　宋代方志志种、地区分布表　　　　　　（种）

志种 地区	地记	图经	志乘	合计	占比
湖北省	0	1	0	1	1.59%
武汉（鄂州）	1	4	2	7	11.11%
咸宁市	0	1	0	1	1.59%
黄石市	1	3	2	6	9.53%
黄冈市	1	4	3	8	12.70%
孝感市	0	1	1	2	3.17%
襄阳市	0	7	2	9	14.28%
随州市	0	2	1	3	4.76%
十堰市	0	3	2	5	7.94%
荆州市	1	2	5	8	12.70%
天门市	0	0	2	2	3.17%
荆门市	2	4	2	8	12.70%
仙桃市	0	0	1	1	1.59%
宜昌市	0	0	2	2	3.17%
合计	6	32	25	63	100%

从表 1-7 可见，两宋时期湖北各地方志编纂都有着不同程度的发

展，各地皆有方志编纂，修志现象较为普遍，其中修志较多的地方是襄阳、荆州、荆门、黄冈、武汉、黄石等地，数量分别为9种、8种、8种、8种、7种、6种，占两宋时期湖北方志总量的14.28%、12.70%、12.70%、12.70%、11.11%、9.53%。魏晋以来的修志重地襄阳、荆州、荆门、武汉等，仍是修志最多的地区，保持着明显的优势，而黄冈亦渐而崛起，增长显著，成为湖北修志较多的地区。整体来说，两宋时期湖北各地志书编纂普遍，鄂东地区方志数量增长快速，鄂西始有方志编纂，但襄阳、荆州等传统修志重地仍处于领先地位。

(三)志书编纂者构成的变化

魏晋南北朝时期方志编纂基本上为世家大族所垄断，编纂者多为地方士族，以矜其士族门阀，为其政治、经济等特权服务。如《襄阳耆旧》撰者习凿齿，出身襄阳豪强大族，"习凿齿，字彦威，襄阳人也。宗族富盛，世为乡豪。凿齿少有志气，博学洽闻，以文笔著称"①。入宋以后，方志纂修者身份发生了较大的变化。宋代湖北方志散佚殆尽，其中确定纂修者姓氏者有31种，详见表1-8。

表1-8　　　　　　　　宋代湖北方志纂修者姓氏录

序号	志名	朝代	卷数	纂修者	资料出处
1	武昌志	南宋	30卷	郡守王信、教授许中应	宋朝方志考
2	武昌土俗编	南宋	2卷	武昌令薛季宣	宋辽金元方志辑佚
3	古沔志	南宋	1卷	史本，江西余干人，奉直大夫	宋朝方志考
4	庆元郢城志	南宋	12卷	郡守李楫、教授傅岩	宋辽金元方志辑佚
5	祥符黄州图经	北宋	4卷	李宗谔，饶阳人	宋朝方志考
6	淳熙黄州图经	南宋	5卷	黄州知州李訦	宋朝方志考

---

① 《晋书》卷八十二《习凿齿传》，中华书局1974年版，第2152页。

序号	志名	朝代	卷数	纂修者	资料出处
7	庆元齐安志	南宋	20 卷	郡守吕昭问、教授历居正	宋辽金元方志辑佚
8	齐安拾遗	南宋	1 卷	许端夫	宋辽金元方志辑佚
9	黄州志	北宋	不详	张耒，黄州通判	宋辽金元方志辑佚
10	蕲春志	南宋	6 卷	海盐人陆峻、德清人丁光远	宋朝方志考
11	绍熙富川图志	南宋	6 卷	郡守赵善宣、教授潘廷立	宋朝方志考
12	嘉定富川志	南宋	3 卷	郡守李寿彭	宋朝方志考
13	景定富川志	南宋	不详	兴国军教授赵时壑	宋朝方志考
14	乾道江陵志	南宋	不详	荆南府知府杨侁	宋朝方志考
15	宝祐江陵志	南宋	不详	周应合，江陵府教授	宋朝方志考
16	荆门军图经	北宋	不详	朱震，寓居荆门，翰林学士	宋辽金元方志
17	荆门志	南宋	10 卷	王铢	宋朝方志考
18	重新荆门志	南宋	10 卷	王棨	宋朝方志考
19	荆门军记	南宋	不详	行新复，山西蒲中人	宋辽金元方志辑佚
20	郢州图经	南宋	不详	郢州令韩泳	有问题
21	郢州风土考古记	南宋	不详	教授石才儒	宋朝方志考
22	淳熙富水志	南宋	10 卷	太守张孝曾	宋朝方志考
23	嘉定景陵志	南宋	14 卷	林英发，郡文学、知寿昌军	宋朝方志考
24	夷陵志	不详	6 卷	黄環	宋朝方志考
25	均州图经	不详	5 卷	段子游，教授	宋朝方志考
26	房县图志	南宋	3 卷	陈宇，郡守	宋朝方志考
27	祥符襄州图经	北宋	不详	李宗谔	宋朝方志考

续表

序号	志名	朝代	卷数	纂修者	资料出处
28	淳熙襄阳志	南宋	40 卷	郡守高爇、教授刘宗	宋朝方志考
29	绍熙补襄阳志	南宋	不详	方崧卿，兴化军人，京西转运判官	宋朝方志考
30	乾道汉东旧志	南宋	不详	随州知州林蕶	宋朝方志考
31	汉东新志	南宋	不详	董之奇	宋朝方志考

从表 1-8 可知，31 种方志为郡守和教授、文学等地方官员等所撰，采取地方官主持、地方名士参与的模式进行，官修性质明显增强，即便不是地方官主导而编修的地方志，也为寓居文人所撰，在一定程度上明显摆脱了魏晋南朝时为地方豪族把控的特点，如《荆门军图经》纂修者朱震，字子发，原为福建邵武人，因其父任官湖北，遂寓居荆门，在此期间乃纂该志。具体到地方官、幕僚以及士绅编纂者，参与方志修撰有四种方式。

第一，地方官命令幕僚编纂而成者。如绍熙《武昌志》，三十卷，则是武昌令王信命教授许中应编纂而成，"郡括苍王信成之命教授许中应等撰"。

第二，地方官与幕僚协作而成者。如庆元《齐安志》，二十卷，郡守吕昭问及教授厉居正重修。宝祐《江陵志》，马光祖、周应合撰修。马光祖，宝祐二年任端明殿学士、荆湖制置使、知江陵府。周应合，武宁人，淳祐十年进士，授江陵府教授。

第三，地方幕僚所修纂者。如景定《富川志》，赵时垔撰修。赵时垔，字德范，宋太祖弟魏王延美后裔，景定三年由魁舍试免省登第，授兴国军教授。是志颇为时人称许，"人称其精美"。

第四，地方长官独力撰修者。如乾道《江陵志》，杨倓撰修。杨倓，字子靖，代州人，杨存中之子，乾道元年知荆南府事。

总的来看，宋代方志编纂很大程度上听命于官府，而不再为地方士族所垄断，改变了魏晋南北朝时期私家撰述为主的局面，官方主导修志的模式逐渐成为中国方志史的主要构成部分，开创了志为官重、为官修志的新时代①，反映了地方志编纂方面中央集权和社会控制的加强。

宋代是湖北方志重要转型时期，地方志由地记、图经而定型为"方志"，成为志书的主流；纂修者也由以往的私撰而变为官修，官修成为日后修志的主要方式；体例由以往重视地理，转而兼收人物、民俗、人事，且比例越来越重，综合性特征明显增强，为明清两代方志所继承。宋代湖北志书编纂概况见表1-9。

表1-9　　　　　　　　宋代湖北志书编纂概况表

序号	志名	朝代	卷数	纂修者	资料出处
1	荆湖北图经	北宋	不详	不详	中国古方志考
2	武昌志	南宋	30卷	郡守王信、教授许中应	宋朝方志考
3	武昌土俗编	南宋	2卷	武昌令薛季宣	宋辽金元方志辑佚
4	武昌军旧图经	南宋	不详	不详	宋辽金元方志辑佚
5	汉阳军旧图经	北宋	不详	不详	宋朝方志考
6	汉阳军图经	不详	不详	不详	宋朝方志考
7	古沔志	南宋	1卷	史本，江西余干人，奉直大夫	宋朝方志考
8	德安府图经	不详	不详	不详	宋朝方志考
9	庆元郢城志	南宋	12卷	郡守李楫、教授傅岩	宋辽金元方志辑佚
10	祥符黄州图经	北宋	4卷	李宗谔，饶阳人	宋朝方志考
11	淳熙黄州图经	南宋	5卷	黄州知州李讬	宋朝方志考

① 沈松平：《方志发展史》，浙江大学出版社2013年版，第67页。

序号	志名	朝代	卷数	纂修者	资料出处
12	庆元齐安志	南宋	20卷	郡守吕昭问、教授历居正	宋辽金元方志辑佚
13	齐安拾遗	南宋	1卷	许端夫	宋辽金元方志辑佚
14	黄州志	北宋	不详	张耒，黄州通判	宋辽金元方志辑佚
15	蕲春旧经	北宋	不详	不详	宋朝方志考
16	蕲州图经	北宋	不详	不详	宋朝方志考
17	蕲春志	南宋	6卷	海盐人陆峻、德清人丁光远	宋朝方志考
18	兴国军旧图经	北宋	不详	不详	宋朝方志考
19	兴国军图经	南宋	不详	不详	宋朝方志考
20	绍熙富川图志	南宋	6卷	郡守赵善宣、教授潘廷立	宋朝方志考
21	嘉定富川志	南宋	3卷	郡守李寿彭	宋朝方志考
22	景定富川志	南宋	不详	兴国军教授赵时垄	宋朝方志考
23	兴国拾遗	不详	不详	不详	宋朝方志考
24	嘉鱼县图经	不详	不详	不详	宋朝方志考
25	寿昌军图经	南宋	不详	不详	宋朝方志考
26	宝祐寿昌乘	南宋	不详	不详	宋朝方志考
27	江陵府旧图经	北宋	不详	不详	宋朝方志考
28	江陵图经	北宋	不详	不详	宋朝方志考
29	乾道江陵志	南宋	不详	荆南府知府杨倓	宋朝方志考
30	江陵志	南宋	不详	不详	宋朝方志考
31	宝祐江陵志	南宋	不详	周应合，江陵府教授	宋朝方志考
32	渤海记	不详	不详	不详	宋朝方志考
33	荆门军旧经	北宋	不详	不详	宋朝方志考

续表

序号	志名	朝代	卷数	纂修者	资料出处
34	荆门军图经	北宋	不详	朱震，荆门军人，翰林学士	宋辽金元方志
35	荆门军新图经	南宋	不详	不详	宋朝方志考
36	荆门志	南宋	10 卷	王铢	宋朝方志考
37	重新荆门志	南宋	10 卷	王棨	宋朝方志考
38	荆门军记	南宋	不详	行新复，山西蒲中人	宋辽金元方志辑佚
39	郢州风土考古记	南宋	不详	教授石才儒	宋朝方志考
40	复州旧经	不详	不详	不详	宋朝方志考
41	淳熙复州图经	南宋	3 卷	不详	宋朝方志考
42	淳熙富水志	南宋	10 卷	太守张孝曾	宋朝方志考
43	竟陵志	南宋	不详	不详	宋朝方志考
44	嘉定景陵志	南宋	14 卷	林英发，郡文学、知寿昌军	宋朝方志考
45	夷陵志	不详	6 卷	黄環	宋朝方志考
46	峡州志	南宋	不详	不详	宋朝方志考
47	均州图经	不详	5 卷	教授段子游	宋朝方志考
48	房县图志	南宋	3 卷	郡守陈宇	宋朝方志考
49	武当志	南宋	不详	不详	宋朝方志考
50	房州旧经	北宋	不详	不详	宋朝方志考
51	房州图经	不详	不详	不详	宋朝方志考
52	祥符襄州图经	北宋	不详	李宗谔	宋朝方志考
53	淳熙襄阳志	南宋	40 卷	郡守高夔、教授刘宗	宋朝方志考

续表

序号	志名	朝代	卷数	篡修者	资料出处
54	绍熙补襄阳志	南宋	不详	方崧卿，兴化军人	宋朝方志考
55	光化军旧图经	北宋	不详	不详	宋朝方志考
56	光化军图经	北宋	不详	不详	宋朝方志考
57	乾德县图经	北宋	不详	不详	宋朝方志考
58	谷城县图经	南宋	不详	方崧卿，兴化军人	宋朝方志考
59	乾道汉东旧志	南宋	不详	随州知州林蕈	宋朝方志考
60	汉东新志	南宋	不详	董之奇	宋朝方志考
61	随州图经	南宋	不详	不详	宋朝方志考
62	枣阳军旧图经	南宋	不详	不详	宋朝方志考
63	枣阳军图经	南宋	不详	不详	宋朝方志考

三、元代湖北方志编纂概况

元代是我国第一个由少数民族建立的中央集权统一王朝，幅员辽阔，辖域空前广袤，"北逾阴山，西极流沙，东尽辽左，南越海表"[①]。元虽为游牧民族建立的政权，但由于统治需要，对地志也较为重视，在享国不到一百年中修纂志书达 190 余种，其中地记 9 种，图经 6 种，方志 142 种，图志 7 种，其他类型志书 26 种，"方志"上升到压倒性优势，图经已近尾声，彻底完成了图经向方志的过渡。[②]

至元二十三年(1286 年)，元世祖忽必烈采纳扎马里鼎的建议纂修大一统志，历经五年，编纂卷帙达七百五十五卷的《大元一统志》。元

---

① 《元史》卷五十八《地理一》，中华书局 1976 年版，第 1345 页。
② 黄苇：《方志学》，复旦大学出版社 1993 年版，第 167 页。

成宗时期，又命重修，于大德七年(1303年)成书，卷帙浩繁，多至一千三百卷。《大元一统志》充分利用各地史志资料，征引广泛，考订详实，"于古今建置沿革、及山川、古迹、形势、人物、风俗、土产之类，网络极为详备。诚可云宇宙之钜观，堪舆之宏制也"①。《大元一统志》内容丰富，体例周备，为后世所称许，亦开修纂大一统志的历史先河，成为明清两朝修纂一统志的样本。② 元代在修纂一统志时，曾规定各行省撰修本地图志，以为取材采用，其中有一定数量省志，虽然数量不多，但为省志之肇始，亦为明清后世所承袭和发展继承。总的来看，元代方志在中国方志史上具有承前启后的重要意义。

元代湖北编纂志书数量较前代大为减少，但仍赓续不断，共计编有路、州、军等各类图志 15 种。综合张国淦《中国古方志考》、刘纬毅《宋辽金元方志辑佚》以及顾宏义《金元方志考》等著述有关元代湖北方志者，制作湖北方志表，具体如表1-10。

表 1-10　　　　　　　元代湖北编纂方志概况表

序号	志名	年代	卷数	纂修者	资料出处
1	武昌(路)图册	大德五年以后	不详	不详	宋辽金元方志辑佚
2	汉川志	不详	不详	不详	宋辽金元方志辑佚
3	襄阳路图经	至元年间	不详	不详	宋辽金元方志辑佚
4	均州地理志	不详	不详	不详	宋辽金元方志辑佚
5	归州旧志	不详	不详	不详	宋辽金元方志辑佚
6	荆门旧志	不详	不详	不详	宋辽金元方志辑佚
7	当阳旧志	不详	不详	不详	宋辽金元方志辑佚
8	安陆府图册	至元十五年	不详	不详	宋辽金元方志辑佚

---

① 吴骞著，虞坤林点校：《吴骞集》卷四《元大一统志残本跋》，浙江古籍出版社 2016 年版，第 56 页。

② 沈松平：《方志发展史》，浙江大学出版社 2013 年版，第 87 页。

续表

序号	志名	年代	卷数	纂修者	资料出处
9	沔阳府图册	至元十五年	不详	不详	宋辽金元方志辑佚
10	沔阳志	不详	2 册	不详	金元方志考
11	蕲州(路)志	不详	2 册	不详	金元方志考
12	富川志	不详	不详	马镛、马涛	金元方志考
13	崇阳志	不详	不详	严士贞	金元方志考
14	续江陵志	不详	不详	不详	金元方志考
15	峡州路夷陵志	不详	3 册	不详	金元方志考

从表 1-10 中来看，虽然元代湖北方志编纂不及宋代方志兴盛，但基本上沿袭宋代以来的修志传统，湖北各地都编纂有数量不等的方志。从名称来看，称"图册"者 4 种，称"志"者有 11 种，称"志"者已经完全占据优势，图经数量大为减少，在宋代基础上得到了稳步发展，志体更加成熟，为明清方志发展创造了有利条件，具有承上启下的作用。

明代前中期，元代湖北方志尚有大量存世。明初大型官修书目《文渊阁书目》卷四《旧志》收录《蕲州志》2 册、《沔阳志》2 册、《峡州路夷陵志》3 册，卷八收录《崇阳志》。《永乐大典》《寰宇通志》《明一统志》等对元代志书亦多有征引。《明一统志》引《武昌路图册》记述武昌风俗，"自往昔军兴，士民颇鲜存者。而西北之避地者萃焉。东南趋利者辏焉。五方杂寓，家自为俗"①。《明一统志》引《安陆府图册》，载："风俗之所媺者，以其务实朴厚之习耳。"②但嘉靖后，各类藏书目录鲜有谈及元代方志，可见明代后期元志可能大多散佚，至清代则基本佚失。

虽然，元代湖北方志业已失传，但通过后世学者辑佚，亦可以管窥

---

① 李贤：《大明一统志》卷五九《武昌府》，三秦出版社 1990 年版，第 899 页。

② 李贤：《大明一统志》卷六六《安陆州》，三秦出版社 1990 年版，第 1017 页。

其吉光片羽。如《寰宇通志》卷五三《荆州府》引《荆门旧志》，载有南宋大儒陆九渊在荆门军任上教化民众，政绩斐然，"荆门俗尚缫黄，每岁正月十五日，设醮祈福。自陆九渊知军事，于元宵聚士民讲《尚书·洪范锡福》一章，风俗于是丕变，颇知礼仪，男勤耕耨，女勤丝麻"。《寰宇通志》卷五九《沔阳州》引《沔阳府图册》，载宋元之际战争对沔阳社会生产的破坏，"宋端平以前，户口伙，田野宽。民多富足，故礼义之风生。人有余力，故游玩之习尚。中经兵革，民疾田荒，犹幸遗风余俗，著乎人心，至今未泯"。《寰宇通志》卷五〇《汉阳府》引《汉川志》，载云梦地区农民兼营渔业的概况，"民朴略，春夏力农，秋冬业渔。盖其地云梦之数，当春水泛涨，农民迁近原隰耕垦；秋冬涸时，还移居就下，近湖泊网罗以自给"。可见，元代湖北方志载有经济生产、社会风俗等方面的宝贵资料，如果系统整理、认真分析，必对学术研究有所裨益。

第四节　明代湖北方志编纂

明代是中国地方志编纂的兴盛时期。朝廷极为重视方志编纂，建国之初，朱元璋便下令各地纂修方志，"凡隶于职方者，咸令以其志上之。盖将纪远近，考古今，审沿革，校异同，以周知夫四方之政"①。明成祖也十分重视方志编纂，"永乐十六年六月……乙酉，诏纂修天下郡县志，命行在户部尚书夏元吉、翰林院学士兼右春坊右庶子杨荣、翰林院学士兼右春坊右谕德金幼孜总之，仍命礼部遣官遍诣郡县，博采事迹及旧志书"②。正德十五年（1520 年），明廷下令"遍征天下郡邑志书"。朝廷多次诏令纂修志书，有力促进明代方志的发展。

明代方志无论数量、修志理论还是编纂水平都远超前代，在中国方

---

①　姚涞：《明山先生存集》卷三《任丘志序》，嘉靖三十六年刻本。
②　《明太宗实录》卷二零一，"永乐十六年六月乙酉"条，台湾"中央研究院"历史语言研究所 1962 年版，第 2089 页。

志史上具有重要的意义。明代方志数量达二三千种。巴兆祥教授以明清方志序跋和艺文志以及文献书目为主要依据，认为明代方志数量应有2892种①，后又修正为3470种②。由于资料的阙如，具体统计明代修志数量已无可能，但明代方志数量宏富为不可争议的事实。张邦政在《蒲城县志》序中提及："今天下自国史外，郡邑莫不有志。"明成祖永乐十年（1412年）和十五年（1417年），两次颁布《纂修志书凡例》，详细规定志书门目，各地修志悉依条例而行，标志中国方志定型化和制度化，对中国地方志编纂影响深远。同时，明代志书类型齐全，目前所知类型方志皆已出现，如总志、通志、府志、县志、乡镇志、卫所志、土司志、边关志等，其中卫所志、土司志、边关志为明代新出现的志书。③

在大的历史环境下，湖北地区修志蔚然成风，各府州县皆积极编纂方志，出现了通志、台志、府州县志、卫所志、山水志、书院志等多种类型志书，方志数量众多，次于江浙、安徽、江西、河南、河北等，但远多于青海、宁夏、甘肃、辽宁等，属于方志编纂较多的地域。④ 巴兆祥教授考述明代湖北方志应有202种，其中散佚者有165种，具体来说通志4种、府志36种、州志31种、县志127种、卫所志4种，为探究明代湖北方志存佚概况、时空分布、类型等作出了重要贡献，得到了一些学者的认可。⑤ 然而，巴兆祥未能通盘查阅明清湖北方志，又未能利用《湖北书征存目》《潜江文征》等区域性书目文献和中华人民共和国成立以来所编地方志，统计不无遗漏。笔者根据《文渊阁书目》《内阁藏书目》《千顷堂书院》《传是楼书目》《八千卷楼书目》《历代天一阁藏书目》，

---

①　巴兆祥：《明代方志编纂述略》，《文献》1988年第3期。

②　巴兆祥：《论明代方志的数量与修志制度——兼答张升〈明代地方志数质疑〉》，《中国地方志》2004年第4期。

③　苏松平：《方志发展史》，浙江大学出版社2013年版，第99页。

④　巴兆祥：《论明代方志的数量与修志制度》，《中国地方志》2004年第4期。

⑤　曹育荣：《方志与旅游：以湖北旧志的人文旅游价值为中心》，武清海：《荆楚文化与湖北旅游》，湖北人民出版社2010年版，第472～479页。

并查阅了现存明清以来湖北方志全书内容、今修湖北方志等，考证明代湖北编纂的综合类方志至少有 217 种，其中通志五种、府志 41 种、州志 33 种、县志 131 种、卫所志 7 种。

明代湖北地方行政建制趋于稳定和完善，地方经济持续发展，以及文化的勃兴，推动了地方志编纂。

一、明代湖北方志编纂的历史背景

(一)明代湖北地方建制沿革及其变迁

鄱阳湖之战后，陈友谅战死，其子陈理在武昌投降朱元璋，周边郡县也相继归附，初步奠定了朱元璋对湖北地区的控制。元至正二十四年（1364 年），朱元璋设湖广行中书省，对元代湖北政治框架予以继承和变革。虽然明代前期湖北建制变动繁杂，特别是在洪武九年至十三年间（1376—1380 年），如德安、襄阳、安陆三府和随州归属问题数次转换于湖广或河南之间；武昌府、汉阳府、黄州府所辖州县亦有多次变化；且湖广行省主要长官多为军事将领，具有明显的军事职能和军事色彩。政局安稳以后，湖北建制也趋于稳定。明成化十二年（1476 年），为安抚流民和弥补鄂西北地区统治的疏漏，分襄阳府西北境，设置郧阳府，辖有郧县、房县、竹山、上津、郧西、竹溪和保康七县。嘉靖十年（1531 年），以安陆州为龙兴飞升之地，政治意义非同一般，故而升潜藩安陆州为承天府，置附郭县钟祥县，割荆州府之荆门州、当阳县、潜江县和沔阳州、与其旧属景陵县一并划入承天府，计辖二州、五县。明代中后期，湖北政区建制基本稳定下来，形成八府、八州、五十三县的格局，地域力量亦得以重新整合，地域认同观念大为加强，"楚北""楚人"等也成为湖北人对自己家乡的共同区域认识，为明代地方志编纂提供稳定的地方行政制度基础。

(二)明代湖北经济发展概貌

文化事业的发展离不开经济的支撑和基础作用。自唐宋以来，中国经济中心逐渐东移南迁，长江流域成为国家经济命脉所在。而入明以来，东南部经济迅速发展，远远超过北方。作为长江中游重要经济组成部分的湖北地区，经济实力和地位也大为提升，"以东南言之，则重在武昌"成为当时广泛的共识，农业发达，区域经济联系加强，商品交换发达，商业经济繁荣。湖北农业耕种面积不断增加，农业耕种技术有所改进，两熟制得到改进和推广，修建一批水利设施，农业得到长足发展，成为重要产粮区。"大江以南，荆楚当其上游，鱼粟之利，遍于天下。而谷土泥涂，甚于禹贡。其地跨有江汉，武昌为都会。郧襄上通秦梁，德黄下临吴越，襟顾巴蜀，屏捍云贵。"①江汉平原湖区低地以垸田的形式得以开垦，使湖北沿江、沿湖平原腹心地带得到全面开发。垸田修有保护湖边土地免在汛期受淹没的排水堤，起到排灌、蓄泄的作用，有效保障了农业生产。明代湖北垸田面积较大，如沔阳"沔居泽中，土惟涂泥……故民田必因地高下修堤防障之。大者轮广数十里，小者十余里，谓之曰'垸'"②。

湖北地处长江中游，长江及其支流汉江等贯穿其中，境内湖河水泊星罗棋布，形成良好的水文体系，具有独特的地理优势和交通条件。③成化年间，汉水下游河道裁弯取直，故道淤塞，汉水改道，形成新的入江口，即汉口。由于地理位置优越，交通便利，嘉靖以来居民渐多，集镇得到拓展，呈现繁荣景象，至明末居住人口达二万之众，商贸往来兴盛，成为重要的商品和人流集散地。"商船四集，货物纷华，风景颇称繁庶。"④明代中后期汉口成为与佛山、苏州、京师齐名的重要商业市镇，"汉口不特为楚省咽喉，而云、贵、四川、湖南、广西、陕西、河

---

① 谢国桢：《明代社会经济史料选编》，福建人民出版社 1980 年版，第 6 页。

② 万历《湖广总志》卷三十二《水利志上》，《四库全书存目丛书》第一百九十四册，齐鲁书社 1996 年版，第 124 页。

③ 张建民：《湖北通史·明清卷》，华中师范大学出版社 1999 年版，第 441 页。

④ 乾隆《汉阳府志》卷十二《舆地》，江苏古籍出版社 2001 年版，第 128～129 页。

南、江西之货，皆于此转输。虽欲不雄天下，不可得也。天下四聚，北则京师，南则佛山，东则苏州，西则武汉。然东海之滨，苏州而外，更有芜湖、扬州、江宁、杭州分其势，西则惟汉口耳"①。而湖北一些市镇也较为知名，如沙市、宜昌凭借着水陆交通优势，也快速发展起来，成为湖北省及长江流域、华中地区有着较大影响的市镇。一些规模较小、辐射力规模有限的农村市镇也在人口相对集中、交通便利的地区得以广泛存在，与大型市镇一起构成了一套完整市镇网络。明代经济的发展为地方志的编纂、刊刻奠定了物质基础。

(三) 明代湖北人文的发展

明代湖北省府州县教育职官齐全，形成比较完整的教育行政系统，对湖北教育发展进行了行之有效的规划和管理。明代从建立起便开始创建地方学校教育系统，地方学校盛时达一千七百多所。② 湖北修复了唐宋以来的府州县学，加以修缮一新，且新建了一批学校，呈现出无地不有学校的局面，学校布局合理，教育资源趋于均衡，为前代所不及。而私学和义学也普遍设置和发展，对湖北教育产生了重要影响，湖北文化教育水平明显提升，学校教育得到进一步普及，府州县学无不有生员充斥其中，某些州府科举应试者甚至达到数千人之众。

在较为系统的学校制度以及书院制度的支持下，明代湖北的教育、文化各有发展，科举兴盛，人才辈出，成为湖北历史上第三个人文鼎盛高峰时期。据梁启超在《两汉至明代南方见于史传的著名人物统计表》一文中统计，明代湖北人才达 76 人，占全国的 4.29%，虽尚不及江苏、浙江和江西，却已居全国的中等偏上的地位。③ 有明一代，湖北各府州县科举进士总计达 1119 人，其中尤以黄州府、武昌府为多，特别是黄州鄂东人才迭兴，人文勃兴，为荆楚人文重镇，"蕲、黄之间，近日人

---

① 刘献廷：《广阳杂记》，中华书局 1957 年版，第 193 页。
② 熊贤君：《中国教育管理史》，华中师范大学出版社 1989 年版，第 343 页。
③ 罗福惠：《湖北近三百年学术文化》，武汉出版社 1994 年版，第 7 页。

文飚发泉涌"①。理学名儒，文采经济，史不绝书，见于《明史》者达53人，文物声名，遂为楚中之冠。② 以袁氏三兄弟为代表的"公安派"和钟惺、谭元春为首的"竟陵派"活跃于文坛，成为明代文学中的奇葩。明代湖北文化的进步和发展为地方志编纂提供了智力支持和教育积淀，有助于地方志的编纂。

二、明代湖北志书的时间与空间分布

有明一朝，湖北修志频繁，数量宏富，由于特定历史时期境况以及各地经济与文化发展的差异，具体到空间和时间，在数量分布上呈现明显不均衡性。

(一)明代湖北方志的空间分布

明代湖北方志编纂数量宏富，但在空间分布上呈现不均衡性。从府级建制来看，最多是武昌府，有52种；其次是荆州府，有39种；再次是承天府29种；后依次是黄州府26种、德安府24种、襄阳府18种、汉阳府12种、郧阳府10种、施州卫7种。

明代湖北方志此种分布与各地经济、文化和政治地位有着重要关系。武昌府、荆州府、黄州府经济、文化较为发达，所属州县也较多，方志数量也较为突出。安陆府，洪武九年降为州，领京山县，直隶湖广布政司。朱厚熜继承大统后，升安陆州为承天府，建兴都留守司，增辖荆门州、沔阳州二州，潜江、当阳、景陵三县，与南京应天府、北京顺天府并称"三大名府"，政治地位隆重，相应也推动了承天府地方志的编纂。郧阳府迟至成化十二年设置，施州卫则长期处于土司控制，两地辖境属区经济、文化发展相对滞后，方志编纂数量亦不多。各府方志详情见表1-11。

---

① 王士性：《广志绎》卷四《江南诸省》，中华书局2006年版，第285页。
② 光绪《黄州府志》卷首《邓琛序》，江苏古籍出版社2001年版，第3~4页。晚清黄冈文人洪良品《龙岗山人集》也认为"黄冈冠郡七属，于楚人称文数"，清末罗田人周锡恩《黄州课士录序》谈及明清黄州人文，"一时吾黄人文，号为冠楚"。

表 1-11　　　　　　　明代湖北方志分府、类型统计表　　　　　（种）

种类 府卫	通志	府志	州志	县志	卫所志	共计
武昌府	5	5	4	38	0	52
汉阳府	0	7	0	5	0	12
黄州府	0	4	3	19	0	26
德安府	0	8	5	11	0	24
襄阳府	0	5	1	12	0	18
郧阳府	0	4	0	6	0	10
荆州府	0	3	8	28	0	39
承天府①	0	5	12	12	0	29
施州卫	0	0	0	0	7	7
共计	5	41	33	131	7	217

（二）明代湖北方志时间分布分析

根据明代湖北方志发展特征来看，其可以分为四个阶段。洪武元年至天顺八年（1368—1464 年），处于方志编纂的起步阶段。这一时期，方志编纂数量相对来说较少，具体情况如下：洪武朝 5 种，永乐朝 9 种，宣德朝 6 种，正统朝 10 种、景泰朝 3 种，天顺朝 4 种，96 年间共计纂修 33 种，占明代总量的 15.21%。成化元年到正德十六年（1465—1521 年），稳步发展阶段。这一时期，方志编纂稳步发展，逐渐呈现高潮。其中成化朝修有志书 13 种，弘治朝 10 种，正德朝 16 种，56 年间共计 39 种，占明代总量的 17.97%。嘉靖元年到万历四十八年（1522—1619 年），处于兴盛时期。具体来说，嘉靖朝有 46 种、隆庆朝 7 种，万历朝 57 种，其中嘉靖、万历两朝是明代修志最多的阶段，99 年间共计 110 种，占明代总量的 50.69%。泰昌元年到崇祯十七年（1620—1644 年），相对沉寂，是明代方志衰落阶段。这一时期，天启朝有 6 种、崇

---

①　嘉靖十年，安陆州升为承天府。

祯朝 10 种，24 年间修志 16 种，占总量的 7.37%，参见表 1-12。

表 1-12　　　　　**明代湖北方志分期、种类统计表**　　　　（种）

种类 朝代	通志	府志	州志	县志	卫所志	合计
洪武	0	2	2	1	0	5
永乐	0	2	2	5	0	9
洪熙	0	0	0	0	0	0
宣德	0	1	0	5	0	6
正统	0	2	0	8	0	10
景泰	0	0	2	0	1	3
天顺	0	1	0	2	1	4
成化	1	1	1	10	0	13
弘治	0	1	3	6	0	10
正德	0	4	1	9	2	16
嘉靖	2	7	9	28	0	46
隆庆	1	1	1	4	0	7
万历	1	12	6	36	2	57
泰昌	0	0	0	0	0	0
天启	0	0	2	3	1	6
崇祯	0	0	3	7	0	10
年代不明	0	7	1	7	0	15
合计	5	41	33	131	7	217

三、明代湖北方志的散佚

明代所修湖北方志有即修即散佚者，但更大规模的散佚则是在明末清初时期。景陵县(雍正四年改称天门县)，县志凡成化二十二年、嘉靖三十九年、天启六年三修，但经明末兵燹之后，至康熙前期尽数散佚，"邑志创自明成化时知县姜绾，继修之者嘉靖时知县邱宜、天启时知县任赞化也。明季兵燹，版籍散失……则前志尽湮矣"①。麻城县，嘉靖朝曾二次纂修县志，皆毁于兵燹，"己巳岁，余始纂麻时，大府议修通志，檄各属以志呈，公余之暇，进邑人士询故实，佥云：'麻邑志乘毁于前明'"②。罗田县则"邑旧有志，明季毁于兵"③。

有明一代，湖北至少纂有 217 种方志。而由于战乱水火等天灾人祸以及志书本身的不足，散佚 180 种，散佚率达到 82.95%，而同期全国方志平均散佚率为 65%④，可见湖北方志散佚程度的严重。从方志种类来看，散佚数最大的是县志，为 116 种，其后依次是府志 31 种、州志 24 种、卫所志 7 种、省志 2 种。从散佚比例来看，卫所志散佚最为严重，明代共修 7 种，无一存者，失散率达 100%；其次是县志，散佚 88.54%，后依次是府志、州志，分布为 75.61% 和 72.73%，最少的是省志，为 40%。（参见表 1-13）

表 1-13　　　　　　　　　**明代湖北方志存佚概况**　　　　　　（种）

方志	现存种数量	散佚种数	总计	散佚率
省志	3	2	5	40%
府志	10	31	41	75.61%
州志	9	24	33	72.73%
县志	15	116	131	88.54%
卫所志	0	7	7	100%
总计	37	180	217	82.95%

---

① 乾隆《天门县志》卷首《凡例》，江苏古籍出版社 2001 年版，第 340 页。

② 光绪《麻城县志》卷首《郑庆华序》，国家图书馆藏刻版。

③ 光绪《罗田县志》卷首《管贻葵序》，江苏古籍出版社 2001 年版，第 169 页。

④ 巴兆祥：《明代佚志述略》，《文献》1990 年第 4 期。

四、明代湖北方志编纂的成就

明代方志弊病甚多，为清人所批评。阮元，字伯元，号芸台，乾隆五十四年进士，历任礼部侍郎、浙江学政、湖广总督、体仁阁大学生，为清代著名的思想家、一代文宗，其在《仪征志序》中指出："明代事不师古，修志者多炫异居功，或蹈袭前人而攘善掠美，或弁毛载籍而轻改妄删。由是新志甫成，旧志遂废，而古法不复讲矣。"①即便是明朝时人也对明代志书有不少异见。康海，字德涵，以诗文名列"前七子"之一，曾担任翰林院修撰，为明代著名文学家，所撰《武功县志》为后世称许。康海在广泛阅读明志之后，指出其存在"益繁而不能详，晦而不能白，乱而不能理"②的不足。但瑕不掩瑜，不可否认明代是中国方志史上的繁盛时期。以湖北为例，明代方志亦有诸多突出成就。

（一）数量宏富，修志频繁

明代无疑是湖北发展史上的重要时期，志书规模和修志频率远远超过前代。明代湖北编有方志 217 种，是宋代 63 种的 3.44 倍，元代 15 种的 14.47 倍。考虑到各朝代历时长短的因素，明代每年修志有 0.79 种，而宋代每年所修志书则是 0.19 种，而元代则更少，平均每年修志仅有 0.15 种，可见明代修志之频繁，远远超过前代。

由于地方官的重视、士绅的积极参与，明代建立了较为系统而完备的地方教育体系，各地文化教育得到长足发展，特别是郧阳府、施州卫等长期处于文化低地，也培育了一批数量不等的举人、进士等。各地文化教育的发展，使得明代湖北修志比较普遍，修志广泛，远远超过前代，彻底改变了前代某些地区无志书的局面。湖北八府、一直隶州、一卫、五散州和六十县皆有数量不等的志书编纂，大多二修、三修，甚至不乏五修、六修者，如《沔阳志》，凡景泰、嘉靖、万历十八年、万历

---

① 道光《仪征县志》卷首《阮元序》，江苏古籍出版社 1991 年版，第 1 页。
② 正德《朝邑县志》卷首《康海序》，《景印文渊阁四库全书》第 494 册，台湾"商务印书馆"1986 年版，第 49 页。

四十六年和崇祯十五年五次纂修;《武昌县志》,永乐、宣德、成化、弘治、嘉靖、隆庆、崇祯等八次纂修;《崇阳县志》,凡宣德、正德、成化、嘉靖、隆庆、万历、天启等七朝,共计八次纂修。

(二)种类繁多,名篇不少

至明代,各种类型的志书业已出现。明代继承了前代的总志、府志、县志、州志、县志等,还增现了卫所志、边关志、土司志等。前代尚不流行的省志成为常见志种之一。就湖北一地而言,总志、卫所志开始出现和流行。从体例上来看,明代湖北方志总体上延续宋元,但也有所发展和创新。如嘉靖《随志》,颜木撰修,是志利用编年体编纂《随志》,上卷编年记事,下卷收录诗文,"编年之例,全仿《春秋》经文,称随为我,而以地之沿革,官之迁除,士之中乡会试贡大学者,按年记载,皆地志未有之例"①,在方志体例流变史上具有重要价值。

明代方志内容丰富,亦不无名篇。如嘉靖《沔阳志》,"叙事以纪,系年以表,考故以志,述行以传。据诸史传及旧志所载,冗者裁焉,鄙者黜焉,略者详焉,讹者正焉。凡疆域沿革,山川形胜以及风土物产,无不博引旁征,分条胪列。而于人物先以表证其年月,继以传详其事实,以人才之盛衰,为政事之兴废所系,故三致意焉。至文章之有关于邑事者,则附见于各类,若怡性陶情之作,吟风弄月之篇,概行删除,不立艺文一门,具有卓识"②。袁宏道《公安县志》,亦为时人称许,"务慎许可,贤牧列传不数人,亦远于后世之猥滥称颂者矣"③。郭正域《江夏县志》,为时共推,"郭正域……所著《江夏县志》为乡人所共推,今书失传。王小宁称其小序必博采详辩,少或数百字,多或千言。王小宁《续修江夏县志》自云多仿其意,此亦不害为一家之书"④。

---

① 《四库全书总目提要》卷七十三《随志》,中华书局 1965 年版,第 641 页。

② 《续修四库全书总目提要》(18),齐鲁书社 1996 年版,第 796 页。

③ 章学诚:《湖北通志检存稿》卷四《前志传》,湖北教育出版社 2002 年版,第 238 页。

④ 章学诚:《湖北通志检存稿》卷四《前志传》,湖北教育出版社 2002 年版,第 233 页。

(三)体例齐备,修志理论成熟

明代地方志在吸收前代编纂方志经验和教训基础上,体例趋于完备,特别是明永乐十年、十六年两次颁布《纂修志书凡例》,明确规定志书的体例、内容、要求和注意事项等。明代方志体例多种多样,纲目体、平目体、三宝体、纪传体、编年体等皆已出现,其中三宝体、纪传体、编年体为明代所创新。①

明代湖北方志体例也较为丰富,由于散佚极为严重,从现存方志来看主要有平目体、纲目体、编年体、纪传体等,其中最多者为平目体24种,其次分别为纲目体10种、纪传体2种、编年体1种,可见平目体和纲目体为主要志例,其中又以平目体为重,参见表1-14。

表1-14 现存明代湖北方志志体概况表 (种)

志体 朝代	平目体	纲目体	编年体	纪传体	合计
正统	1	0	0	0	1
天顺	1	0	0	0	1
成化	2	0	0	0	2
弘治	1	1	0	0	2
正德	3	0	0	0	3
嘉靖	13	4	1	2	20
万历	3	5	0	0	8
合计	24	10	1	2	37

注:明代方志散佚严重,绝大多数方志难以判断其体例,仅能以现存方志为讨论对象。

明代湖北政区建制趋于稳定和成型,地域认同观念大为增强,为地方志编纂提供了稳定的地方行政制度基础;明代湖北地方经济持续发展

---

① 沈松平:《方志发展史》,浙江大学出版社2013年版,第100页。

与繁荣，为地方志的编纂、刊刻奠定了物质基础；明代湖北文化的发展和人文的勃兴，为地方志编纂提供了智力支持和教育积淀。明代湖北方志得以蓬勃发展，呈现兴盛局面，志书数量宏富，修志频繁，名篇迭出，志书种类齐全，体例丰富，修志理论娴熟，在中国方志发展史上具有重要地位。湖北区域经济文化发展的不均衡性，造成明代湖北方志在时间和空间上具有明显的差异性。然而，志书本身质量问题、保管不当、兵燹水火等原因，致使珍贵历史文献大量佚失，通过爬梳古今旧志、文集笔记、目录学著作等，考证、探究明代散佚旧志数量、特征、佚失原因等，不仅有利于明晰明代湖北散佚方志的状况，丰富湖北方志研究，也有助于客观、准确地认识明代湖北方志发展的脉络及规律。

第二章 清代湖北方志的编纂

清代是继元代之后又一个少数民族所建立的大统一中央集权王朝，且清代历任最高统治者大多具有较高的文化素养，喜好炫耀文治武功，方志事业也进入全盛时期，志书数量宏富，达 5685 种，大约占古代方志总数的 70%[①]；在沿袭宋元明基础上，志书类型进一步丰富；诸多知名学者参与方志编纂，就志书性质、体裁、功用等展开研究、讨论和争鸣，自成一家，形成纂辑派、考据派等修志派别，修志理论成熟，达到传统社会的最高水平。清代湖北方志数量宏富，编纂频繁而持久，志书种类多而齐全，体例也较为丰富，名家大儒积极参与方志编纂，名志佳作迭出，修志理论大为创新，在中国方志史上具有重要的地位。

第一节 清代湖北地方志编纂历程及其特征

清代是继元代之后又一个少数民族所建立的大统一中央集权王朝，地方志编纂诸多成就远远超过前代，是中国地方志的鼎盛时期。这一时期，湖北地方志也得到长足发展，志书数量宏富，规模宏大，志书种类多样而齐全，体例较为丰富，一批名家大儒积极参与方志编纂，名志佳作迭出，修志理论大为创新，在中国方志史上具有重要的地位。根据清代历史分期以及湖北方志发展概况，可分为顺治、康熙和雍正三朝（1644—1735 年），乾隆、嘉庆两朝（1736—1820 年），道光、咸丰两朝

---

① 曾荣：《民国通志馆与近代方志转型》，社会科学文献出版社 2018 年版，第 23 页。

(1821—1861 年)和同治、光绪、宣统三朝(1862—1911 年)这四个阶段，在志书数量、志书内容、修志理论以及管理制度等方面各自具备相应的时代特征。

一、起步阶段：顺治、康熙和雍正三朝湖北方志编纂

顺治、康熙和雍正时期，是清廷开始建立和强化对全国的政治统治地位，恢复明清之际惨遭破坏的社会经济，逐渐形成新的政治和格局和社会秩序的历史时期。在此阶段，时局初定、百废待兴，但清廷仍较为重视地方志的编纂，甫在一地建立政权即着手筹措资金，组织人力，开展地方志的编纂工作，对明代志书进行增刻、补刻，也续修或重修了一批新的地方志。湖北虽属清廷较早纳入实际控制的地区，然而受战争破坏和时局影响，各地经济疲敝，人才凋零，文献亡佚十分严重。这一时期的大部分府州县地方志的编纂条件较为艰难，修志人才难得，文献无征，在志书编纂中，志书体例、内容等多因袭明代旧例，加上修志时间仓促，志书内容缺失舛误严重，志书的数量和质量相对而言亦明显不及后世。

(一)清初官修志书困难，问题颇多

明末清初的战争对湖北社会生产造成了很大的破坏，社会经济凋敝，各地人口和赋税收入减损严重。顺治九年，湖广总督祖泽远奏报湖北的境况，"入境以来，亲见荒村野火，寥落堪悲，鹄面鸠行，死亡待踵……楚省额赋止八十万两，已不过江南一邑之多"①。具体到各地而言，亦是如此。德安府，"德安，古郧子国，为南郡上游……前此重罹兵燹，凋瘵甚于他郡"②。黄陂县，"黄陂则初无志也。旧志传自万历辛卯，及明末兵燹，地介荆豫，为边为冲，为战场，为斥地，城邑蒿莱，何有于志。我兴朝定鼎，垂二十余年，而疮痍方起，故老空存，先

---

① 台湾"中央研究院历史语言研究所"：《明清史料丙编》第 9 本《户部题本》，北京图书馆出版社 2008 年版，第 822 页。

② 康熙《鼎修德安府全志》卷首《李士竑序》，国家图书馆藏刻本。

是来令者代更八人，大率官如客，民如寄，编摩弗及也"①。明末清初的战争中，郧县户口和钱粮损失十分之七，"稽户口仅存夫十分之三，考钱谷已损夫十之七"②。更为重要的是官私所藏书籍毁于兵燹，文献无稽，人才凋零。罗田县，"罗邑僻处山陬，兼明末屡经兵燹，坟典无存，耆旧名宿凋谢几尽"③。远安县，"自丁酉夏奉命来邑，询知其故，欲依原本锓之。奈邑甫经蹂躏，创痍未起，奸弊未清，爰是谋兴除、图修举，日不暇给，有志而未逮者四年于兹"④。

国事初定，百废待兴。湖北府县地方或财力不济，无力编纂地方志，"惟谷旧无志，遍查采访，在在不易，且经费无从筹划，以故前任虽奉严饬，皆以此置之"⑤。或草草编纂，仓促了事，志书体例也多有未合，志书内容缺漏，整体质量并不高，"本朝定鼎以来，当事征文考献，茫无以应，则搜辑故老所传，残不成编、断不成简者，录写呈报，以塞其责"⑥。顺治九年，赵兆麟纂修《襄阳府志》，是时战事稍平，主笔者艰于修志，考据未详，致使志书亦为后世所批评，"赵抚当军务倥偬之际，削平残孽，亟举斯举，诚为胜典。惜其时操觚者又笔涩滞，而考据亦未精详"。顺治十三年，王大年纂修《石首县志》，采访未周，讨论也未为详备，"石之志，其在胜国，遗籍于寇烽者尽矣。国初，邑令清海王公始志之，时际残荒之余，父老子弟无能备咨诹而考故实，稿创就帙，讨论未备，其意盖有待与"⑦。康熙十一年，杜养性、邹毓祚纂

---

① 康熙《黄陂县志》卷首《黄陂县重修志书序》，海南出版社 2001 年版，第 2 页。

② 康熙《郧县志略》卷首《侯世忠序》，天津古籍出版社 2016 年版，第 101 页。

③ 康熙《罗田县志》卷首《凡例》，国家图书馆藏本。

④ 顺治《远安县志》卷首《安可愿序》，海南出版社 2001 年版，第 3 页。

⑤ 同治《谷城县志》卷首《纂修谷城县志序》，江苏古籍出版社 2001 年版，第 1 页。

⑥ 同治《续修东湖县志》卷二十七《艺文志》，江苏古籍出版社 2001 年版，第 743 页。

⑦ 康熙《石首县志》卷首《徐州岱序》，国家图书馆藏本。

修《襄阳府志》，抄录《顺治志》以应付了事，"若杜守则抄录《赵志》以应诏旨，所征不足云修也"①。同年，刘嗣煦纂修《枣阳县志》，繁简失当，为人所议，"得康熙十一年邑令刘君嗣煦所修县志一帧，读之，其间记载之体，烦简之宜，去取之公，不能尽无遗议"②。康熙二十一年，宜城知县胡永清主持修志，但该志体例不精，内容多相抵牾，"国初，燕北胡明府瑞征公来令兹土，奉上檄收残拾烬，百有二十日纂成县志一书……体例疏略，时相抵牾，不无遗憾焉"③。

（二）私修方志数量多，质量相对较高

私家编纂方志难度甚大，恰如梁启超先生所言："夫方志之著述，非如哲学家、文学家之可用之可以闭户瞑目期理想而遂有创获也。其最主要之工作，在调查事实、搜集资料。斯固非一手一足之烈，而且非借助于有司或其他团体，则往往不能如意，故学者欲独立任之，其事甚难。"④但顺治、康熙朝以来即已推行日趋严苛的文化高压政策，文网严密，治史招祸的文字狱屡有发生，士子治史常怀审慎和警戒之心，"自汉晋以来二千年，私家史料之缺乏，未有甚于清者。盖缘康、雍、乾间文网太密，史狱屡起，禁书及违碍什九属史部，学者咸有戒心"。加上一批前朝遗民感念故国旧邦以及痛感地方秩序的丧乱，而投身于地方志编纂，编著有相当数量的地方志，推动了清初地方志的发展，成为清代初期方志的重要组成部分。自隋唐以来，史在官家，清代私家撰述数量已远不及前代，这些地方志常能摆脱官修志书的藩篱，亦颇多创见，格外具有价值，"官修之外，有私家著述，性质略与方志同者。此类作品，体例较为资源，故良著往往间出。凡此皆方志之支流与裔……此类书自宋以来已极发达，有清作者，虽无以远过前代，然其间固多佳构，

① 乾隆《襄阳府志》卷首《重修府志序》，国家图书馆藏本。
② 乾隆《枣阳县志》卷首《甘定遇序》，江苏古籍出版社 2001 年版，第 1~2 页。
③ 同治《宜城县志》卷首《鄢都采访记序》，江苏古籍出版社 2001 年版，第 282 页。
④ 梁启超著，朱维铮校注：《中国近三百年学术史》，复旦大学出版社 2015 年版，第 452 页。

或竟出正式方志上也"①。

这一时期，湖北私家方志亦不少，尤其是在鄂东和鄂西地区，参见表 2-1。邓宗启，字开甫，崇祯八年拔贡，明亡不仕，教授为生，撰《施州卫志》。②邹知新，字师可，历任宜城教谕、莱阳知县，后归田，撰《麻城县志》十四卷，"（邹知新）著有《县志》一十四卷，文简事赅，惜未付梓。今志多所取证焉"③。这些私修方志，往往能脱官府桎梏，体例自由，质量较高，不乏名篇，"此类作品，体例较为自由，故良著往往间出"。顺治《江陵志余》，孔自来纂修，征引丰富，"或正史所遗，而出于稗官；或于人所忽，而传于故老；或楚纪、郡乘不载，而遍征于奇书秘籍"④。康熙五十年《竹山县志》，史求忠纂修，为后世修志提供了范本，所获评价甚高，"竹山志书昆仑于华阳史氏，凭空开山，使后人有所依据，以为底本，功伟矣"⑤。童天衢，施州卫人，世袭官职，岁贡，所修《施州卫志》颇称良志，"童天衢，岁贡，纂《卫志》，颇称博恰"⑥。顾天锡避乱昆山，纂《蕲州志》一百卷，"（顾天锡）及避乱昆山，念蕲黄江防重地，著《蕲州志》……其言该博，义主旁通，以其书成一家，故曰顾氏《蕲州志》"⑦。

表 2-1　　　顺治、康熙和雍正时期湖北私家修志概况表

序号	志名	年代	纂修者	卷数	体例	存佚
1	《通城县志》	顺治十年	吴鼎吕	不详	不详	佚
2	《（黄州）郡志注遗》	康熙、雍正年间	张光璧	五卷	不详	佚

① 梁启超著，朱维铮校注：《中国近三百年学术史》，复旦大学出版社 2015 年版，第 454 页。
② 嘉庆《恩施县志》卷三《人物十三》，海南出版社 2001 年版，第 203 页。
③ 光绪《麻城县志》卷二十二《文苑》，武汉大学图书馆藏光绪八年刻本。
④ 顺治《江陵志余》卷首《小引》，江苏古籍出版社 2001 年版，第 381 页。
⑤ 乾隆《竹山县志》卷首《邓光仁序》，国家图书馆藏刻本。
⑥ 同治《增修施南府志》卷二十四《行谊》，武汉大学图书馆藏刻本。
⑦ 康熙《蕲州志》卷十《艺文志》，上海图书馆藏刻本。

序号	志名	年代	纂修者	卷数	体例	存佚
3	《(黄冈)冈邑续志》	康熙、雍正年间	吕德芝	不详	不详	佚
4	《罗田县志》	康熙四年	慕容远	八卷	纲目体	存
5	《麻城县志遗稿》	顺治	周损	不详	不详	佚
6	《麻城县志略》	顺治	邹知新	十四卷	不详	佚
7	《蕲州志补遗》	康熙	张泮	不详	不详	佚
8	《增修随志》	顺治、康熙年间	周宗成	不详	不详	佚
9	《竹山县志》	康熙五十一年	史求忠	不详	不详	佚
10	《江陵志余》	顺治十年	孔自来	十卷	平目体	存
11	《江陵志略》	康熙	张之增	不详	不详	佚
12	《施州卫志》	顺治	邓宗启	不详	不详	佚
13	《施州卫志》	顺治	张延龄	不详	不详	佚
14	《施州卫志》	顺治	童天衢	不详	不详	佚
15	《施州卫志》	顺治	唐箴	不详	不详	佚
16	《施州卫志》	雍正七年	王封镇	不详	不详	佚

(三)体例因袭明代，大多采平目体

　　清代立国初期，各省修志仓促，志书体例以及内容等大多承袭明代方志。顺治十五年、康熙六年，贾汉复在河南巡抚和陕西巡抚任内采用平目体体例先后编纂《河南通志》和《陕西通志》，是清代最早的两部省志，为各地修志提供了式样。为编纂《河南通志》，贾汉复下发清代第一个官方修志文件《修志信牌》，督促河南境内尽快完成新志编纂，"各府、州、县之有志也，其所纪载，不越提封四境之中，而实能备国史之所采择，犹大宗之有小宗焉，犹江海之支流，山岳之崚阜焉，不可废也……及今不图，恐世远言淡，老成凋谢，后来虽欲从事，势必更难，拟合通行急为修纂"①。清廷以《河南通志》《陕西通志》作为范本加以推

---

　　① 顺治《河南通志》卷首《修志信牌》，湖北省图书馆藏本。

行，进一步促使平目体成为清初方志体例的主流。

受到这一风潮的影响，清初三朝湖北方志采用平目体者达到 59 种，约占修志总数的 43.70%，是这一时期诸多体例中最多的。其中较为知名的平目体方志有康熙《湖广通志》、康熙《武昌府志》、康熙《汉阳府志》、康熙《江夏县志》、康熙《兴国州志》等。顺治、康熙和雍正时期湖北方志体例概况见图 2-1。

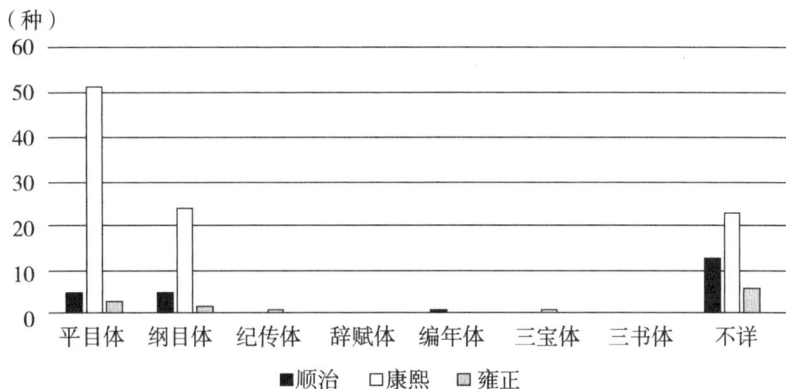

图 2-1　顺治、康熙和雍正时期湖北方志体例概况图

二、兴盛发展：乾隆、嘉庆二朝湖北方志编纂

经过清初数十年的休养生息，至乾隆朝，湖北局势稳定，社会文化、经济也得到相当程度的恢复、发展和繁荣。这一时期，湖北方志数量、修志质量、修志理论等方面也大为发展，呈现兴盛局面。

（一）数量可观、内容丰富

虽然，乾嘉两朝湖北方志总量不及清初三朝之众，但也编有各类方志达 94 种，其中乾隆朝 69 种、嘉庆朝 25 种，属于修志较多的阶段。并且某些方志类型占有一定优势，如省志凡乾隆、嘉庆两次编纂，还出现了道志这一新型方志种类，即乾隆三年《湖北下荆南道志》。由于地方官的重视和士绅的积极参与，一些府州县修志频繁。如《施南府志》，乾隆朝二十一年、四十二年凡两修，相距仅二十年；《崇阳县志》，凡乾隆六年、十七年历经二修，前后相距仅十余年。《归州志》，乾隆五十四、五十五年连续两修。《竹山县志》，乾隆十一年、三十一年、三十七年和五十年凡四修；《郧西县》，乾隆十五年、三十八年凡二修。清初方志卷帙单薄，内容简略，仅载一地之崖略，而乾嘉时期湖北方志卷帙和内容大为丰富。以《黄冈县志》为例，康熙十二年，董元俊修《黄冈县志》，计五卷、约四万字；乾隆二十二年，刘煜、王凤仪纂修《黄冈县志》，增设《学校》《外志》，共二十卷、约五十万字。乾隆五十四年，王正常续修《黄冈县志》，共二十卷、约五十五万字。①

(二)方志质量和修志理论明显提高

相较清初而言，乾嘉时期湖北方志质量得到了普遍提高，恰如梁启超所言："以乾嘉以后诸名志与康雍以前各志相较，乃至与宋元明流传之旧志相较，其进步既不可以道里计，则诸老之努力固未为虚也。"②乾隆二十九年，吴开汧纂《通城县志》十卷，"吴君峨峙志共十卷，计纂至乾隆二十九年止，引据之详，考核之确，较旧志不啻开草昧而启文明。尤喜创陈诸议，申明通之锢弊，其不避嫌忌若此，则所志之足为法戒，鲜所缘饰从可识矣"③。天门县，康熙间凡七年、二十一年两次纂修，然质量皆不高。乾隆三十年，胡翼、章镳、章学诚等重纂，体例谨严，结构合理，质量远优于前志，为清代名志，"体例较前志大异。义例得宜，而合乎提要。较之前志，颠倒杂乱，徇不可同日而语也"④。乾隆《荆门州志》，主修舒成龙广为搜罗资料，征引丰富，"虚心之诚，集材之详，皆可概见"⑤。乾隆十年，知府陈锷主持纂修《襄阳府志》，是时

---

①　湖北省黄冈县地方志编纂委员会：《黄冈县志》，武汉大学出版社1990年版，第527页。

②　梁启超著，朱维铮校注：《中国近三百年学术史》，复旦大学出版社2015年版，第452页。

③　同治《通城县志》卷首《卢殿才序》，江苏古籍出版社2001年版，第249页。

④　《续修四库全书总目提要》(十八)，齐鲁书社1996年版，第610页。

⑤　嘉庆《荆门直隶州志》卷首《卢殿才序》，武汉大学图书馆藏本。

距康熙十一年杜养性篡修府志已有八十余年未修，且前志错讹疏漏尤多，邑中文献散失严重，修志难度亦较大。陈锷遍考文征，悉心考订，乃成一编，在湖北诸志中，仅次于荆州，而较他志为佳。①

(三)志书编纂监管日趋强化

乾隆朝，尤其是晚期，屡兴文字大狱，严禁私修方志，严格稽查新旧志书，层层审核官修方志内容，全过程加强对方志的监督和控制。

乾隆三十一年二月，大学士傅恒奏请各地新修志书交予学政审核，才能刊刻"查各省向例原有于学臣莅时呈送志书之事，应令学臣不拘时日，悉心查核，遇有实在是非倒置者，即饬令地方官删改，仍咨明督抚会同办理。其有现在修辑之志书，亦令学政查核，再行刊刻"②。乾隆四十三年，湖广总督三宝则建议实行更为严格出版政策：

> 请嗣后直省士子，除家弦户诵之经书及试艺程文听其刊刻印刷外，其学问渊深之士，如有记载及自著艺文等书，有欲付梓者，先录正、副二本，送本籍教官转呈学臣核定，其书果无纰谬，有裨世学者，方准刊行。倘不呈官核定，私行刊刻者，即无违碍字句，亦令地方官严行禁毁，如有诞妄不经之辞，即从重究治，并令地方官出示晓谕刻字工匠，凡遇刊刻书籍，必须查明该书上有钤盖学臣印信者，始准刊副。庶邪说诬民之徒知所敛戢，于世道人心不无裨益。③

乾隆四十四年十一月，安徽巡抚闵鹗奏请"各省郡邑志书内，如有登载应销各书名目，及悖妄著书人诗文者，一概俱行铲削，俾不致流传

---

① 金恩辉、胡述兆：《中国地方志总目提要》(下)，台湾汉美图书有限公司1996年版，第16页。
② 乾隆《常昭合志》卷末《总叙》，国家图书馆藏本。
③ 张书才：《纂修四库全书档案》(上)，上海古籍出版社1997年版，第797页。

贻祸"①。乾隆帝十分重视，要求各督抚负责落实，务必查明，并销毁违禁内容，"所奏甚是，钱谦益、屈大均、金堡等所撰诗文，久经饬禁，以裨世教而正人心。今各省郡邑志书内，往往于名胜古迹编入伊等诗文，而人物、艺文门内并载其生平事实及所著书目，自应逐加删削，以杜谬妄……着传谕各督抚将省志及府志、县志悉心查核。其中如有应禁诗文，而志内尚复采录，并及其人事实、书目者，均详细查明，概予芟节，不得草率从事，致有疏漏"②。

乾隆五十二年，湖北巡抚姜晟檄命所属府县尽快删除方志违例处，"先是前令谢公奉姜大中丞删削违碍之檄"③。在严格的督促之下，湖北各地不仅对新修志书加以把关，旧修方志也遭到严重窜改、删削，甚至废弃旧志而重纂书的现象屡有发生。

乾隆十四年《黄州府志》虽修在乾隆禁书令之前，亦未能幸免，多处遭到剜板，如《人物志·文苑》第十四页剜去有关明遗民内容十行、《宦迹下》第十一页剜去十四行。

乾隆五十四年纂修《黄冈县志》，对旧志进行了删除、整改，"按年续入，条目仍旧，而违制则芟之"④。

乾隆五十二年知县叶治始标出乾隆六年《钟祥县志》不合体例处，并予以删减，"高志文字点画抬写避讳之处辄多未合，且斟酌词意，暨诗文宜载宜删，犹欠审当，经前任邑侯南皮叶公细签标出，如式检点"⑤。

广济旧志，多有违制者，乾隆五十八年重修新志，"维时州县旧志，均有应行避讳之处，下令改修……前任未之及焉。堤工甫毕，详加

①　张书才：《纂修四库全书档案》（上），上海古籍出版社 1997 年版，第 1129 页。

②　张书才：《纂修四库全书档案》（上），上海古籍出版社 1997 年版，第 1129 页。

③　乾隆《蕲水县志》卷首《序》，海南出版社 2001 年版，第 2 页。

④　乾隆《黄冈县志》卷首《续修黄冈县志序》，海南出版社 2001 年版，第 1 页。

⑤　乾隆《钟祥县志》卷首《凡例》，江苏古籍出版社 2001 年版，第 69 页。

校阅，广文刘午桥互相参订，虽铲削苟完，而大体究未允协，午桥及诸绅士金称志已历今四十余年矣，为重备之请。年来己酉、壬子两与秋闱，中间亦苦无宁日，昨岁大府开局纂修通志，饬令各州县属博采旁搜，遂进诸绅士，而言曰重修之举，及此时也"[1]。

章学诚《湖北通志》为一代名志，但该书为明末政治集团"复社"作传，鼓吹"诸君子文章、风节、气谊之高，求之古人，往往不愧"。当时即有反对者言："上谕屡禁朋党，岂可为复社作传?"[2]是书语涉干碍，而支持者湖广总督毕沅去任，因而未得刊行，甚至原稿也失佚，所幸章学诚曾誊录有副本，得以流传。

三、低迷阶段：道光、咸丰时期湖北方志编纂

道光、咸丰朝，国力由盛转衰进程，加快财赋收入日减，特别是咸丰朝内忧外患愈演愈烈，政治局面每况愈下，处于各种矛盾和冲突相当尖锐的时期，地方志的编纂也受到冲击和影响。

咸丰元年，知县李焕春谋划修志，然以经费困难而作罢：

> 长乐将终无志乎哉！春因是慨然兴编辑之念，为引示阖邑士民，自夏徂冬无一应者。辛亥春正，商诸学博潘君，命集各绅士谋之，金以经费无出为辞，而春念亦收息矣。秋九月，少尹张君复怂恿其事，春念又与再集各绅士谋之，已定分修采访诸色人矣，而又以十一月为期。至期，竟无一至者。春念又将息矣。[3]

局势的动荡，经费筹集的困难以及地方官的不作为，使得这一阶段湖北方志编纂数量急剧减少，道光朝修有 31 种，咸丰朝进一步减少为 10 种，为清代修志最少的阶段，处于相对沉寂时期。这一时期，湖北

①　乾隆《广济县志》卷首《黄垲序》，故宫博物院藏刻本。
②　章学诚：《湖北通志检存稿》卷二《复社名士传》，湖北教育出版社 2002 年版，第 125 页。
③　咸丰《长乐县志》卷首《李焕春序》，湖南省图书馆藏本。

所修方志类别来看，府志 2 种、州志 6 种、县志 32 种、乡土志 1 种，各类方志远远少于清代其他时期，参见图 2-2。

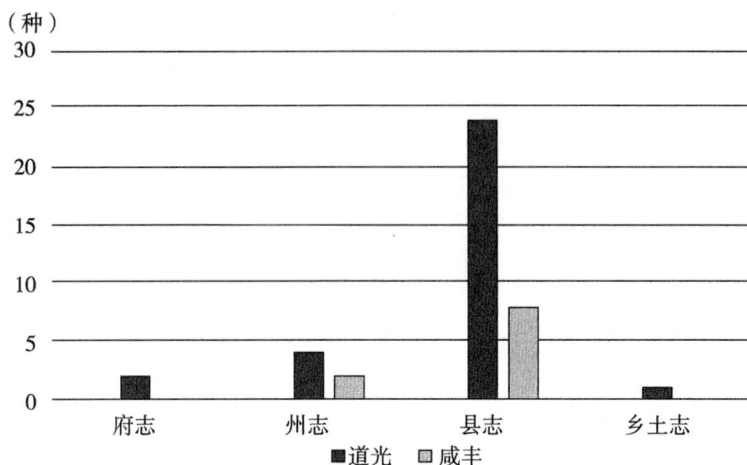

图 2-2　道光、咸丰时期湖北方志种类分布图

从体例来看，这一时期湖北方志主要有纲目体、纪传体、平目体，延续了乾隆朝纲目体为主要志例的传统，但亦有所创新，出现了辞赋体等。其中，纲目体方志最多有 18 种，约占 43.9%，远远超过其他体例；其次是平目体、纪传体，为 4 种；再次是辞赋体 1 种、三宝体 1 种。另外，有 13 种志书由于资料不足，难以判断志体。具体详见表 2-2。

表 2-2　　　　　　　　道光、咸丰时期湖北方志体例分布表　　　　　　（种）

地区 \ 志体朝代	纲目体		平目体		辞赋体		纪传体		三宝体		不详		汇总
	道光	咸丰	道光	咸丰	道光	咸丰	道光	咸丰	道光	咸丰	道光	咸丰	
武昌府	0	0	1	0	0	0	3	0	0	0	1	0	5
汉阳府	0	0	1	0	0	0	0	0	0	0	0	0	1
黄州府	2	1	2	0	0	0	0	0	0	0	2	0	7
襄阳府	1	1	0	0	1	0	0	0	0	0	3	1	7

地区 \ 朝代 \ 志体	纲目体		平目体		辞赋体		纪传体		三宝体		不详		汇总
	道光	咸丰	道光	咸丰	道光	咸丰	道光	咸丰	道光	咸丰	道光	咸丰	
安陆府	1	0	0	0	0	0	0	0	0	0	1	1	3
德安府	2	1	0	0	0	0	0	0	0	0	0	1	4
郧阳府	1	0	0	0	0	0	0	1	1	0	1	0	4
荆州府	1	0	0	0	0	0	0	0	0	0	1	0	2
宜昌府	2	1	0	0	0	0	0	0	0	0	0	0	3
施南府	2	0	0	0	0	0	0	0	0	0	0	0	2
荆门州	0	2	0	0	0	0	0	0	0	0	1	0	3
汇总	12	6	4	0	1	0	3	1	1	0	10	3	0
	18		4		1		4		1		13		41

四、活跃与嬗变：同治至宣统朝的湖北地方志编纂

自同治中叶太平天国及捻军起义失败以后，统治者标榜"中兴"，倡导文治，借修志藻饰太平；一批官绅地主试图通过修志炫耀镇压农民起义军的"勋劳"；适时光绪帝亦修撰《会典》，诏谕各地修志以为参考。[1] 故而，同光宣三朝五十年，地方志编纂再度活跃，各地共修省府州县志1164种，平均每年即有23种，超过清代任何一个阶段，属于极为活跃的时期[2]

同治朝，尤其是同治七年以后，湖北境内的太平军及捻军基本平定，社会局势渐趋稳定，修志活动呈现有组织性，并掀起一股热潮。同光宣三朝，湖北共计修志一百三十种，几占整个清代湖北所修方志总量的三分之一，是清代修志数量相当丰富的阶段。

从朝代来看，同治朝最多，为67种；其次是光绪朝，有57种，再

---

① 邸富生：《试论清代方志的编修》，《辽宁师范大学学报》1986年第4期。

② 吴平、钱荣贵：《中国编辑思想发展史》，武汉大学出版社2014年版，第927页。

者是宣统朝 6 种。同治、光绪两朝也是清代历朝中修志数量仅次于康熙、乾隆时期的朝代。从方志种类来看，省志、府志、县志、乡土志为主要种类，其中县志数量最多，有 92 种；其次是州志，为 18 种；再者是府志 11 种、乡土志 6 种、省志 3 种，参见表 2-3。

表 2-3　　　　同治、光绪和宣统时期湖北方志种类概况表　　　　（种）

朝代＼种类	省志	府志	州志	县志	乡土志	汇总
同治	0	4	6	57	0	67
光绪	2	6	12	34	3	57
宣统	1	1	0	1	3	6
汇总	3	11	18	92	6	130

从体例来看，这一时期湖北方志主要有纲目体、平目体、纪传体。其中，纲目志书数量最多，为 96 种，占总量的 73.84%；次之为平目体，为 8 种，约占总量的 6.15%。最后为纪传体，为 6 种，占总量的 4.62%。另外由于方志散佚严重，志体不详者，达 20 种，占总量的 15.38%，参见表 2-4。

表 2-4　　　　同治、光绪和宣统时期湖北方志体例概况表　　　　（种）

地区＼志体／朝代	纲目体			平目体			纪传体			不详			汇总
	同治	光绪	宣统	同治	光绪	宣统	同治	光绪	宣统	同治	光绪	宣统	
省志	0	1	1	0	0	0	0	0	0	0	1	0	21
武昌府	8	7	2	1	2	0	0	0	0	0	1	0	14
汉阳府	2	4	0	0	0	0	1	0	0	3	4	0	14
黄州府	3	7	2	1	0	0	0	1	0	0	0	0	6
德安府	1	3	0	1	0	0	0	0	0	1	0	0	13
襄阳府	5	4	0	1	2	0	0	0	0	0	1	0	9

续表

志体 朝代 地区	纲目体			平目体			纪传体			不详			汇总
	同治	光绪	宣统	同治	光绪	宣统	同治	光绪	宣统	同治	光绪	宣统	
郧阳府	8	1	0	0	0	0	0	0	0	0	0	0	4
安陆府	1	2	0	0	0	0	0	0	0	0	0	0	14
荆州府	6	4	0	0	0	0	0	1	0	1	1	0	14
宜昌府	7	3	0	0	0	0	1	2	0	1	0	0	14
施南府	7	2	0	0	0	0	0	0	0	5	0	0	4
荆门州	3	1	0	0	0	0	0	0	0	0	0	0	3
汇总	51	39	6	4	4	0	2	4	0	11	9	0	130
	96			8			6			20			

同治和光绪初年，湖北方志理论和方法并无较大发展，在内容上突出宣扬忠孝、节义，以重教化和重构社会秩序。同治《保康县志》胪列咸丰、同治年间战死者达到五百多人。同治《长乐县志》也尽力搜集节烈，"复虑近岁节烈历久，或湮没弗彰，详慎采录续登之"①。同治《随州志》则详为登载殁于咸同战事之忠勇、烈女，所占篇幅近占全书的三分之一。光绪《潜江县志》胪列烈女过多，占全书人物志之大半，为甘鹏云批评："潜江当兵冲，乡团之战死者，妇女之被兵死者，约计四五千人。按名列入，不几同点鬼簿乎？"②

甲午战败后，国势益衰，民族危机加剧，光绪二十九年，张百熙、张之洞拟定《奏定学堂章程》明确规定初等小学堂第一、二年讲乡土之道里、建置、附近之山水以及本地先贤之祠庙遗迹等类，以激励民心。光绪三十一年，清廷编订《乡土志例》，由学部下发各省，命令各属县遵照执行，作为全国编纂乡土史志教材的指导方案。

具体到湖北省而言，光绪三十年学政黄绍箕奉诏令各地修乡土志，

① 同治《长乐县志》卷首《龙兆霖序》，江苏古籍出版社 2001 年版，第 99 页。

② 甘鹏云：《潜江旧闻录》，湖北教育出版社 2002 年版，第 115 页。

"光绪甲辰年，前楚北提学使瑞安黄仲韬学士奏奉明诏敕直省都邑各编乡土志"①。该阶段共计纂修乡土志 8 种，其中光绪朝 5 种、宣统朝 3 种。乡土志在因袭前代旧志内容的基础上，但也呈现了新的因素，开始关注宗教、商业、实业内容等。如宣统《黄安乡土志》，黄安知县陈潼撰，上卷有《本境历史》《政绩录》《兵事录》《耆旧录》《人类》《户口》，下卷有《氏族》《宗教》《实业》《地理》《山》《水》《道路》《物产》《商务》等计十六目，共八万余字。相对前志而言，该志尤为突出的是新增实业、宗教和商务等内容，其中实业载该县士农渔商各行业人员规模，于棉花、医药买卖以及新兴手工业等记载稍详；宗教载清末黄安县教堂、信众规模等天主教、耶稣教传播概况；商业主要记载该县牲畜、农产、矿产等大小宗商品输入与输出状况。

第二节　清代湖北方志种类

方志种类，即方志的类别。方志种类，不是一成不变的，而是随着社会生活、科学技术和方志事业本身的发展而不断增多。② 清人储元升将地方志分为一统志、通志、府志、县志 4 类。近人朱士嘉曾指出："方志各依历代地理沿革之不同而异其种类，凡得二十二种……通志、都会志、路志、府志、道志、直隶厅志、厅志、直隶州志、州志、军志、监志、卫志、守卫所志、宣慰司志、关之、县志、设治局志、镇志、乡土志、乡志、里志、村志。此外，尚有山、水、湖、堤、寺、书院、桥、亭、泉等志书，非方志嫡系也。"③地方志种类，按照其记载区域范围可以分为总志、通志、都邑志、厅府州县志、区志、里志、边关志等数种。按照其编纂内容，可以分为综合性方志和专门类方志。清代湖北方志种类也较为丰富，具体来说综合类方志有省志、府州县志、道

---

① 宣统《黄安乡土志》卷首《黄安乡土志叙》，国家图书馆藏本。
② 黄苇：《方志学》，复旦大学出版社 1993 年版，第 23 页。
③ 朱士嘉：《朱士嘉方志文集》，北京燕山出版社 1991 年版，第 44~52 页。

志、土司志、卫所志等，而专门类方志则有书院志、堤防志、寺观志、山水志等。

一、通志

通志又称省志，以一省为记述范围的志书。湖北省志最早起源于明代，有湖广提学副使薛纲修、右都御史吴廷举续修《湖广图经志书》二十卷，嘉定县人徐学谟《湖广总志》九十八卷等。至清代，始以通志命名省志。有清一朝，湖北先后七次编纂省志：康熙二十三年《湖广通志》八卷，总督徐国相、巡抚王新命修、姚淳焘、宫梦仁纂；雍正十一年《湖广通志》八卷，总督迈柱修、孝感人夏力恕、柯煜纂；乾隆《湖北通志》，湖广总督毕沅、会稽人章学诚纂修；嘉庆《湖北通志》一百卷，吴熊光、百龄修、陈诗纂；光绪《湖北通志余稿》二十六卷，洪良品撰；《湖北通志舆地志稿》十二册，杨守敬撰；宣统《湖北通志》一百七十二卷，张仲炘、杨承禧修。通志，为一省之大志，内容丰富，门类繁杂，所靡费的人力、物力和财力，远远超过府州县志，非得官方组织。就湖北七部通志而言，康熙朝一种、雍正朝一种、乾隆朝二种、嘉庆朝一种、光绪朝二种、宣统朝一种，都是在官方组织之下，或者编纂者曾有预修其他通志的经验和便利条件而纂修成功，见表2-5。

表2-5　　　　　　　清代湖北省志年代、体例概况表　　　　（种）

	平目	纲目	三书	纪传体	不详	合计
顺治	0	0	0	0	0	0
康熙	1	0	0	0	0	1
雍正	1	0	0	0	0	1
乾隆	0	0	1	0	0	1
嘉庆	0	0	0	1	0	1
道光	0	0	0	0	0	0
咸丰	0	0	0	0	0	0

续表

	平目	纲目	三书	纪传体	不详	合计
同治	0	0	0	0	0	0
光绪	0	1	0	0	1	2
宣统	0	0	0	1	0	1
合计	2	1	1	2	1	7

二、道志

道，在明代原为临时差遣的监察区，至清代则成为正式职官建制。具体来说，有分巡道和分守道。乾隆年间，分守道、分巡道成为固定官职，是介于省府之间的一级行政机构。清代湖北设有督理盐法分守武昌道、分巡汉黄德道、安襄郧荆兵备道、分巡荆宜施兵备道、施鹤兵备道、巡警道、劝业道等。① 清代方志编纂数量宏富，但以道为单位编纂的地方志则较少，目前流传的仅有《湖北下荆南道志》《新疆四道志》《归绥道志》等，是现存方志中数量最少的志种。其中，乾隆《湖北下荆南道志》，二十八卷，鲁之裕、靖道谟纂修，是目前现存最早的道志。

三、府州县志

府州县志，即以府、州、县为记载范围的志书。府州县志是地方志的主流，为省志、《清一统志》的编修奠定必要基础和条件，"盖文墨之事，无论精粗大小，各有题目，古人所谓文质相宜。如考试诗文，稍并不如题，即非佳文。修书亦如是。如修通部通志，必集所部府州而成……今之通志，与府州县志皆可互相分合者也，既可互相分合，亦可互相有无"②。府州县志也是诸多方志类型中规模最大、数量最多的志

---

① 罗运环等：《荆楚建制沿革》，武汉出版社 2013 年版，第 157 页。
② 章学诚著，仓修良编注：《文史通义新编新注》外编四《方志辨体》，商务印书馆 2017 年版，第 871 页。

种，其编纂水平和发展程度是一个历史时期和阶段修志水平直接的反映。

(一)府志

府志，又称郡志、郡书，记载一府之内各种人、事、物的志书。①唐时始创府的建制，辛亥革命后取消。清代，府为二级地方行政区划。明清时期，湖北各府建制稍有变化。明末，李自成、张献忠等农民军一度占据湖北，将襄阳府改为襄京，承天府改为扬武州，武昌府改为天授府。清军统治湖北后，对明代建制加以继承和稍有改革，改承天府为安陆府，增设宜昌府和施南府，府级建制达十个。有清一朝，湖北各地编纂府志共计35种。具体概况如表2-6。

表2-6　　　　　　　　清代湖北府志时空分布表　　　　　　　（种）

地区\朝代	武昌府	汉阳府	黄州府	德安府	襄阳府	郧阳府	安陆府	荆州府	宜昌府	施南府	汇总
顺治	0	0	0	0	1	0	0	0	0	0	1
康熙	2	1	2	1	1	3	1	1	0	0	12
雍正	0	0	0	0	0	0	0	0	0	0	0
乾隆	0	1	1	0	1	0	0	1	0	2	6
嘉庆	0	0	0	0	0	2	0	0	0	0	2
道光	0	0	0	0	0	1	0	0	0	1	2
咸丰	0	0	0	0	0	0	0	0	0	0	0
同治	0	0	0	0	0	1	0	0	2	1	4
光绪	0	0	1	1	1	0	0	2	0	1	6
宣统	0	0	1	0	0	0	0	0	0	0	1
不详	0	0	0	0	0	0	0	0	1	0	1
汇总	2	2	5	2	5	6	1	4	3	5	35

湖北各府所修府志在时间和空间上具有一定的规律性，大抵文化较为繁盛的大府和社会环境较为安定的时期所修数量较多。从空间来看，

---

① 黄苇：《方志学》，复旦大学出版社1993年版，第42页。

最多者为郧阳府志，为 6 种，后依次是黄州府志 5 种、襄阳府志 5 种、施南府志 5 种、荆州府志 4 种、宜昌府志 3 种、武昌府志 2 种、汉阳府志 2 种、德安府志 2 种，最少的是安陆府志，仅有 1 种；从时间来看，修志最多的是康熙朝，达 12 种；其次是乾隆、光绪朝，各修有府志 6 种；再次是同治朝 4 种、道光朝 2 种、嘉庆朝 2 种、顺治朝 1 种、宣统朝 1 种，而雍正朝、咸丰朝则未曾修纂府志。另外，尚有不详编修年代的府志 1 种，即甘如梅纂修《郡志草本》，根据史料推断，成书年代应在雍正、乾隆年间。

从体例上来看，清代湖北府志志体较为丰富，有平目体、纲目体、纪传体、辞赋等。其中，纲目体志书最多，为 19 种；其次是平目体，有 7 种；后依次是纪传体 2 种，辞赋体 1 种，参见表 2-7。值得注意的是，清代湖北府志采用平目体者集中在顺治、康熙两朝，应是受到明代志书、贾汉复《陕西通志》《河南通志》的影响以及新朝甫立诸事简要之故。而后，由于社会经济的发展，一府应载的内容日趋丰富和名目也加以繁多，平目体结构松散、无有统属的弊端更为凸显，难以满足现实的需要，而遭到修志者的摒弃。

表 2-7　　　　　　清代湖北府志年代、志体分布表　　　　　（种）

志体 朝代	平目体	纲目体	纪传体	辞赋体	不详	总计
顺治	1	0	0	0	0	1
康熙	6	4	0	0	2	12
雍正	0	0	0	0	0	0
乾隆	0	4	0	0	2	6
嘉庆	0	2	0	0	0	2
道光	0	1	0	1	0	2
咸丰	0	0	0	0	0	0
同治	0	3	0	0	1	4

续表

朝代＼志体	平目体	纲目体	纪传体	辞赋体	不详	总计
光绪	0	4	2	0	0	6
宣统	0	1	0	0	0	1
不详	0	0	0	0	1	1
总计	7	19	2	1	6	35

(二) 州志

州志即以州为记述区域的方志。东汉中平五年，州为地方最高行政区划，唐宋以后降为二级。元、明两朝分为直隶州和散州两种。清代仍之。清代湖北布政司下辖直隶州一个，即荆门直隶州，而分属州则有武昌府兴国州、汉阳府沔阳州、黄州府蕲州、德安府随州、襄阳府均州、宜昌府归州，以及清初承袭明制、后升为府的彝陵州，原属宜昌府、光绪年间升为直隶厅的鹤峰州以及原属安陆府、乾隆五十六年升为直隶州的荆门州等九个。有清一朝，湖北共计编纂州志 50 种，具体概况详见表 2-8。

表 2-8　　　　　清代湖北州志编纂概况表　　　　　（种）

朝代＼地区	兴国州	沔阳州	蕲州	随州	均州	归州	彝陵州	鹤峰州	荆门州	汇总
顺治	0	0	1	1	0	0	0	0	0	2
康熙	1	3	2	1	2	2	1	0	1	13
雍正	1	0	0	0	0	0	0	0	0	1
乾隆	0	1	1	1	0	2	0	1	1	7
嘉庆	0	0	0	0	0	1	0	0	1	2
道光	1	0	1	0	0	0	0	1	1	4
咸丰	0	0	1	0	0	0	0	0	1	2

续表

地区 朝代	兴国州	沔阳州	蕲州	随州	均州	归州	彝陵州	鹤峰州	荆门州	汇总
同治	1	1	0	1	0	1	0	1	1	6
光绪	3	4	1	0	1	2	0	1	0	12
宣统	0	0	0	0	0	0	0	0	0	0
不详	0	1	0	0	0	0	0	0	0	1
汇总	7	10	7	4	3	8	1	4	6	50

从各州修志数量来看，修志最多的是沔阳州志 10 种，其次是归州志 8 种、兴国州志 7 种、蕲州志 7 种、荆门州志 6 种、鹤峰州志 4 种、随州志 4 种、均州志 3 种、彝陵州志 1 种等；从时间来看，府志主要集中在康熙、光绪两朝，合计有 25 种，占清代湖北州志总量的 50%。具体来说，修有府志最多的是康熙朝，达 13 种，其次是光绪朝 12 种、乾隆朝 7 种、同治朝 6 种、道光朝 4 种、顺治朝 2 种、咸丰朝 2 种、嘉庆朝 2 种、雍正朝 1 种，而宣统朝无有州志编纂，另外有不详年代州志 1 种，即费楚玉《沔阳州志稿》，根据史料，编修年代应为咸丰、同治年间。

从体例来看，清代湖北州志有平目体、纲目体、纪传体、编年体等，其中以平目体、纲目体为主，采用这两种志体的州志共计 36 种，占全部州志的 72%。就具体各类州志数量而言，平目体有 14 种、纲目体 22 种、纪传体 1 种、编年体 1 种。另外，由于清代大量州志散佚，难以判断志体者有 12 种，参见表 2-9。

表 2-9　　　　　　**清代湖北州志年代、志体概况表**　　　　（种）

志体 朝代	平目体	纲目体	纪传体	编年体	不详	汇总
顺治	0	0	0	1	1	2
康熙	10	1	0	0	2	13

续表

志体\朝代	平目体	纲目体	纪传体	编年体	不详	汇总
雍正	1	0	0	0	0	1
乾隆	2	5	0	0	0	7
嘉庆	0	2	0	0	0	2
道光	0	1	0	0	3	4
咸丰	0	2	0	0	0	2
同治	0	5	0	0	1	6
光绪	1	6	1	0	4	12
宣统	0	0	0	0	0	0
不详	0	0	0	0	1	1
汇总	14	22	1	1	12	50

(三) 县志

县志即以县为记述范围的方志。清代湖北布政司各府州厅下辖共有六十县, 以及民国时期划归的英山县, 计六十一县。有清一朝, 湖北地区共计修县志 297 种, 是诸类方志中数量最多者。

从修志年代来看, 康熙朝、乾隆朝、同治朝以及光绪朝所修的志书数量较为宏富, 合计修有 202 种, 约占清代总数的 68%。具体来说, 康熙朝修县志 71 种、其次是同治朝 57 种、乾隆朝 54 种、光绪朝为 34 种。后依次为道光朝 24 种、嘉庆朝 20 种、顺治 17 种; 再次为咸丰朝 8 种、雍正朝 7 种、宣统朝 1 种。另外, 还有 4 种方志难以断定其撰写年代。

从体例上来看, 清代湖北县志体例较为丰富, 有平目体、纲目体、纪传体、辞赋体、三宝体等, 可见县志在体例选择上具有一定的灵活性和便宜性。其中, 县志采用纲目体者最多, 为 135 种; 其次为平目体, 60 种; 后依次为三宝体 3 种、辞赋体 1 种, 参见表 2-10。

表 2-10　　　　　　　**清代湖北县志年代、志体分布表**　　　　　（种）

志体\朝代	平目体	纲目体	纪传体	辞赋体	三宝体	不详	汇总
顺治	4	5	0	0	0	8	17
康熙	31	19	1	0	1	19	71
雍正	1	1	0	0	0	5	7
乾隆	12	21	6	0	1	14	54
嘉庆	1	6	0	1	0	12	20
道光	4	9	3	0	1	7	24
咸丰	0	4	1	0	0	3	8
同治	2	44	2	0	0	9	57
光绪	5	25	1	0	0	3	34
宣统	0	1	0	0	0	0	1
不详	0	0	0	0	0	4	4
汇总	60	135	14	1	3	84	297

　　从修志频率来看，清代每县平均修有 4.79 种志书。其中不乏清一朝凡八九次纂修县志者。如竹山县，康熙二十一年、五十一年，乾隆十一年、三十一年、三十七年、五十七年，嘉庆十年，咸丰九年和同治四年等皆有志稿，凡九次修纂；保康、建始、谷城三县亦修有 8 种县志。孝感、汉川、麻城、英山则有 7 种县志。当然，也有一些县由于诸多原因所修清代志书甚少，如宜都县、巴东县、恩施县等仅纂修二次，光化、郧县、咸宁、安陆、东湖等也只有 3 种志书。但总体上来说，清代湖北各县大多具有一定的修志自觉性和警醒意识，大多修有四五种县志，在某种程度上有意识或无意识地落实"志书凡六十年一修"的制度，为《清一统志》、省府志所取材，保存了大量珍贵的基础性资料。

　　四、卫所志

　　卫所志即以卫、所为记载对象的方志。卫所志是一种综合性志书，

（种）

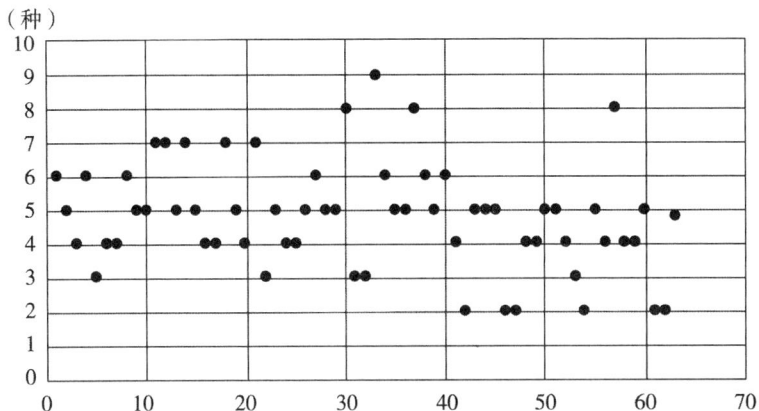

图 2-3　清代湖北各县志书数量离散图

与山水志、书院志、寺庙志等专门性方志不同，所载对象卫所是与府州县对等的地理单位。明代在要害处设置卫所，"度要害地，系一郡者设所，连郡者设卫"①，乃至"自京师达于郡县，皆立卫所"②。明代湖广都指挥使司、湖广行都司以及兴都留守司等辖管数量不等的卫所。至清代，尚有一些卫所遗存下来。不过，卫所职能发生了较大的变化，原来的政治防护、军事镇守等功能基本失去，而突出漕运、屯田等经济作用。如荆州卫，洪武二十三年置，成化十三年改属行都司，至清代则改世官为流官，主要负责屯田、漕运等事宜，"我朝定鼎，因其旧制而损益之，易世官而置一守，守无学校、讼狱、捕奸究严捍御之责，而惟以司屯田为专务，且寄之以漕"③。

有清一朝，湖北计有卫所志 7 种（参见表 2-11），其中《施州卫志》凡五修，分别为邓宗启、张延龄、童天衢和唐箴以及王封镇纂修，所惜诸志亡佚。目前湖北现存卫志有两种，即康熙十二年《荆州卫志》、康熙二十二年《荆州右卫志》。两志成书于康熙前期，应康熙十一年诏令

①　《明史》卷九十《兵二》，中华书局 1974 年版，第 2193 页。
②　《明史》卷八十九《兵一》，中华书局 1974 年版，第 2175 页。
③　康熙《荆州卫志》卷首《凡例》，天津古籍出版社 2016 年版，第 602 页。

而编纂，"康熙十一年特允阁臣之奏，分命各省府州县卫并修志书"①。二书有康熙刻本传世，国家图书馆馆藏，为中华善本古籍。

表 2-11　　　　清代湖北卫所志年代、志体概况表　　　　（种）

志体 朝代	平目体	不详	合计
顺治	0	4	4
康熙	2	0	2
雍正	0	1	1
合计	2	5	7

康熙十二年《荆州卫志》，王斌纂修。王斌，安徽泾县人，辛丑年武进士，康熙十一年任荆州卫守备。该志仿清初《陕西通志》体例采用平目体，因清代卫所职能发生变化，由流官代替世官，仅有屯田、漕运等职能，故而卫志未设学校、关隘、驿站等次目，形胜、星野、城池、官廨等皆在府志有所记载，故而未设此名目，故而分有《建置》《山川》《城池》《风俗》《卫治》《地亩》《户口》《徭赋》《俸食》《漕运》《隄防》《古迹》《寺观》《卫守》《屯所》《世职》《科甲》《武科甲》《贡士》《忠臣》《孝子》《节烈》《艺文》等二十三次目。

荆州卫在康熙之前皆未曾编纂方志，颇具开创之功。是志内容较为简略，仅有一卷，约三万字，"山川、古迹、人物之类皆取什一于千百，各立一引，阅者反博而就约，以得所指归焉。他如畎地钱粮官廨等无烦意断，摘其大要而录之，开卷瞭然矣"②。然取材较为严谨，注重实地考察，无可征信者不录，"志以记事，取可信儿可传，故其为辞毋

---

① 乾隆《威海卫志序》，转引自郭红：《别具特色的地理单元的体现——明清卫所方志》，《中国地方志》2003 年第 2 期。

② 《荆州卫志》卷首《凡例》，天津古籍出版社 2016 年版，第 602 页。

贵铺张以惊耳目，兹所订载悉从实地实人实事，识者鉴之"①。于山川、地亩、徭赋、漕运等记载甚详，颇具史料价值。

是志亦不无瑕疵，《荆州卫志》多收守备王斌诗文著作，且内容过于简略，疏漏不少。

五、土司志

土司志，也称土司司所志，多为少数民族地区土司所主修。②清初，在少数民族聚居区承袭了明代以来的土司制度，对归降者授以原官。鄂西有十九土司之称③，具体来说，鄂西地区有容美宣慰司、忠建宣抚司、散毛宣抚司、施南宣抚司、漫水宣抚司、忠峒安抚司、东流安抚司、东乡安抚司、沙溪安抚司、卯峒长官司、蜡壁长官司、剑南长官司等。清代湖北共修土司志 1 种，即康熙五十八年《卯峒土司志》。

六、乡土志

目前所知最早的乡土志应属南宋绍定三年常裳所纂《澉水志》④，但当时乡土志并不流行。鸦片战争以后，特别是清末时期，国家内外交困，改革的呼声愈演愈烈，而仿照西方范式改革以往教育内容和课程设置亦为激烈。光绪二十八年七月，清王朝颁布中国第一部学制，即壬寅学制，规定初等小学第二学年"舆地"讲"本乡各境、本县各境"；第三年"舆地"讲授"本府各境"，将乡土课程内容纳入教学范畴，对乡土志的编纂起到了一定推动作用。光绪二十九年，又提出新的要求，即"一

---

①　《荆州卫志》卷首《凡例》，天津古籍出版社 2016 年版，第 602 页。

②　《中国方志大辞典》，浙江人民出版社 1988 年版，第 5 页。

③　《朱批谕旨》第五十四册，转引自吴永章：《鄂西民族地区发展史》，民族出版社 2007 年版，第 179 页。

④　范学宗：《乡土志浅谈》，《中国地方史志论丛》，中华书局 1984 年版。由于对乡土志定义的分歧，学界对乡土志起源何时也存在异见，苏松平认为最早的乡土志可以追溯到光绪五年吴大猷所修《保德州乡土志》(苏松平：《方志发展史》，浙江大学出版社 2013 年版，第 112 页)，而巴兆祥则提出首部乡土志应为 1898 年蔡和铿所编《浙江乡土教科书》。

二年级历史课学习乡土大端故事及本地古先名人之事实；地理课学习乡土之道里、建置，附近山水，次及本地先贤之祠庙遗迹等类；三年级历史学习历代国号、圣主贤君之大事，地理课学习本县、本府、本省之地理、山水，中国地理之大概"。为了适应各地编纂乡土教材的需要，光绪三十一年，侍读学士黄绍箕上呈《学务大臣奏据编书局监督编成乡土志例目拟通饬编辑片》(简称《乡土志例目》)，由光绪帝下旨颁发，通行全国。社会各界亦普遍强烈要求编纂乡土志，适应新的形势需要。次年，国学保存会在《编辑十八行省乡土历史、地理、格致小学教科书兼办(神州乡土教育杂志)》报告中更明确指出："小学一级为国民之基础。泰西各国教育咸注重乡土史志。"①

　　在各级官员的督促和指导下，各地乡土志的编纂呈现高潮。根据巴兆祥教授统计，应有 467 种，而王兴亮则指出清代光绪、宣统年间共计编修乡土志 484 种。② 上述两位学者的统计建立在《中国地方志联合目录》《中国地方志总目提要》《〈中国地方志总目提要〉补遗》等基础之上，未能全面考察新旧志书、档案文集、家谱等文献资料，故而也不十分准确。据笔者估计，若全盘梳理相关资料，清代全国乡土志数量应该在 500 种以上。

　　具体到湖北一省乡土志而言，统计也有不少遗漏。王兴亮认为清代湖北编有 4 种③，而实际除去一些乡土教材外，最少曾编纂过 7 种乡土志④，即道光《襄阳必告录》七卷，周凯纂；光绪《宜城县乡土志》、光

---

　　①　转引自郭双林：《西潮激荡下的晚清地理书》，北京大学出版社 2000 年版，第 191 页。

　　②　王兴亮：《乡土志研究综述》，《新世纪图书馆》2011 年第 2 期。

　　③　王兴亮根据《中国地方志联合目录》断定为 6 种(王兴亮：《清末民初乡土志的编纂和乡土教育》，《中国地方志》2004 年第 2 期)，实则不准确，究其原因主要是未能查阅各类方志以及档案文集等资料。

　　④　《沙市志略》卷首《序》载荆州知府余肇康曾在光绪二十年前后组织士人编纂乡土志，然难以确定为何部志书："先生(王百川)于丙午岁手是编，献之于前荆南观察余观察肇康，时学校肇兴，方延文士修乡土志，见是书深器其为人，并予订为小学课本。"

绪《黄安乡土志》二卷，陈漳纂；光绪《松滋县乡土志》，罗元璧纂；宣统《江陵乡土志》三卷，孚保、邓宗禹纂；宣统《嘉鱼县乡土志》；佚名《公安县乡土志》等，参见表2-12。

表2-12　　　　　　　清代湖北乡土志编纂概况表

序号	志名	朝代	作者	卷数	体例	存佚	藏　　　贮
1	嘉鱼县乡土志	宣统	佚名	二卷	纲目体	存	中央党校图书馆、中央民族大学图书馆藏抄本
2	黄安乡土志	宣统	陈漳	二卷	纲目体	存	国家图书馆、天津图书馆、湖北省图书馆藏宣统元年铅印本
3	襄阳必告录	道光	周凯	七卷	纲目体	存	上海图书馆藏
4	宜城县乡土志	光绪	杨文勋、望炳麟	四卷	纲目体	存	北京大学图书馆、东北师范大学图书馆、南京图书馆、湖南省图书馆等藏光绪三十二年刻本
5	松滋县乡土志	光绪	罗云璧	不详	不详	佚	民国《松滋县志》著录，流传情况不详
6	江陵乡土志	宣统	孚保、邓宗禹	三卷	纲目体	存	北京大学图书馆、上海图书馆藏抄本
7	公安县乡土志	光绪	佚名	不分卷	纲目体	存	北京师范大学图书馆藏抄本

这些乡土志的编纂者往往能够实地调查本地实情，辩证看待地情，不饰美，不隐恶，以期能够较为真实地反映一地之概貌；编纂者大多为接受过新式教育的知识分子，深受近代新思潮影响，在编纂乡土志的过程中，体例和内容上较之旧志有明显的革新，设有人类、种族(民族)、宗教、实业、商务等目次，具有重要的文献价值。值得注意的是，作为一种较为特殊的方志种类，乡土志是特定历史时期的产物，虽与一般意义的方志有着密切关系，但没有既定、可为借鉴的范本，编纂难度较

大，"乡土志者，为乡土历史、舆地、格致各种科学之滥觞，实则邑乘之别派，未有邑乘缺如而乡土志可臻详者也。况人类、氏族、宗教、实业、商务各门尤为向者邑乘之所略，必欲一一尽求其详实完美，此尤非咄嗟可以取办者矣"①。

清代，湖北所编纂乡土志大多以抄本、写本等形式流传，而版刻、铅刻、石印本相对较少，流通不广，不利于学术研究以及现实借鉴的需要，若能系统地对"乡土志做一次全面的调查评骘，写出提要，择其内容充实，确可补志乘散佚者，编印选刊或丛刊，于补充、收藏、使用、流传都将有益"②。

另外，除了上述综合类方志外，清代湖北还有大量的专门类方志。如山水志，有《太岳武当山志》《九宫山志》《黄梅老祖山志》《黄鹄山志》《大洪山志》《鹦鹉洲小志》《东湖志》《白云山志》《沙湖志》；名胜志，有《武汉名胜志》；寺观志有《玉泉寺志》《宝通寺志》《长春观志》；书院志有《紫阳书院志》《问津书院志》《江汉书院志略》；水利志有《万城堤志》《万城堤续志》；军事志有《荆州驻防志》等。

第三节　清代湖北方志体例

体例一词，最早见于《春秋穀梁传集解》，"鲁政虽陵迟而典刑犹存，史册所录不失常法，其文献之实足征。故孔子因而修之，事仍本史而辞有损益，所以成详略之例，起褒贬之意。若夫可以寄微旨而通王道者，存乎精义穷理，不在记事少多，此盖修《春秋》之本旨。师资辩说，日用之常义，故穀梁子可不复发文而体例自举矣"。这里的体例是运用一定的章法来阐述微言大义。

而方志体例是贯彻修志宗旨，适应内容需要，并区别于其他著述的

---

① 光绪《雄县乡土志》卷首《刘崇本序》，台湾成文出版社 1968 年版。
② 崔建英：《识乡土志》，《图书情报工作》1986 年第 6 期。

独特的表现形式，具体表现在志书的种类、体裁、结构、编纂等各个方面①，是志书的总体特征，与内容相互依存，是表达志书内容的重要形式，是编纂志书的纲领，在志书中占有重要的地位②。清人章学诚在《与石首王明府论志例》中强调志书应当遵守史家法度，自有体例，"志为史裁，全书自有体例。志中文字，俱关史法，则全书中之命辞措字，亦必有规矩准绳，不可忽也"，并且指出方志体例本无规章，应符合事理，虽有创造，亦无不可，"体例本无一定，但取全书，足以自覆，不致互歧，毋庸以意见异同，轻为改易。即原定八门大纲，中分数十子目，略施调剂，亦足自成一家，为目录以就正矣……是以书有体裁，而文有法度，君子之不得已也。苟徇俗而无伤于理，不害于事，虽非古人所有，自可援随时变通之义，今亦不尽执矣"。③

方志体例的来源和依据选择往往具有一定的规律，或依据朝廷颁布和规定的体例，或承袭本地旧志体例，或仿效名志体例，或创造性发明新的志体等。④ 一般来说地方志书有编年体、平目体、纪传体、纪事本末体、杂记体、三宝体、辑录体、术数体、诗赋体、章节体等。

一、清代湖北主要方志体例

清代湖北虽编有大量志书，但兵燹水火、保管不当以及志书自身不足等天灾人祸导致完全散佚者不在少数。若要明确断定每一部清代所编方志的体例，已无可能。不过，历经沧桑后幸存的湖北各类方志数量也较为可观，具有相当的规模，通过这些现存方志中的片羽吉光、佚志序言等能够判定亦不在少数的散佚志书体例。有清一代，湖北地方志所采

---

① 王晓岩：《方志体例古今谈》，巴蜀书社 1989 年版，第 5 页。

② 民国时期著名方志学家李泰棻《方志学》讲道："体例之于方志，如栋梁之于房屋，栋梁倒置，房屋安得稳固？"宜都人甘鹏云则在《方志商》中说："纂修通志，以规定义例为要，义例不定，如裘无领，如网无纲。"可见，前贤甚是重视体例在方志中的重要性。

③ 章学诚著，仓修良编注：《文史通义新编新注》外编四《与石首王明府论志例》，商务印书馆 2017 年版，第 876~878 页。

④ 张安东：《清代安徽方志研究》，黄山书社 2012 年版，第 266~271 页。

用的体例较为丰富多样，主要平目体、纲目体、纪传体、三宝体、三书体、辞赋体等，具体详见表2-13。

表2-13　　　　　　　清代湖北方志年代、志体概况表　　　　　（种）

志体 朝代	平目体	纲目体	纪传体	辞赋体	编年体	三宝体	三书体	不详	汇总
顺治	5	5	0	0	1	0	0	13	24
康熙	51	24	1	0	0	1	0	23	100
雍正	3	2	0	0	0	0	0	6	11
乾隆	14	31	6	0	0	1	1	16	69
嘉庆	1	10	1	1	0	0	0	12	25
道光	4	12	3	1	0	0	0	10	30
咸丰	0	6	1	0	0	1	0	3	11
同治	2	52	2	0	0	0	0	11	67
光绪	6	38	4	0	0	0	0	9	57
宣统	0	5	1	0	0	0	0	0	6
不详	0	0	0	0	0	0	0	6	6
汇总	86	185	19	2	1	3	1	109	406

（一）平目体

平目体即诸志类目并列平行，而互不统摄的结构方式。此种方志体例结构早在宋代便已出现，并开始流行。至明代，永乐朝先后两次颁布《修志凡例》，推广该体例，故而在明代尤为盛行，是当时志书主流体例。清顺治、康熙年间，曾任河南、陕西巡抚的贾汉复采用平目体纂修《河南通志》《陕西通志》等，成为清初诸省中所编最早的省志，颇受时人好评，对当时志书体例起到了示范作用。清廷稳定政权后，主持编修《明史》和《清一统志》，康雍两朝诏令各地以贾汉复的《河南通志》《陕西通志》为修志范式，平目体为修志体例，为各省所效仿，"康熙间，开馆修《明史》，特命督抚各修省志，其成式一以贾中丞秦、豫二志为准。雍正间，《一统志》历久未成，复诏各省纂修通志，仍如前式"①。
故而，清初方志中采用平目体者较为普遍。

顺治、康熙以及雍正年间，湖北共计修有各类方志 134 种，其中采
用平目体者达到 59 种，约占当时方志总量的 43.70%，是最常见的志
体，其中较为有名的方志有顺治《襄阳郡志》、康熙《均州志》、康熙《武
昌府志》、康熙《荆州府志》、雍正《湖广通志》等。乾隆、嘉庆两朝，湖
北方志共有 94 种，其中采用平目体者有 15 种，约占当时方志总量的
15.96%。道光、咸丰两朝共计编纂方志 41 种，其中平目体方志 4 种，
占当时总量的 9.76%。同治、光绪和宣统三朝共计方志 130 种，其中平
目体者有 8 种，约占当时方志总量的 6.15%。整体上来看，有清一代，
平目体由清代前期的主流志例渐而降为次流志例，其在体例方面的重要
性呈现下降趋势。

平目体志书类目平行排列，无纲统属，编纂省事便利，类目亦较为
清晰明了，层次分明，但随着时势发展，应载内容日趋繁杂，而平目体
缺乏整体性，结构也较为松散，往往显得极为庞杂琐碎，弊端日益凸
显，难以适应现实需要。章学诚曾批判这种体例："今之州县志书，多
分题目，浩无统摄也。如星野疆域沿革，山川物产，俱地理志中事也；
户口赋役，征榷市籴，俱食货考中事也；灾祥歌谣，变异水旱，俱五行
志中事也；朝贺坛庙祀典，乡饮宾兴，俱礼仪志中事也。凡百大小，均
可类推。篇首冠以总名，下乃缕分件悉，汇列成编；非惟总萃易观，亦
且谨严得体。此等款目，直在一更置耳。猥琐繁碎，不啻市井泉货注
簿，米盐凌杂，又何观焉。"②乾隆朝以后，湖北方志采用平目体者明显
减少，数量亦不多见。

(二) 纲目体

纲目体又称门目体。纲目体，先设大纲，下分若干细目，以纲统

---

①　乾隆《沧州志例》，转引自邸富生：《中国方志学史》，大连海事大学出版
社 1990 年版，第 130 页。

②　章学诚著，仓修良编注：《文史通义新编新注》外篇三《答甄秀才论修志第
二书》，商务印书馆 2017 年版，第 846 页。

（种）

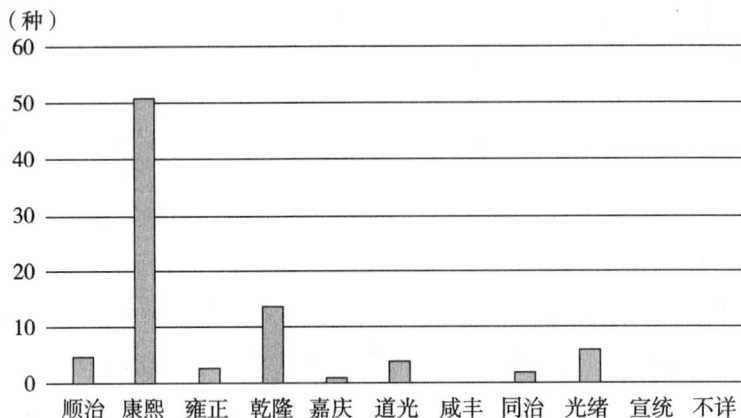

图 2-4　清代湖北平目体志书数量分布图

目，目以聚类。这种体例逻辑性强，纲举目张，分类清晰，层次分明，各有所归，充分反映事物的内在联系，查找也较为便利。纲目体早在宋代即已出现，至清代尤为盛行，特别是乾隆朝以后成为重要的志例。有清一朝，湖北采用纲目体志书者数量达到 184 种，为当时主流志体。

清初三朝，清代湖北纲目体方志有 30 种，约占当时方志总量的 22.39%。乾隆朝以后，纲目体日益成为纂修者首选的体例，是诸多志体中最为常见者。乾嘉两朝湖北纲目体方志有 41 种，约占当时方志总数的 43.62%；咸道两朝有 18 种，约占当时方志总数的 4143.90%；同治、道光、宣统三朝有 95 种，约占当时方志的 73.08%，参见图 2-5。清代湖北纲目体方志较为有名的有嘉庆《湖北通志》、乾隆《天门县志》、乾隆《黄州府志》、同治《续辑汉阳县志》、光绪《宜昌府志》等。

（三）编年体

编年体，总体不分门类，仿照《春秋》《竹书纪年》《资治通鉴》等编年体史书以时间先后为序排列史事的结构方式，纵向记载一地历史与现实。该体例能够较为详细地记载一地之古今沿革，往往颇多考核稽查，能较好展现因循变革，历史感较强，查找具体某一年史事也较为方便。但也存在明显不足，难以适应事务冗重的地区，故而方志史上采用此种

（种）

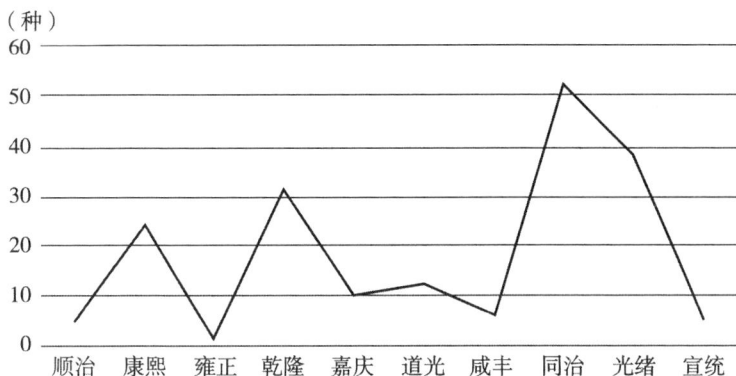

图 2-5　清代湖北纲目体志书分布图

体例者不多，"夫编年记事，同年并世之事，举目可详，语无复出，繁冗可节，然逐类以及，因果难究，施诸蕞尔小邑，及边远郡县事迹阙略等地，容或可取，用于年代悠久，幅员辽阔之名都大邑，最不相宜"①。

　　清代湖北方志采用编年体者甚少，仅有一种，即周宗成所撰《随州志》。顺治、康熙年间，周宗成在明代学者颜木《随州志》基础上增损而撰成该志，承袭了前志的编年体体例，至乾隆末期章学诚修《湖北通志》时已不见，可能散佚，"周宗成……尝增损颜木《随志》，今未见也"②。

　　（四）三宝体

　　三宝一词，语出《孟子》："诸侯之宝三，土地、人民、政事。"三宝体志书统合各事为土地、人民、政事三类，抑或加文献成四类，分类记载。总纲之下，又系以细目。③　三宝体志书体裁简明，但结构过于简单，难以包罗统筹繁杂内容，在明代方志尚简风潮下还较为常见，至清代以后渐而减少，嘉庆朝以后即不多见。

---

　　①　傅振伦：《中国方志学通论》，北京燕山出版社 1988 年版，第 35 页。

　　②　章学诚：《湖北通志捡存稿　湖北通志未定稿》，湖北教育出版社 2002 年版，第 343 页。

　　③　黄苇：《中国地方志词典》，黄山书社 1986 年版，第 345 页。

清代湖北采用三宝体的志书也不多见，主要集中在嘉庆之前。据考证所知，主要有康熙五十一年《竹山县志》和乾隆三十一年《竹山县志》两部志书。

康熙五十一年《竹山县志》，史求忠纂修，设有三纲、二十八目，所谓的三纲即天道、地道、人道，二十八目即为建置、沿革、祥异、形势、城池、物产、赋役、铺舍、关堡、津梁、古迹、秩官、公署、学校、祀典、风俗、兵政、宦绩、选举、人物、流寓、艺文等。① 是志颇为后世所称赞，"竹山志书昆仑于华阳史氏，凭空开山，使后人有所依据，以为底本，功伟矣"②。

乾隆三十一年《竹山县志》，皇甫枢、尹一声纂修。皇甫枢，浙江桐乡人，进士，乾隆二十七年任竹山知县。尹一声，嘉鱼县人，举人，乾隆二十五年任竹山教谕。皇甫枢、尹一声以史求忠志为底本，历时五月而成书，"（乾隆）乙酉之春，适明府皇甫过署，云自郧郡西寺偶得华阳史氏志稿，并属予踵而成之……爰令一二同人，各就其耳目之所及，闻见之甚寡，铢积寸累，综而续之，又取史氏之所载，浮者汰，缺者补，伪者正，五阅月而就。嗟乎！采花作蜜，缀腋成裘"③。然而，知县皇甫枢仓促去任，未能刊行，"凡五阅月而稿定，用是正拟详报各宪，以与竹邑诸同人商议，付之剞劂。奈丙戌之六月，予适匆匆解任告去，而斯事遂寝矣。意或后之莅兹邑者，仕学两优，再加斟酌，踵而行之，将有以谅予之片忱，以无负尹君之苦心焉"④。

不过，三宝体分门别类过少，难以囊括复杂的内容，也难得到广泛认可，故而采取该体例的方志也不多。乾隆三十八年，邓光仁等以前志体例不合，重为纂修："于故纸朽蠹中得前任学博尹同年梧岩手录史华阳底本，心窃喜，第其中残缺者多，失次者复不少，与太尊颁来款式殊

---

①　同治《竹山县志》卷首《竹山县志总论》，江苏古籍出版社 2001 年版，第 304~305 页。

②　乾隆《竹山县志》卷首《邓光仁序》，故宫博物院藏乾隆五十年刻本。

③　乾隆《竹山县志》卷首《尹一声序》，故宫博物院藏乾隆五十年刻本。

④　乾隆《竹山县志》卷首《皇甫枢序》，故宫博物院藏乾隆五十年刻本。

未合……因勉竭驽才，悉为编著，旁搜远取，别类分门，事必求实，语无轻佻，凡七阅月，得二十七卷，稿就矣。"①

(五)辞赋体

辞赋体是方志诸多体例中别具一格者，它以辞赋的方式记载史事，具有强烈的文学色彩，便于诵读，易于记忆，往往只需背诵该辞赋，则能初晓一地地理史事概要，在民间流传也较为广泛。然而，辞赋体志书往往篇幅较为短小，且对原始资料多有改编、整合，不能保存原始资料，一定程度上影响了方志的价值。辞赋体志书，始于宋代王十朋仿左思《三都赋》而作《会稽三赋》。② 后世采用辞赋体的志书不少，如《新疆赋》《盛京赋》《西藏赋》等。乾隆南巡时，一些大都名邑纷纷进献地赋，曾热络一时。

清代，湖北方志采用这种志体者有道光《襄郡赋志要》、嘉庆《谷邑诗志》。道光《襄郡赋志要》，四卷(分上、下两册)，安庭松纂修，存上册，藏于谷城县图书馆。③《谷邑诗志》，一卷，安庭松纂修，已佚。该志以五言诗形式分门别类载述县事，言语通俗明了，便于诵读，"又得安月滩先生《诗志》一卷，大抵宗梦蔡抄志之旨，编为五言诗，便于习诵，一览了然"④。然而，是书"但有诗歌，率皆阙而不备"⑤。

(六)三书体

三书体为清代方志学家章学诚创造的体例。章学诚在《方志立三书议》一文中提出："凡欲经纪一方文献，必立三家之学，而始可以通古人之遗意。仿纪传正史之体而作志，仿律令、典例之体而作掌故，仿文选、文苑之体而作文征。三书相辅而行，阙一不可，合而为一，尤不可

---

① 乾隆《竹山县志》卷首《邓光仁序》，故宫博物院藏乾隆五十年刻本。

② 陈光贻：《中国方志学史》，福建人民出版社 1989 年版，第 34 页。

③ 程之银：《襄阳社科著述志》，襄阳市党史和地方志办公室 2014 年版，第 212 页。

④ 同治《谷城县志》卷首《谷城县志序》，江苏古籍出版社 2001 年版，第 2 页。

⑤ 同治《谷城县志》卷首《凡例》，江苏古籍出版社 2001 年版，第 6 页。

也。"①三书体包括志、掌故和文征三个部分。所谓的志即根据资料而撰成的著述，掌故、文征乃是辑录地方典政、文苑资料，"向来作志者皆将'著述'与'著述资料'混为一谈。实斋'三书'之法，其通志部分纯为'词尚体要'，'成一家言'之著述。掌故、文征两部分，则专以保存著述所需之资料。既别有两书以保存资料，故'纯著述体'之《通志》，可以肃括闳深，文极简而不虞遗阙，其保存资料之书，又非徒堆积档案谬夸繁富而已，加以别裁，组织而整理之，驭资料使适于用"②。乾隆《湖北通志》，章学诚撰修，是书原稿虽已佚去，然从遗稿《湖北通志检存稿》四卷、《湖北通志未存稿》一卷亦可观其轮廓。是书按照"方志分立三书"而分有志、掌故、文征三个部分，其中志为三书中的著述部分，包括纪、谱、考、传等；掌故，为资料部分，包括吏、户、礼、兵、刑、工；文征是一方文献专集。

章学诚《湖北通志》极力破除"俗利拘牵之病"，突破旧有体例的藩篱，具有重大的创新，在中国方志史上具有重要地位，颇为后世赞誉，"固已为史界独有千古之作品，不独方志之圣而已"③。后世亦有模仿该体例者，如嘉庆《清平县志》、光绪《利津县志》等，然要熟稔和灵活运用该体例颇具难度，往往"不善学于章氏"，故而效仿者不多，而成功者更为寥寥。

二、明清湖北方志体例的变异

清代湖北方志体例在承袭前代，尤其广为吸收明代方志的基础上，也有新的发展和变化，具体表现在两个方面：第一，方志体例的增多。清代湖北方志继承了明代的平目体、纲目体、编年体、纪传体方面，还出现了辞赋体、三纲体、三宝体等。第二，方志体例构成比例的变化。

---

① 章学诚：《文史通义》，上海古籍出版社 2015 年版，第 191 页。

② 梁启超著，朱维铮校注：《中国近三百年学术史》，复旦大学出版社 2015 年版，第 449 页。

③ 梁启超著，朱维铮校注：《中国近三百年学术史》，复旦大学出版社 2015 年版，第 450 页。

明清两代湖北方志皆以纲目体、平目体为主，兼以编年体、纪传体以及其他体例。明代湖北平目体方志有 24 种，为最主要的方志种类，约占明全部方志的 64.86%；纲目体次之，有 11 种，约占 29.73%。而清代纲目体志书 184 种，约占该朝总量的 45.43%，数量最多、比例最高的平目体志是 86 种，约占总量的 21.23%，参见图 2-6。整体上来看，清代湖北方志体例种类明显增多，且随着时事变迁志例选择上亦有变化，是湖北方志学者务实的表现，也是清代地方志发展与繁荣的反映，适应了时代进步的要求。

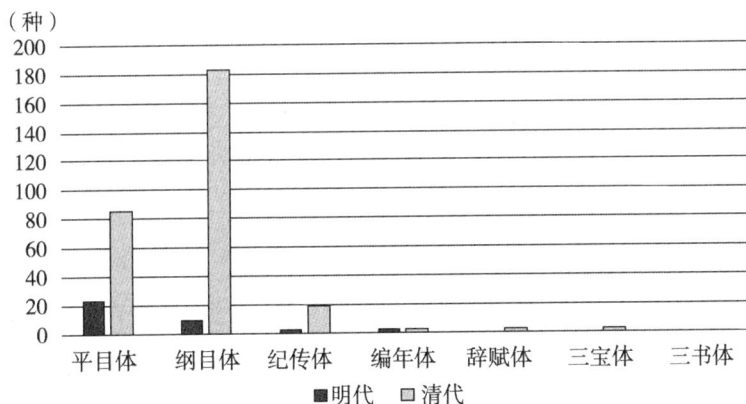

图 2-6　明清湖北志书体例概况图

第四节　清代湖北方志举略

清代湖北方志数量宏富，种类齐全，虽然散佚者不少，但传世志书数量也较为可观，是宝贵的地情文献资料，对学术研究和现实服务都有重要的价值和借鉴意义。但限于篇幅，难以叙述每一种方志的体例、主要内容、流传概况及其价值。按照稀见性、独特性、代表性以及价值性，兹举康熙《卯峒土司志》、乾隆《湖北下荆南道志》、乾隆《兴山县志》、乾隆《枝江县志》和咸丰《应城县志》为例，介绍其主要内容及其特点。

一、康熙《卯峒土司志》

康熙《卯峒土司志》由向舜、向子奇、向子清等纂修。向舜,卯峒土司向贵什十三世孙,向子坤子,袭任卯峒安抚使司安抚使。雍正十三年,向舜向朝廷自请改土归流,后徙孝感县任世系千总,"向舜,坤子。坤卒时,舜幼不能替袭,大宪命子坤弟子藩暂行护理。康熙五十九年,舜已成立,承袭。雍正十三年,改土归流,徙孝感县安插世袭千总"①。向子奇,子坤弟,为卯峒土司权司中军,性敏好学,与向子藩一起代为署理土司军政事务,采取保境安民的举措,境内较为安定。向子清,字从清,庠生。其父随祖母迁居酉阳州,向子清也入籍该地。康熙五十五年,向子清携家眷回卯峒司,适时叙及卯峒土司修志一事,乃从事编修,"余自父随余祖母寄迹酉阳,余父业分所易。余是以籍入酉阳……迨康熙五十五年,余偕弟兄携眷,言旋桑梓,间尝于岁时伏腊,少长咸集,叙及修志一事,亦尚托诸空言。及至五十七年,司主视事,始以志事付堂弟子奇修纂,以余为赞襄"②。向舜承袭安抚使一职时,境内较为安定,思卯峒司久无志书,乃与胞叔向子藩、堂叔向子清共为纂修:

> 或有问于余曰:志何为而作也。余应之曰:志也者,记也,记其事以供睹记者也。且食货、学校,大有关于民瘼,尤为有土者所不容略。是以卯峒虽地属僻壤,不同乎通都大邑,而余先人自明初历守此土,传职至余,司内之食货、学校,以及旧迹轶事,与夫四序推迁、山川景物,亦有足以纂集成志者。虽余以幼年袭职,知识未开,见闻不广,赖胞叔子藩代理司事,而及其成立,自行治理,

---

① 张兴文:《〈卯峒土司志〉校注》卷首《卯峒司志序》,民族出版社 2001 年版,第 160 页。

② 张兴文:《〈卯峒土司志〉校注》卷首《卯峒司志序》,民族出版社 2001 年版,第 5 页。

亦曾有昭示司内各示。且胞叔子奇，姿性灵敏，积学有年，足以助余之所不及。因取彼素所记载者而阅之，仍付伊偕堂叔从清，秉笔赞襄，草纂成书。窃念自有土以来，已多历年所矣。因思人事不能无变迁，著述之事不轻擅，不及身为之，无以见责有攸归。彼所谓莫为之。前虽美弗彰者，其又何说焉？此《卯峒司志》所以草纂以贻后世也。①

康熙五十五年前即在筹措是志，至康熙五十七年开始纂修，次年成书。雍正十年又续补图、记等内容。成书后仅以草本形式在土司上层内流传，流传范围甚小，后经辗转由向舜次子执中保管。乾隆五十七年，向正彬在武昌探视族兄向执中，而被托以该书。时志稿虫蠹严重，图、记等残缺不堪，仅其目次。至嘉庆十三年，向正彬将携回来凤县的志稿誊录，附于新修《向氏族谱》之末，加以保存流传：

余于乾隆五十七年至武昌省，值舜伯父次子执中兄患病，往省之。瞥见余而喜曰：余之责今得卸矣。余问其故，则曰：曩者余父时年迈，长兄远征，特出未改土时纂成《卯峒土司志》付余，嘱曰：是书业，乃有土时先人及余实心实致所见端也。迄今三十年，余言犹在耳，夫岂忘心？第余今年近古稀，不幸无嗣多病，诸侄年幼，常恐身后失先人之手泽。弟今来此，则书之存而不失，余于弟有赖焉，弟亦当好为收存。余接而历观志，见系抄本，且图记概已残缺，仅存其目。询之，答曰：余父曰此书原系二本，其一康熙五十八年尔叔祖子奇代余纂修，其一乃余见先年纂修各项有可以图记者，余于雍正十年付堂叔祖补修，始绘图作记焉。书粗成，子奇即去世。后补修未几，余恳请辞职，因未付于剞劂，置之箧底，久未弄及，致将补修图记概被蠹耗残缺，以故第存其目耳。余于是拾之

①　张兴文：《〈卯峒土司志〉校注》卷首《卯峒司志序》，民族出版社 2001 年版，第 3~4 页。

以归。越嘉庆十三年戊辰冬，余合族纂修谱系，因思先人有轶事，有一令其湮没，亦后之所不忍也。矧执中兄递相授受之语，尤不愿余之违之也。爰按其陈迹，录附谱末。惟山水、四时各景，妄续俚句，一以藉以见先人之面目，一以不负舜伯付执中付余之意焉耳矣。①

《中国地方志联合目录》认为该志散佚，故而未曾著录。至 20 世纪 80 年代，湖北省来凤县开展文物普查工作，在该县卯峒镇向氏后裔家中寻得抄本《向氏族谱》，谱末附有该志，是以重见于世。是志为卯峒土司十七世孙向群泽手抄本，为 16 开线装书，双页直排式。版面长 24 厘米，宽 16 厘米；版心长 21 厘米，宽 13.5 厘米；版心四周框有 1.1 厘米宽的木刻板几何纹；每页 7 行，每行 18 字，行距约 2 厘米，每字 1 厘米见方，为工整楷书。全书共有 130 页，约 1.6 万字。该志未列采访编纂人员名单，也无凡例，只有序言、目录及正文，末署"十七世裔孙群泽号雨田氏沐手抄誊"②。

《卯峒土司志》分类粗糙，不够严谨，体例未为完备，这一点当时纂修者向子清即已意识到，"草纂成书，虽未必有合体裁，而余畴昔日之心有合焉"③。但该志也独具一些民族地区的特色。首先，该志设有《疆域志》《物产志》《建置志》《学军志》《敕赐志》《文艺志》等六纲，各纲所列内容简要明了，门类清晰，毫不繁琐。其次，创设《敕赐志》，详载明清时期所赐授坊表、旌奖，以及官职头衔等，为清代湖北方志所独有，具有鲜明的民族和地域特色，无疑丰富了方志编纂体例范式。④

---

① 张兴文：《〈卯峒土司志〉校注》卷首《抄录〈卯峒土司志〉序》，民族出版社 2001 年版，第 5~6 页。

② 张兴文：《〈卯峒土司志〉编纂经过及版本》，《卯峒土司志》校注，民族出版社 2001 年版，第 177~178 页。

③ 张兴文：《〈卯峒土司志〉校注》卷首《卯峒司志序》，民族出版社 2001 年版，第 5 页。

④ 张兴文：《土家族历史文化瑰宝——康熙〈卯峒司志〉初探》，《湖北民族学院学报》1998 年第 1 期。

最后，《卯峒司志》叙述风格贵述不贵论，文辞朴实，行文明畅，呈现简约风格，亦是当地文风的一大体现。

二、《湖北下荆南道志》

《湖北下荆南道志》二十八卷，鲁之裕、靖道谟纂修。鲁之裕，字亮侪，安庆府太湖县人，康熙五十九年庚子科举人，历任内阁中书、确山知县、赣州府知府等。雍正十一年，以户部贵州司员外郎升授湖北下荆南道，后以直隶清河道员致仕，寄居武昌府江夏县。靖道谟，湖北黄冈县人，康熙六十年进士，曾编纂有《云南通志》《贵州通志》《黄州府志》等，修志经验丰富。乾隆九年，鲁之裕为戴坤《约亭遗诗》作序，并资以钱银在湖北刊行。乾隆中后期，文字狱迭兴。乾隆四十五年，安徽省查得该书内多狂悖之语，经安徽巡抚闵鹗元、湖广总督富勒浑①等封疆大吏牵强附会，波及安徽、湖北等地多人，遂成乾隆朝文字狱中的大案。而鲁之裕身为道员，竟为有悖逆内容的书稿作序，书中还多有所谓的"怼君违亲"之语，而惨遭牵连。鲁之裕所著《经史提纲》《式馨堂文集》《书法毂》等书被指"割裂经史，违碍失体""剿袭附会，语句诞妄，荒谬甚多"②，"此等悖谬之人所著之书亦不便存留"，统统被列入禁毁书之列，所幸为私家所秘藏，得以海内外孤本形式而传世。《湖北下荆南道志》于乾隆五年成书刊行，至嘉庆朝志板损毁严重③，后经安襄荆兵备道陈廷桂捐俸补刻，"是志成于前观察鲁公韦堂，版存道库，今则残毁者逾百繙，余为捐廉补刻之，复为完书"。

鲁之裕、靖道谟在编纂该志时，安陆府、襄阳府、郧阳府三地府志已六十余年未能续修或重修，资料较为匮乏，但该志仍以订误征信为

---

① 富勒浑，满洲正蓝旗人，以举人授内阁中书，累迁户部郎中、广东按察使、浙江巡抚、四川总督、两广总督等。乾隆三十七年（1772年）、乾隆四十四年（1779年）两度出任湖广总督。

② 原北平故宫博物院文献馆：《清代文字狱档》第五辑《富勒浑等奏查审鲁之裕子孙摺》，上海书店出版社1986年版，第471~473页。

③ 可能主修者鲁之裕牵涉文字狱，而《湖北下荆南道志》志版亦遭到损坏。

要，认为魏晋以来史书虽众，而传者寥寥，究原因："志所自昉本于《禹贡》《周官》，厥后若辛氏之《三秦记》、常璩《华阳国志》，体例渐殊。昔人谓孟坚没而后世不复有史。晋唐来作者蓁众，可称述者，《通典》《通考》《十道志》《元和郡国志》《太平寰宇记》而外亦罕闻焉。岂非订伪正谬，征信传疑不乖于史法之难与？"《湖北下荆南道志》于沿革、人物、艺文等详为考核，"志《宦迹》与志《耆旧》不同。《耆旧》凡嘉言善行悉书，彰先贤也。《宦迹》则必于其地有抚宇、教诲、御灾捍患之类实政乃书之"①。即便是李大良、宗泽等名贤，未有功绩于荆南道，不为立传，"旧志所载，如唐李大亮，虽有安抚襄樊、邓之命，未闻惠政也；宋宗泽虽知襄阳，旋陟府尹，史亦不传治襄之迹，他如此类者甚多，俱不敢泛为载入，核实之义也"②。时任湖广总督、镇国将军德沛对该志评价甚高，以为古今难得的名志，"晋唐以来，作者蓁众，可称述者，《通典》《通考》《十道志》《元和郡国志》《太平寰宇记》而外，亦罕闻焉。岂非以定讹正谬，征信传疑，不乖于史法之难与？观察之为此志也，体大而思精，事核而文约"③。《续修四库全书总目提要》评价该志："故志事于人物、艺文尤极慎审，不然者以他郡之人文强入本邑，虽能于城池、山川略有生色，然舛错伪误，识者所讥。是志于此辄能详加考证，非流俗之漫不加选择者所可比拟也。"④

　　然而，是志以外邑人主纂，事有隔阂，讹误之处亦所难免。《艺文志》部分载康熙《郧县志序》，记作者为署理郧阳知府彭玉炜⑤，实际为郧县知县张杞所撰。又有《艺文志》载徐京陛《竹山县志序》，考徐京陛为竹溪知县，当为《竹溪县志序》。⑥ 安陆府划归荆南道确切时间也颇

---

①　乾隆《湖北下荆南道志》卷首《凡例》，国家图书馆藏光绪十九年刻本。

②　乾隆《湖北下荆南道志》卷首《凡例》，国家图书馆藏光绪十九年刻本。

③　乾隆《湖北下荆南道志》卷首《德沛序》，国家图书馆藏光绪十九年刻本。

④　《续修四库全书总目提要》(18)，齐鲁书社1996年版，第630页。

⑤　乾隆《湖北下荆南道志》卷二十七《艺文志》，国家图书馆藏光绪十九年刻本。

⑥　乾隆《湖北下荆南道志》卷二十七《艺文志》，国家图书馆藏光绪十九年刻本。

多抵牾，鲁之裕序中作雍正十三年，"予于雍正十一年冬，以户部贵州司员外郎升授湖北下荆南道，所辖者襄阳、郧阳二郡是也。至十有三年，乃命割安陆一府来益"①。而卷三《建置沿革》作乾隆二年，"乾隆二年，以荆西道所领之安陆来属"②。考安陆府改属下荆南道，应是雍正十三年，"其归荆州道原辖之安陆府，改隶襄阳道"③。

从整体上看，作为湖北仅有的一部道志，《湖北下荆南道志》征引丰富，考证审慎，体例严谨，是不可多得的名篇，历来为后人所称许。

三、乾隆《枝江县志》

乾隆《枝江县志》十卷，王世爵、钟彝纂修。王世爵，字青溪，汉军镶黄旗，雍正癸巳科举人，乾隆二年任枝江知县。钟彝，字商贻，浙江嘉兴府平湖县人，雍正九年任黄安知县，罢官后寄居枝江。枝江前代志书尽数散佚，惟存康熙间所修志书一卷，但在"三藩之乱"中又历遭兵燹，内容残缺，编目失次，遗漏甚多。知县王世爵乃聘请当时在枝江游历的钟彝撰修县志。该志采用纲目体，分有《地理志》《建置志》《田赋志》《祭祀志》《秩官志》《选举志》《人物志》《列女志》《艺文志》《杂志》等十卷。该志编修之前征引较为广泛，援引详载出处，内容较前志大为丰富，颇为时人所认可。

志书本有教化的作用，且多为有褒无贬，隐恶扬善，"有褒无贬"的记述倾向始终为地方志编纂中的主流。章学诚批判这种倾向，指出："志传之有褒无贬，本非完例……今议者但间志家鲜用比例，因误会为褒贬并行，权在国史、方志之例止应录善，其有一定之式，非也。"④这种"有褒无贬"倾向本身不符合历史事实，纯粹的褒扬不利于发挥方志的教化作用。

---

① 乾隆《湖北下荆南道志》卷首《鲁之裕序》，国家图书馆藏光绪十九年刻本。
② 乾隆《湖北下荆南道志》卷三《建置沿革》，国家图书馆藏光绪十九年刻本。
③ 《清实录·乾隆朝实录》卷六，"雍正十三年十一月壬寅"条。
④ 章学诚：《湖北通志辨例》，张树棻：《章实斋方志论文集》，山东省地方志编纂委员会办公室 1983 年版，第 241 页。

乾隆《枝江县志》创设《猾吏》一门，载顺治间知县李花白①鸩杀债主徐胡子案，以为"外史氏曰：余作枝江邑乘，终徐大雅一案，盖有两戒一矜焉。债主临门，仓卒（猝）无措，亦当委曲补苴，何鸩不遂竟手刃，阳虽漏于国法，阴难逃夫天刑，身死家灭，墟墓苍凉，负心之报，乃尔世之居官不仁者当以李令为戒。贪心未足，假官利以居奇，累十百千，官佃已主履，庄收息不厌不休，讵知千里奔波，强死豺狼之窟也，世之放利而行者，当以徐胡为戒……大雅是真可矜也……附识数言，后以为世道人心下一针砭焉耳"②，持论公允，突破以往旧志"隐恶饰美"的惯例，不无卓识。且是志不以人废事，而湮没李花白的在任功绩，卷五《秩官志》亦特为立传，不没其名。且卷三《水利》部分亦载李花白修筑江堤等兴利除害的政绩："顺治七年，江水冲决枝江总圩田，龚显生、杨芳生等补筑。顺治四年丁亥水决香积寺总，七年庚寅决徐旧总，知县李花白为之修筑。"③卷二《建置志》载李花白修复署衙等事："公署……明末遭兵燹，仅存卷棚三间，仪门三间。顺治五年，知县李花白建正衙五间。"此等史法殊为公正，实属难得，在诸多方志中具有鲜明的特色。

但该志也不无瑕疵，如《仙释》《艺术》等不入《人物志》，而附《杂志》，未合志体。且是志编纂前，王世爵曾张贴《重修枝江县志征文小引》，向全县征集文献广为，"敢布悃诚通知耆宿，山巅水澨岂能无藴轴，名贤世族巨家应有巾箱杂著，若者亲见，若者耳闻，俱是先朝轶事，千百非多，什一非少，均成今代丛言。《天宝遗闻》记自白头宫女，《靖康往事》寄来碧血孤臣，既自古而皆然，岂于今而独秘。作者不必皆圣，有关风土皆收，述者敢谓我明。可上志书毕录，相期月内悉

---

①　李花白，河南汝州宝丰县人，贡生，顺治五年任枝江知县，任内筑修河堤，除虎患等，多有政绩。

②　乾隆《枝江县志》卷十《杂志》，海南出版社 2001 年版，第 477 页。

③　乾隆《枝江县志》卷三《水利》，海南出版社 2001 年版，第 391 页。

汇"①。但征引资料为期仅月余，志书编纂又较为仓促，不及六月而志稿即成，嗣后邑中人士屡有提供资料甚多，而虽以《杂记》著录，但是未能广为吸收，遗弃者也不在少数，"庚申春，邑乘告竣，诸君子辈犹各挟所闻旧事册案……夜读不能割爱，因并在旧志中，诸杂事汇儿编之，名曰杂记，与先所成者，厘为十卷"②。

四、乾隆《兴山县志》

乾隆《兴山县志》十卷，黄宫、蔡韶清等纂修。黄宫，阳湖县人，乾隆十一年任兴山知县。蔡韶清，南康县人，乾隆十七年任兴山知县，任内多善政。自康熙四年《兴山县志》后，历经雍正八年、乾隆十三年两次纂修都未能成书，"丙寅年五月，莅兴山，吏胥呈抄本志一本，系潘令内召因胥前令遇旧帧脱稿，潘升行人去，未暇修饰，并缺讨论。踵其后者，张令光裕在任五年，本内多涂改处，而镂版莫就，缮录无传，繁略仍未尽合体"③。乾隆十八年，黄宫、蔡韶清重为纂修，成书十卷。光绪年间，尚有流传，但流传不甚广。《八千卷楼书目》《传是楼书目》《千顷堂书目》《中国地方志综录》《中国地方志联合目录》等未有著录。所幸，1984年，兴山县普安乡别远瑛老人献出道光四年王琨抄本。稿本中夹带载有嘉庆、道光年间的内容，如卷五《武科》载："陈岵，道光辛巳年武举，嘉鱼千总。"《武途》载："朱槐，嘉庆初任陕西定边协，行伍。"基本上保留了乾隆《兴山县志》的原貌。

是书对研究乾隆以前兴山县的社会经济史具有重要意义。以风土志为例，较为明晰地记载了当时的劳动生产、日常生活。居住概况，"在邑者聚庐而处，居乡者户不相比，高原下麓，散若晨星，村邻远至四五里犹云隔壁"。服饰，男女喜以自织大布缠裹头部，"男妇多以手巾缠头，皆自织大布，极粗厚"。饮食方面，载："邑稻米多仰给川中，食

---

① 乾隆《枝江县志》卷首《重修枝江县志征文小引》，海南出版社2001年版，第331页。

② 乾隆《枝江县志》卷末《杂记》，海南出版社2001年版，第476页。

③ 乾隆《兴山县志》卷首《黄宫序》，兴山县图书馆藏本。

之者少。民间以脱粟及大小麦为常食，荞麦、燕麦、糯粮、包谷以济之，小祲则采蕨。"农业生产，"邑境弥嶂跨谷，地无平畴，坡尽陡立，刀耕火种，攀援上下，俯锄润壑，仰耘烟雾"，又载，"县西白沙河相坪一带多种茶，而土人罔知焙造，其味粗薄，向无课税"。① 这反映了兴山县茶业限于制茶技术的原因，尚处低速发展阶段。

五、咸丰《应城县志》

咸丰《应城县志》十二卷，奚大壮、姚观纂修，吕庭栩、熊汝弼补修。姚观，字恕甫，江西南城县人，进士，嘉庆间主应城县书院。② 吕庭栩，字梁湖，邑人，嘉庆庚申举人。熊汝弼，号燮菴，吕庭栩弟子。

由于经费不足，县志成稿后未能刊刻，以稿本形式流传，"奚志亦仅存稿，询其故，佥以赀绌为言"③。光绪八年，罗缃以该志为底本，纂修《应城县志》，"乃商得筹款若干……就奚志而增"④。光绪志刊行后，咸丰志渐不为人所重，流传范围很小，《传是楼书目》《八千卷楼书目》等近现代目录著作皆未收录。据《中国地方志联合目录》载，该志仅存武汉大学图书馆，为海内外孤本，后入选国家珍贵古籍名录。

咸丰《应城县志》采用纲目体，凡十二纲八十七目，内容丰富，体例谨严，属于质量较高的清代湖北方志。雍正《县志》虽设有《艺文志》，然所载者为一邑诗文，书目阙如。是志则稍为变革，从《通志》《归云书目》以及旧志等文献典籍中搜罗邑人著述，并按照经史子集四部分类法，详载书名、作者、卷数、存佚以及来源等信息对于有疑问者，以按语形式，毕举诸家观点。如《裔语音义》，"《裔语音义》四卷，陈士元撰。按程大中《归云书目》记《彝语音释》十卷，《湖北通志》作《裔语音义》四卷，今此书已未知孰是"⑤。

---

① 乾隆《兴山县志》卷七《风土志》，兴山县图书馆藏本。
② 光绪《应城县志》卷十《流寓》，江苏古籍出版社 2001 年版，第 372 页。
③ 光绪《应城县志》卷首《序》，江苏古籍出版社 2001 年版，第 129 页。
④ 光绪《应城县志》卷首《序》，江苏古籍出版社 2001 年版，第 129 页。
⑤ 咸丰《应城县志》卷七《艺文志》，武汉大学图书馆藏本。

　　清代修志，弊端尤多，尤喜凭空附会，借才异地，以为炫耀。该志则据实直书，凡有疑窦，概不收入，"近来纂志，有将临境人物平（凭）空附会揽入，所谓借才异地，以为炫耀者，殊不知旧志科名、列传著录明确，纵有后修疏漏舛讹。如流寓、徙籍等类亦应查核事实，方足为信，兹篇稍涉疑窦，概不敢收，并将府志、通志选举中之缺误处，逐一标出，以俟续修府、通二志者更补，庶免王褒赵达两地互争之诮"①。如陈轼，"宏（弘）治十八年乙丑科顾鼎臣榜，陈轼，历官户部右侍郎，传详功业。按：《德安府志》载陈轼以宏（弘）治乙卯科举人误作庚戌科进士，不知宏（弘）治终于十八年乙丑，不得有庚戌科，大抵以讹传讹，未经深考，此类有府志、通志多徜不究，实何以信后？兹照云梦志略，将讹漏处逐一订正，以备续修府志、通志者采择"②。

---

　　①　咸丰《应城县志》卷首《凡例》，武汉大学图书馆藏本。
　　②　咸丰《应城县志》卷九《进士》，武汉大学图书馆藏本。

第三章　清代湖北方志数量
时空分布分析

清代是湖北方志发展史上的鼎盛时期，志书规模和数量远远超过前代，种类多样，体例丰富，呈现出兴盛局面。清代湖北志书宏富，但其数量在时间和空间上呈现差异性特征。从时间上看，顺治至乾隆为修志数量较多时期；嘉庆至咸丰是修志数量最少时期；同治、光绪、宣统则修志数量最多。从空间来看，由于经济、文化、建制设置改革以及政治地位的升降等原因，湖北各地修志也呈现不均衡性。

第一节　繁盛的清代湖北方志

一、清代湖北方志的繁盛

清代是方志编纂的繁盛时期。据《中国地方志联合目录》统计，清代现存编志 5700 多种，约占我国现存方志的 70%。由于全国尚有许多藏书机构和单位未能参加《中国地方志联合目录》的编目工作，故而这只是不完全的统计数字。刘光禄统计清代现有方志 5800 多种，约占现存方志的 80%。傅贯九统计清代有 6500 多种。而蒋光田统计现存清代方志有 8000 多种，其中失传的差不多与现存相等。① 同期湖北修志亦呈现繁盛局面，编纂各类方志（不计专志）共计 405 种，比明代的 217

---

① 转引自许卫平：《论清代地方志繁盛的原因》，《扬州师范学院学报》1994年第 1 期。

种多了 188 种，增长了 86.64%，略高于全国平均增长速率。清代 267
年间，湖北平均每年修志 1.52 种，比明代每年修志 0.79 种要多 0.68
种，增长了 86.1%。

　　具体到各类方志来看，清代湖北所修各类方志在明代基础之上大多
有不同程度的增幅。清代共修有省志 7 种，比明代的 5 种要多 2 种，增
长 40%；府志 35 种，比明代 41 种要少 5 种，减少了 14.64%；清代州
志 50 种，比明代 33 种要多 17 种，增长了 51.52%；清代县志 297 种，
比明代的 131 种要多 166 种，增长了 126.72%；清代共修卫所志 7 种，
与明代持平。整体上来看，清代湖北各类方志较明代大为增加，参见图
3-1。

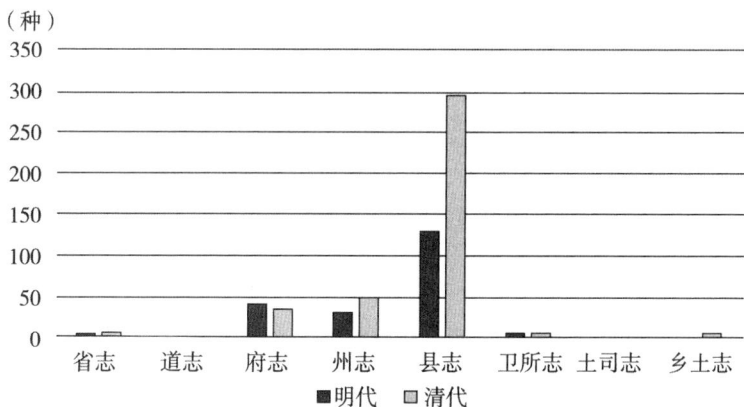

图 3-1　明清湖北所修各类志书概况图

　　较之明代，清代方志类型增多且体例更为丰富。清代继承和发展了
明代省志、府州县、卫所志，较之明代，清代志书数量和种类均有不同
程度的增长，随着时代的发展，还出现了道志、乡土志、土司志等新的
方志类型，特别是《湖北下荆南道志》，是目前现存的三种清代道志之
一，在清代方志史上有着特殊的地位。清代继承了明代既有的纲目体、
列目体、编年体等志例，还出现了三宝体、赋志体、三书体等，尤其是

三书体，为方志名家章学诚所创，将志书分为志、掌故、文征三部分。该体代表作有《湖北通志》，是章学诚修志理论成熟的代表作，同时也代表了清代方志的最高水平和最大成就。

二、清代湖北方志繁盛的原因

清代湖北地方志在前代基础上继续发展，修志广泛，大为普及，数量可观，种类齐备，呈现出繁荣景象，盛况空前，成绩斐然，达到鼎盛。清代湖北方志的繁盛与清代独特的历史背景和湖北的经济社会条件有着直接的关系。

(一) 三次《清一统志》的编纂和中央王朝的重视

为了维持对全国的有效统治和彰显王朝的盛世功绩，清廷先后三次纂修一统志，要求各地呈送新旧各类地方志，以为取材，刺激了包括湖北在内的全国地方志的发展。

康熙十一年七月一日，保和殿大学士卫周祚进言康熙皇帝提议纂修《清一统志》，并获得准允，明昭有司督促各地郡邑纂修志书，以备编纂《清一统志》参考。康熙《莱阳县志》详载此诏令：

> 各省通志宜修，如天下山川、形势、户口、丁徭、地亩、钱粮、风俗、人物、疆域、险要，宜汇集成帧，名曰《通志》，诚一代之文献也。迄今各省尚未编修，甚属缺典，何以襄我皇上兴隆盛治乎！除河南、陕西已经前抚臣贾汉复纂修进呈外，请敕下直省各督抚，聘集凤儒名儒，接古续今，纂辑成书，总发翰林院，汇为《大清一统志》。等因前来。查直隶各省通志，关系一代文献，除河南、陕西二省已经前抚臣贾纂修进呈外，其余直隶各省通志，请敕下各该督抚，详查山川形势、户口丁徭、地亩钱粮、风俗人物、疆圉险要，照河南、陕西通志款式，纂辑成书。到部之日，送翰林院汇为《大清一统志》恭进睿览可也。等因康熙十一年七月二十四日题，本月二十七日奉旨依议，钦此。钦遵抄部送司奉此相应议咨

案呈到部，拟合就行为此合咨前去，烦为查照本部覆奏旨内事理钦遵施行。等因到院准此，拟合就行为此案，仰本司官吏照依咨案备奉旨内事理，即便详查山川、形势、户口、丁徭、地亩、钱粮、风俗、人物、疆域、险要，照河南、陕西通志款式纂辑成书，到部之日送翰林院汇为《大清一统志》恭进睿览可也。等因康熙十一年七月二十四日题，本月二十七日奉旨依议，钦此。钦遵抄部送司奉此相应议咨案呈到部，拟合就行为此合咨前去，烦为查照本部覆奏旨内事理钦遵施行。①

康熙十八年正月，平定"三藩之乱"取得关键性胜利，《清一统志》的编纂又提上议程。康熙二十二年四月十二日，大学士明珠奏言催修省志，以服务于《清一统志》的编纂，"至于各省纂修通志送部，前奉圣谕极当。《清一统志》关系典志，自应催令速修。从前用兵之际，各省修完送到之日，应即行纂修一统志书"。康熙帝乃着礼部商榷，"上曰：是。各省所修通志作何察催，及应修一统志事宜，着礼部确议具奏"②。嗣后，礼部奉昭下文，要求各地尽快完成通志的纂修。在此情形下，各省府也加紧督促所辖府州县加快地方志的编纂，为省府志书提供资料和参考。③

雍正六年十一月，《清一统志》总裁、大学士蒋廷锡奏言，顺治、康熙两朝所修省志多有缺漏，也不无滥收之弊，请旨令各督抚细加核实。雍正帝明令催促各地保质保量完成通志的编纂工作，违者严惩："志书与史传相表里，其登载一代名宦人物，较之山川风土尤为紧要，必详细确查，慎重采录，至公至当，使伟绩懿行逾久弥光，乃称不朽盛

① 康熙《莱阳县志》卷首《奉上修志敕文》，国家图书馆藏本。
② 《康熙起居录》第二册"康熙二十二年四月十二日甲申"条，中华书局1984年版，第988页。
③ 董馥荣：《清代顺治康熙时期地方志编纂研究》，上海远东出版社2018年版，第24页。

事。今若以一年为期，恐时日太促，或不免草率从事，着各省督抚将本省通志重加修辑，务期考据详明，搜采精当，既无缺略，亦无冒滥，以成完善之书。如一年未能竣事，或宽至二三年，纂成具奏，如所纂之书，果能精详公当，而又速成，着将督抚等俱交部议叙。倘时日既延，而所纂之书又草率滥略，亦即从重处分。至于书中各项分类，条目仍照例排纂，其本朝人物一项，照着所请，将本省所有名宦、乡贤、孝子、节妇，一应事实，既详查确核，先行汇送《一统志》馆，以便增辑成书。"雍正十年，再次下令各地进呈方志："特命臣纂修《一统志》，分行各省修辑通志，以备采择。"乾隆三十一年，重提《清一统志》的纂修，诏令"直省志乘以进"。嘉庆六年，诏修《清一统志》，命各地再现新旧志书。① 由于皇帝极为重视，三次《清一统志》的纂修，对各地方志的编纂起到了良好的促进作用。

　　朝廷对《清一统志》高度重视，要求各地进献方志，不仅仅是为了制图需要，而是重在搜集全国的综合信息。朝廷曾三次组织人力，三次编纂（康熙二十五年、乾隆五十四年、道光十二年），通过舆地政策和地理学，清朝整合了全国各种地理资源，最终完善了作为帝国统治者的身份证明。② 三次《清一统志》纂修期间，湖北方志的编纂呈现高潮，共计纂修了 179 种方志③。具体来看，省志有康熙《湖广通志》和雍正《湖广通志》、乾隆《湖北通志》、嘉庆《湖北通志》等 4 种，约占清代湖北省志总量的 57.14%；府志有 18 种，约占清代府志总量的 51.43%；州志有 12 种，约占湖北州志总量的 23.53%；县志有 93 种，约占清代湖北县志总量的 31.31%；另外卫志、乡土志有 4 种。具体如表 3-1。

---

① 《钦定大清一统志》，转引自巴兆祥：《论大清一统志的编修对清代地方志的影响》，《宁夏社会科学》2004 年第 3 期。

② 李扬帆：《涌动的天下：中国世界观变迁史论（1500—1911）》，知识产权出版社 2012 年版，第 142 页。

③ 巴兆祥统计三次《清一统志》编纂期间，湖北共计纂修方志 83 种，且未计入散佚方志。

表 3-1　　　　　三修《清一统志》期间湖北所修方志统计表　　　　（种）

时期\种类	康熙十一年至乾隆八年	乾隆三十至四十九年	嘉庆六年至道光二十二年	数量	同类方志比重
省志	2	1	1	4	57.14%
府志	14	0	4	18	51.43%
州志	7	2	3	12	23.53%
县志	50	20	22	92	31.31%
其他方志	3	0	1	4	—
合计	76	23	31	130	32.19%

以黄州府麻城县为例，该县志书自康熙九年屈振奇主持编修后，历经一百二十多年未曾续修或重修，县内文献惨遭兵火，散佚也严重，再修志书亦十分困难，为邑中一大憾事。乾隆年间朝廷再度启动《清一统志》纂修，督促省府州县编纂志书，为《清一统志》编纂提供参考材料。乾隆六十年，麻城知县黄书绅乃聘请方志大家章学诚等纂修县志，"顾此志不修者，已百有二十余年矣。风土犹是，人物日增，考献征文半多沦失，钦奉上谕纂修《一统志》，征以各县志，如《麻志》之疏略，何足以上尘御览，爰延浙绍章君为总修，邑中诸君子为分修。据所见闻，加以采辑，务举道一风同之盛、民安物阜之隆，以及忠孝节义仕宦科名一一笔之。越五载始脱稿，付诸梓人"①。

另外，自唐代开始，定期编纂图经渐成制度，而至清代则以明诏确定六十年一修的制度："颁各省府州县志六十年一修之令。"②但是，这一制度在各地并没有严格遵行，在湖北亦是如此。湖北部分府州县因战乱、财力不济等诸多原因甚至出现百年未修者。江夏县志，康熙六十一年(1722 年)，知县潘寀鼎、邑人刘宗贤等纂修，凡二十二卷，迟至乾

① 乾隆《麻城县志》卷首《序》，故宫出版社 2013 年版，第 23 页。
② 梁启超著，朱维铮校注：《中国近三百年学术史》，复旦大学出版社 2015 年版，第 441 页。

隆五十八年(1793年)由知县陈元京、汪知松、陈正烈纂修，凡五十八卷，二志相隔达到七十余年；武昌县志，乾隆二十八年(1763年)，知县邵遐龄修，至光绪二年(1876年)王家璧再修，相隔一百多年；兴国州志，雍正十三年，知县魏钿、邑人颜星等以平目体撰修州志十卷，至道光朝，金宝树、罗德昆《兴国州志稿》，相隔近百年。蒲圻县志，乾隆三年(1738年)王云翔、李日瑚纂修，至道光十六年(1836年)劳光泰纂修，相距百年。但整体来看，"六十年一修"的制度为绝大多数地方所遵循，避免了志书因年久失修而文献散佚的情况，从而推动清代地方志的发展和繁荣。

(二)地方官的重视和积极推动

"方志中什之八九，皆由地方官奉行故事，开局众修。"[1]故而地方志的编纂，特别是官修方志离不开地方官在统筹协调、经费筹措等各个方面的支持。虽然与征收钱粮、兴办水利、处理刑狱等事务相比，地方志编纂为"不急之务"，但毕竟属于重要的公共事务，地方官有职责支持和主导地方志的编纂。而编志，为夸饰个人政绩提供了契机，亦为加强与上级官员和地方士绅的联系提供了难得的机缘。故而，许多地方官十分热衷于编纂地方志，在倡导修志、募集经费、聘请修志人员以及志书质量和内容把关等方面充当了不可或缺的角色。

由于资政的现实需要，大多数地方官对修志的重要性和责任担当都有较为清晰的认识。

乾隆年间任职枝江知县的王世爵就认为方志为一地文化重典，不可不修："县令下车，掾曹必以邑志呈阅，洎乎晋谒上官，亦以兹充羔雁焉。甚矣，邑志之重也……予慨然有志续貂，乃忘其固陋，谋诸邑之故老而搜讨旧闻，博求轶事，近忝府志，远证史书。"[2]

乾隆年间竹山知县常青岳认为无志书则难以知一地风尚，无益于资

---

① 梁启超著，朱维铮校注：《中国近三百年学术史》，复旦大学出版社2015年版，第441页。

② 乾隆《枝江县志》卷首《发凡十五则》，海南出版社2001年版，第330页。

政和施行教化："竹山，古上庸郡，接壤秦蜀，为全楚藩篱，地至重也。余于乙丑秋承乏于兹，欲求志乘以资治而不得。则以曩时屡经兵燹，靡有留遗。窃叹此地山重水复，控引三省，何以考其扼要？五方聚处，民情不一，非志何以知其风尚？他如良吏之政迹、乡贤之懿行暨贞妇之节操，皆不可无志。"①

乾隆年间黄冈知县蔡韶清言："若夫网罗乡邑之遗佚，斟酌去取之是非，清在职所不得辞，而综其成者则方今郡宪王公，尤校核不遗余力也，所谓纪实者在是，而垂教者亦在是。"②

光绪年间应城知县罗湘言："邑志，邑征也。修邑志，令责也。"③
同治年间，竹山知县周士桢言："余于癸亥夏承乏于兹，问及县志……余闻而叹息者久之，即慨以重修自任。"④

尤为突出的是湖南省湘阴县人黄世崇，十分热络于方志的编纂，曾在湖北兴山、黄陂、汉川、钟祥、利川、恩施等地为官，几乎每任官一地，便有意编纂志书：

> 世崇幼读史记、汉书、慕司马子长、班孟坚其人，妄冀得所假手试一为之。比长，蹭蹬诸生间，末由厕身史馆。自念所居汨罗，山水古迹甚著，乃编《汨罗志》十有四卷。同治六年，同里郭筠仙侍郎编辑《湘阴图志》，世崇与焉。明年，有《湖南通志》之役。时则有王夔石中丞以为主修，曾忠襄、郭筠仙侍郎、李次青方伯、郭意城京卿、李篁仙观察、吴南屏舍人、罗研生学博以为纂修，而世崇又与焉。既而筮仕来鄂，承乏五邑；于兴山，编《兴山志》二十有二卷；于黄陂、汉川，编《黄陂山水志》《汉川山水志》各二卷；

---

① 乾隆《竹山县志》卷首《常青岳序》，故宫博物院藏本。

② 乾隆《黄冈县志》卷首《重修黄冈县志序》，江苏古籍出版社 2001 年版，第 5 页。

③ 光绪《应城县志》卷首《重修应城县志序》，江苏古籍出版社 2001 年版，第 129 页。

④ 同治《竹山县志》卷首《周士桢序》，江苏古籍出版社 2001 年版，第 301 页。

于钟祥，将次编辑《钟祥志》，而代者至。窃念世崇所居所仕，一皆有志志之。①

为了节省经费开支，黄世崇未聘请他人，独力编纂县志，这种现象亦为少见，可见黄世崇对志书的重视与热情，"县本瘠区，筹费维艰，此次重修县志，力不足以延请名贤，即由世崇手辑成书，以节糜费。特公余暇日无多考据，多未精审，此衷深用歉然"②。

(三)士绅积极参与及支持志书编纂

地方志为乡邦文献，编纂方志是地方要事和文化盛典，士绅极为重视志书的编纂。地方士绅往往积极参与，在志书倡修、资料采访、经费筹措、志书编纂等方面都作出了积极贡献。

乾隆年间，黄冈县修志，邑中士人积极参与，五月而志成，"邑人士复群起而和之，采访者蹑跷屩，纂辑者握铅椠，秉笔者裹粮相从，计自四月开局，五阅月而蒇事"③。黄安旧志多讹误，嘉庆年间，地方士绅向知县林缙光建议纂修县志，"嘉庆丙子秋九月，莅邾城，披阅邑乘，仅抄本，多讹误，亟欲修未逮也。今春，邑人士为之请"④。光绪年间修《黄州府志》，张绪提供其祖父《郡志注遗》，以为修志参考，"今来馆中，同事张君绪兹出其大父斗符先生《郡志注遗》五卷，纠正传闻之谬，与余札记符合者十有六七，喜先得我心。因与同事诸君子共相商榷，订伪补缺，以就正于太守公"⑤。

一批精通史地的学者，以修志为实现个人学术成就的重要途径，"丈夫生不为史臣，亦当从名公巨卿执笔充书记，而因得论列当世，以文章见用于时，如纂修志乘，亦其中一事也"⑥。这些学者积极投身修

---

①　光绪《利川县志》卷首《黄世崇序》，江苏古籍出版社 2001 年版，第 1 页。

②　光绪《兴山县志》卷首《凡例》，江苏古籍出版社 2001 年版，第 2 页。

③　同治《黄冈县志》卷首《俞昌烈序》，江苏古籍出版社 2001 年版，第 14 页。

④　光绪《黄安县志》卷首《林缙光序》，江苏古籍出版社 2001 年版，第 19 页。

⑤　光绪《黄州府志》卷首《靖道谟序》，江苏古籍出版社 2001 年版，第 17 页。

⑥　章学诚著，仓修良编注：《文史通义新编新注》外编四《答甄秀才论修志第一书》，商务印书馆 2017 年版，第 842 页。

志事业，也推动了清代湖北方志的发展。

靖道谟，字果园，黄冈县人，康熙六十年进士，任姚州知府，致仕归主讲江汉、白鹿等书院，"果园才识英练，学求实用，文名擅三楚。乞归后，益沉意典籍，博综遐讨，皆心得也"①。乾隆五年，鲁之裕聘请靖道谟纂修《湖北下荆南道志》，考核谨严，为时人所推许。陈诗，字愚谷，蕲州人，进士，曾任工部主事等，精于经史子集金石之学。乾隆五十八年，应知县黄垲之请，又纂修《广济县志》。

章学诚，浙江会稽人，乾隆四十三年进士，近代方志学奠定者，时年十四岁的章学诚即随父章镳至应城，后又长期寓居湖北，与湖北结下不解之缘，在湖北曾先后参与编修和指导《天门县志》《麻城县志》《石首县志》《荆州府志》《湖北通志》《广济县志》等，纂修数量较多，且质量上乘。

王柏心，字子寿，监利县人，道光二十四年进士，任刑部主事，晚归主讲荆南书院。王柏心精通史地之学，著述颇丰，参与编纂道光二十八年《黄冈县志》、同治三年《东湖县志》、同治三年《宜昌府志》、同治七年《汉阳县志》、同治六年《当阳县志》、同治十一年《监利县志》等6种湖北方志，也是清代参与编纂湖北方志数量较多的学者。

第二节　清代湖北方志的时间脉络

有清一朝，湖北修志频繁，但由于特定历史时期境况有所差异，具体到某一朝代方志的编纂数量也呈现不均衡性。具体如表3-2。

表3-2　　　　　　　清代湖北方志分期、种类统计表　　　　（种）

朝代＼志种	省志	道志	府志	州志	县志	卫所志	土司志	乡土志	汇总
顺治	0	0	1	2	17	4	0	0	24
康熙	1	0	12	13	71	2	1	0	100

---

①　丁宿章：《湖北诗征传略》卷十六《黄冈县》，丁氏泾北草堂光绪七年版。

续表

志种 朝代	省志	道志	府志	州志	县志	卫所志	土司志	乡土志	汇总
雍正	1	0	0	1	7	1	0	0	10
乾隆	1	1	6	7	54	0	0	0	69
嘉庆	1	0	2	2	20	0	0	0	25
道光	0	0	2	4	24	0	0	1	31
咸丰	0	0	0	2	8	0	0	0	10
同治	0	0	4	6	57	0	0	0	67
光绪	2	0	6	12	34	0	0	3	57
宣统	1	0	1	0	1	0	0	3	6
不详	0	0	1	1	4	0	0	0	6
总计	7	1	35	50	297	7	1	7	405

从表 3-2 可知，清代每一个朝代皆有方志编纂活动，其中修志最多的是康熙、乾隆、同治和光绪四朝，分别为 100 种、69 种、67 种和 57 种，占清代湖北方志总量的 24.69%、17.04%、16.54%、14.07%，三朝所修志书总计 293 种，约占整个清代的 72.35%。其次是道光、嘉庆、顺治，分别为 31 种、25 种、24 种，分别占志书总量的 7.65%、6.17%、5.92%，三朝合计修志书 80 种，约占总量的 19.75%。最少的是咸丰、雍正和宣统三朝，修志数量分别为 10 种、10 种和 6 种，占总量的 2.47%、2.47%、1.48%，三朝总计修志书 26 种，约占 6.42%。

从每年修志的频率来看，顺治朝历时 18 年修志 24 种，每年修志 1.33 种；康熙朝 61 年间修志 100 种，每年修志 1.64 种；雍正朝 13 年间共计修志 10 种，每年修志 0.77 种；乾隆朝 60 年间共计修志 69 种，每年修志 1.15 种，嘉庆朝 25 年间共计修志 25 种，每年修志 1 种；道光朝 30 年间共计修志 31 种，平均每年修志 1.03 种；咸丰朝 11 年间共计修志 10 种，每年修志 1.03 种；同治朝 13 年间共计修志 67 种，每年修志 5.15 种；光绪朝 34 年间共计修志 57 种；每年修志 1.67 种；宣统朝3年间共计修志6种，平均每年修志2种。总的来看，清初三朝修志较为频繁，而后修志稍有迟滞和缓慢，至同治朝则开始兴盛，修志频率达到顶峰，参见表3-3。

表3-3　　　　　　清代湖北历代修志数量、频率概况表

朝代	历时（年）	志书数量（种）	频率（种/年）
顺治	18	24	1.33
康熙	61	100	1.64
雍正	13	10	0.77
乾隆	60	69	1.15
嘉庆	25	25	1
道光	30	31	1.03
咸丰	11	10	0.91
同治	13	67	5.15
光绪	34	57	1.67
宣统	3	6	2
不详	—	6	—
合计	268	405	1.51

为了更好地展现清代湖北方志发展概况，绘清代湖北历朝每年方志所编纂方志种数图，具体如图3-2。

从时间分布上来看，清代湖北方志以乾隆朝、同治朝为节点，可以将湖北方志编纂分为三个阶段，顺治至乾隆四朝为修志数量最多的阶段；嘉庆咸丰二朝是修志数量最少的阶段；同治光绪宣统是修志数量相当丰富的阶段。

一、顺治至乾隆朝的地方编纂

顺治至乾隆朝，历经152年，湖北共计修志203种，占清代湖北志书近一半。其中，省志3种、道志1种、府志19种、州志23种、县志

（种/年）

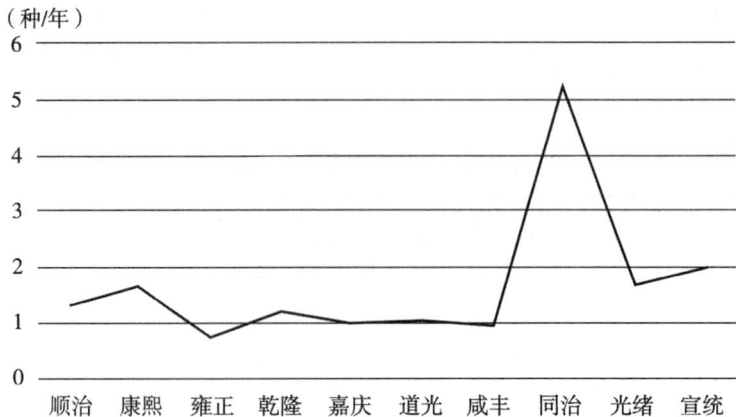

图 3-2　清代湖北历朝修志频率概况图(年/种)

149 种、卫所志 7 种，土司志 1 种，修志数量较多，是修志活跃期。

（一）现实的迫切需要

顺治初年，清廷实际控制湖北大部分地区，重新建立新的统治秩序，需要全面了解一地的户口、赋役、地理险要等，以服务战事和政治统治。而方志无疑是最能集中反映地情的文献资料，有益于资政参考。然而，在明末清初的频繁战事之中，前代方志散佚十分严重，"照得楚省志书，兵燹之后，版籍灰烬，无从考订"①。并且新朝的建立，应当借助一些文化方面的软手段笼络前朝遗民，宣告新的地方秩序的建立。而编纂地方志这一传统性的官书成为首要的考虑。在诸多目的和思量之下，编纂新的方志成为题中之义，具有迫切性和现实目的。

（二）前代修志体例的范式与借鉴

清初，贾汉复编纂《河南通志》《陕西通志》，诸目平列，门类齐全，体例规范，是清初名志。康熙十一年，康熙帝采纳保和殿大学士卫周祚各省聘请名儒纂修通志的建议，以贾汉复《河南通志》《陕西通志》为天下修志标准，"特命督抚各修省志，其成式一以贾中丞秦、豫二志为

———————————

①　康熙《安陆府志》卷首《修志檄文》，江苏古籍出版社 2001 年版，第 24 页。

准"。雍正帝又重申此令："雍正间，世宗因《一统志》历久未成，复诏各省纂修通志，仍如前式。是恪遵功令，不敢因仍旧志，昭法令也。"①顺治《河南通志》和康熙《陕西通志》拉开了清代修志序幕，为各地省志的编纂提供了范式，推动了地方志的编纂工作，"修通志之疏托始于卫曲沃，旋值今上聪明天纵，加意右文，纂修通志、一统志之令相继而下，然后天下靡然向风，莫不以修志为事"②。

康熙《湖广通志》应诏遵贾汉复志体例，"楚癸丑年之有《通志》之役也，曲沃相之疏倡之也。先是豫、秦志成，诏楚如例，方伯九如张公主楚，湖以北因修楚北志以俟全。聘士得八人，以七月受事，季冬具草。此次修志，建白自卫周祚，而以豫、秦二志为式，此举殊不厌人意"③。康熙《汉阳府志》依康熙《陕西通志》体例编纂，"是志也，本《秦志》而增润之，又益之王君亦世之藏稿，以成厥美云尔"④。

（三）行政建置改革的稳定和完善

地方志编纂是以省府州县等行政区划为依托的独特文献，行政建制的更迭、稳定对方志编纂具有重要影响。清代湖北建制变革主要集中在顺治和雍正两朝，尤其是雍正朝，为修志提供稳定行政建制基础。

省级机构方面，康熙七年，裁湖广总督，九年复设湖广总督，还驻武昌府。雍正年间，正式设置湖北巡抚。郧阳抚治，顺治康熙间多次裁设，至康熙十九年正式裁撤郧阳抚治。

府县方面，顺治三年十月，改承天府为安陆府。顺治十六年，裁上津县，并入郧西县。雍正四年，改景陵为天门县。雍正七年七月，拨德安府孝感县、黄州府黄陂县归汉阳府。雍正八年八月，裁施州卫、大田所以及十五土司置恩施县。雍正十三年三月，设施南府，置宣恩县、来凤县、利川县、咸丰县以及划四川夔州府建始县来附。雍正十三年三

---

① 乾隆《沧州志》卷首《凡例》，国家图书馆藏刻本。
② 康熙《湖广武昌府志》卷首《胡戴仁序》，江苏古籍出版社 2001 年版，第 9 页。
③ 王葆心：《再续汉口丛谈》，湖北教育出版社 2002 年版，第 321 页。
④ 康熙《汉阳府志》卷首《陈国儒序》，湖北人民出版社 2014 年版，第 10 页。

月，升夷陵州为宜昌府，治所东湖县，降归州直隶州为散州；容美宣抚司地置鹤峰州，容美宣抚司所属五峰司置长乐县，属宜昌府。雍正十三年十一月，以恩施为附郭。乾隆二十七年二月，沔阳州往隶汉阳府；七月，因沔阳州地方千里，商业发达，析设文泉县；三十年二月裁撤。乾隆五十六年三月，升安陆府荆门州为直隶州，以安陆府当阳县、荆州府远安县来属。清代前期的行政区划改革，为地方志的编纂奠定了较为稳定的建制基础。

二、嘉庆、道光、咸丰三朝的地方志编纂

嘉庆、道光、咸丰三朝是社会矛盾激发时期，湖北地方志编纂数量急剧下滑，嘉道咸三朝编省志 1 种，府志 4 种，州志 8 种，县志 52 种，乡土志 1 种，共计 66 种，每年平均编纂方志 1 种，修志数量尚不及乾隆一朝之数，与同治朝数量大抵相等，更与康熙朝所修志书数量有较大差距。

(一) 时局动荡，战乱不已

嘉庆元年正月，宜都、枝江爆发了以张正谟、聂杰人等领导的白莲教起义，队伍很快从二千余人发展到二万多人，并带动了其他地方的抗清斗争。同年三月，襄阳教众王聪儿、姚之富、王廷诏、刘启荣、王光祖等人在襄阳黄龙垱起事，先后攻占孝感、襄阳，人数达五万余。枝江、宜都、长阳、当阳、竹山、保康等地也相继举事响应。至嘉庆七年，张天德战死巴河，聂杰人死于竹山，湖北白莲教起义基本被平息。嘉庆朝白莲教起义，波及川楚陕数省，其中湖北郧阳府、襄阳府、宜昌府、施南府等地的社会生产遭到严重破坏，"闻近日贼匪每至一村庄，先将年壮平民逼令入伙，一遇官兵，辄令入伙之人当先抗拒，贼匪随后接应。若当先者被兵剿败，贼匪即乘间先窜，官兵则随后杀掠报功。节次摺内所称杀贼无数者，大抵皆系逼胁贫民，而真正教匪，早已远飏"①。《当阳县避难记》记述则更为详细："闻各乡士设卡，堵御教匪，

---

① 陈振汉：《清实录经济史资料》，北京大学出版社 1989 年版，第 678 页。

欣以为义举，竟不分良莠，临卡即杀，罄其所携，甚至图产利财，报仇报怨，至亲不顾，幼稚不遗。"①

道光十九年、二十一年、二十二年，崇阳县农民三次进城驱逐书吏，反抗浮收勒索积弊。尤其是道光二十一年，钟人杰、陈宝铭等领导的抗漕暴动，持续时间达四十余日，波及崇阳、通城、蒲圻、通山等地，清廷召集五千军队，耗费军费二十余万两，平息了此次起义。

"天下大局，武昌为重"，湖北无论统一还是分裂时代，都具有重要战略地位。1852年至1856年，太平军四度攻占武昌，势力范围遍及湖北南部、东部和中部数十州县，歼灭清军营兵、乡勇和地方团练十余万人。② 1857年，陈玉成率军进入黄梅、罗田、蕲州、广济等地，后又数次进入鄂东，迟至1861年，安庆失守，陈玉成战死，鄂东太平军退出湖北。受太平军影响，湖北各地也纷纷展开反清斗争。1853年，襄阳郭大安起义、通城方九五起义、崇阳陈申子起义、嘉鱼熊开宇起义、武昌彭大士起义、沔阳陈苦鹊子起义；1854年，京山孔昭漾、白娘子起义；1856年，松滋穷团起义、随州赵邦璧起义；1864年，田士珺起义等。

(二) 吏治腐化，官员昏聩

嘉庆以后，各级官吏贪污成风，对百姓进行敲骨吸髓般压榨。荆门知州高世荣利用里书，伙同劣绅、书役在征收钱粮中舞弊，贪墨财务，"楚省征催钱粮，每乡每里各有里书、册书，盘踞乡曲，包揽侵收，飞洒诡寄，以及需索册费等弊。前署荆门知州高世荣纵用里书，朋比为奸"③。竹山知县常丹葵以暴虐为能事，"吓诈富家无算，赤贫者按名取结，纳钱释放，少得供据，立马惨刑，至以铁钉钉人壁上，或铁锤排击多人。情介疑似，则解省城，每船载一二百人，饥寒就毙，浮尸于

---

① 彭延庆：《当阳县避难记》，转引自张建民：《湖北通史·明清卷》，华中师范大学出版社1999年版，第227页。

② 罗福惠：《湖北通史·晚晴卷》，华中师范大学出版社1999年版，第67页。

③ 《高宗实录》第一三〇〇卷，"乾隆五十三年二月戊辰"条。

江，殁狱中者，亦无棺敛"①。乾隆晚年，大开捐例，仕风大坏。道光元年，麻城人袁铣提到襄阳知府捐官过滥，"襄阳知府实少林寺僧……未经告发者，其人由不知几许"②。

负责地方教育的府州县学官老年化严重。嘉庆时，钟祥、安陆、天门、京山等县教授、教谕和训导等官九人，年纪均在六十岁以上，其中最长者达九十一岁：

> 歙鲍双五先生督学湖北，按试安陆时，府县学校官十人，钟祥县教谕蔡理元，蕲州举人，年七十六；潜江县教谕徐洲，兴国举人，年七十三；安陆府教授潘恒月，兴国举人，年七十三；天门县训导胡学洙，郧西岁贡，年七十；潜江县训导萧协中，嘉鱼岁贡，年六十八；天门县教谕李如筠，江夏举人，年六十七；京山县训导邱齐益，武昌优贡，年六十五；京山县教谕柯光澍，大冶举人，年六十二；安陆府训导杨万炳，松滋岁贡，年九十一；惟钟祥县训导萧爔，竹溪廪贡，年四十四，为最少。自杨君以上九人，合六百四十三岁，连闰扣去虚日，共阅甲子三千九百一十有赢。先生有《郢中九老歌》，亦嘉话也。按此吾乡冷官中一段旧话也。③

道光年间，湖广总督林则徐和湖北巡抚周之琦三次将吏治情况奏报朝廷，处分知州、知县等十九人。咸丰年间，湖北巡抚胡林翼罢总兵、道员、知县等数十人，仍难以有效澄清湖北吏治。④

（三）经济衰退，财政困难

自从嘉庆朝起，全省原本应额征收二百万两财政收入，但由于官吏贪墨、士绅拖欠以及浮收超支等原因，实际收入一百三十万两左右。其

---

① 《清史稿》卷三百五十六《谷际岐传》，中华书局 1977 年版，第 2315～2318 页。

② 宣统《湖北通志》卷一百三十九《人物志》，国家图书馆藏民国十年刻本。

③ 王葆心：《续汉口丛谈》，湖北教育出版社 2002 年版，第 53 页。

④ 罗福惠：《湖北通史·晚晴卷》，华中师范大学出版社 1999 年版，第 8 页。

中大部分交解京师和协济邻省，留存湖北者仅二三十万两，"数十万之正额，征收不满一半，数十年之积弊，浮勒至于十倍"①。财政日趋困难，亏空严重，常平仓因无钱购粮，较定额减少了一百二十万石。加上道光末年始，军费开销激增，财政已经严重透支，须向户部申请拨临省饷银三十万两。②

百姓则饱受水患兵乱、苛捐杂税等之苦，负担繁重，"舍本逐末，不耕而食，民日众而农日以少，谷出益寡，而谷价腾跃。骤有水旱，尽一岁之力所出，不足以给用。郡县凡大役作，农夫荷畚锸而待命，不避霜露雨雪寒暑之劳。长吏之所征输，吏役之所侵渔，里胥之所中饱，尽农夫之膏血也。鞭挞之惨，农亲授之，狱讼之繁，追乎之扰，农习闻之，舆马送迎之费，筑堤修闸之派，农靡不与之。朝所蠲者，吏已征之。一钱之欠，百钱不足以偿之。于是乎农始大病"③。

三、同治、光绪、宣统三朝的方志编纂

同治、光绪、宣统三朝，历经五十年，编纂方志 130 种，其中省志 3 种、府志 11 种、州志 18 种和县志 92 种、乡土志 6 种，每年纂修方志 2.6 种，这一时期是清代修志最多、修志最为频繁的时期，也是传统社会修志最多的时期。

同治朝，太平天国及其后来的捻军起义相继失败，各地农民起义进入低潮，时局渐趋稳定，为修志提供了安定的社会环境。清廷欲以方志标榜"中兴"。表彰在镇压太平军及捻军等死难官绅民妇，推动了地方志的编纂。同时，一批军功地主崛起，希望以方志的媒介，凭借自己的政治权力转化为文化优势，如杨长杰，应山县人，在镇压太平军中屡有

---

① 胡林翼撰，胡渐逵、胡遂、邓立勋校点：《胡林翼集》第一册《奏陈鄂省尚有应办紧要事件请俟九江克复再行率师下剿疏》，岳麓书社 2008 年版，第 331～333 页。

② 罗福惠：《湖北通史·晚晴卷》，华中师范大学出版社 1999 年版，第 30 页。

③ 刘淳：《云中集》第一册《农病》，国家图书馆藏道光十三年刻本。

军功，"杨长杰，咸丰壬子科，顺天榜，先由优选考取教习，授江西长宁知县，历任建昌贵溪县，以军功擢莲花厅同知，赏戴蓝翎，即升知府，赏换花翎，历有政绩"①。同治年间修志，杨长杰捐款达一千串文之多，是此次修志捐献最多者。

雍正帝曾命各地省府州县志修志凡六十一修，而受战乱等因素的影响，执行并不得力。至同治朝，湖北多地志书近百年，甚至有近二百年未能纂修。加上前代旧志书毁于嘉庆以来兵燹者尤甚②，编修新志具有迫切的需要。

《湖北通志》，自从嘉庆初年纂修，八十余年未修，同治十年湖北巡抚彭祖贤乃重新启动修志，"《湖北通志》未修者八十年，辛未秋抚军彭大中丞开局鄂垣，檄取十属州县新志以备采择"③。同治年间启动的《湖北通志》，命各地以新志呈送，以备取材，有力地推动了各府州县志编纂，"楚北叠遭兵燹，闾阎凋敝，大府悯之，思所以善其后者，而因地制宜，幅陨辽阔，体察未周，难期经久，征文考献，散佚实多，心滋戚焉。爰檄郡邑纂修志书，备合修通志，随时省览，鉴往辙，垂法戒，诚为政之本"④。

湖北各府州县志也不乏久未纂修者。《汉阳县志》，自嘉庆二十三年裴行恕、徐必观纂修后，四十余年未修，局势安定之后，时人以修志为急务，"刺史兰丞黄公之宰汉阳也，承兵燹后，事变多矣，慨然谓邑乘久未增续，此其最急者，与都人士谋之，皆曰是不容缓"⑤。《松滋

① 同治《应山县志》卷二十三《人物志》，江苏古籍出版社 2001 年版，第 361 页。

② 嘉庆以来的战事中，尤其是太平天国运动，湖北包括方志在内的文献损毁极为严重，"楚北包江汉，枢辖东南，粤匪如毛，饮祸为烈。鄂城则三失三复，案牍则寸纸寸灰。图书荡然，文献缺矣"。

③ 光绪《孝感县志》卷首《沈用增序》，江苏古籍出版社 2001 年版，第 6 页。

④ 光绪《襄阳府志》卷首《重修襄阳府志序》，江苏古籍出版社 2001 年版，第 1 页。

⑤ 同治《续辑汉阳县志》卷首《王庭桢序》，江苏古籍出版社 2001 年版，第 162 页。

县志》中断尤久，自康熙间修纂后，近百六十年未能纂修，"索观县志则锓板久已无存，所存者断简残编而已，进绅耆而询之，佥曰：自明季以迄国初叠遭兵燹，典籍之亡，康熙初邑侯李公式祖始辑大略，厥后屈公超乘、陈公麟相继重修，仍属简略，自是百六十余年未经修辑"①。《宜都县志》，自康熙三十六年刘显功纂修后，一百六十七年未修，荒废已久："志书为文献所在，爰取而披阅再三，见其废未修者百六七十年，典章文物阙焉弗备，傥因陋就简，日就荒湮可若何？"②《通山县志》自康熙四年一修，至同治朝则已二百余年，未有续修者，"通山县志自康熙四年续修后，二百余年迄未议"③。

第三节　清代湖北方志的空间分布

楚室利用1984年湖北省图书馆和省方志办资料室联合收集书目，分析探究历代湖北方志分布概况。④ 但稍显不足的是该文主要以现存方志为研究对象，而未能将散佚方志纳入考量，所得出的结论有待商榷。笔者利用藏书目录、现存方志以及文集等资料，以府为行政区域加以考量清代方志编纂在空间上的分布状况，具体如表3-4所示。

表3-4　　　　　　　清代湖北方志分布、种类表　　　　　（种）

地区＼志种	府志	州志	县志	卫所志	土司志	乡土志	合计
武昌府	2	7	43	0	0	1	53
汉阳府	2	10	24	0	0	0	36

---

① 同治《松滋县志》卷首《吕缙云序》，江苏古籍出版社2001年版，第321页。

② 同治《宜都县志》卷首《崔培元序》，江苏古籍出版社2001年版，第310页。

③ 同治《通山县志》卷首《罗登瀛序》，江苏古籍出版社2001年版，第3页。

④ 楚室：《湖北方志概述》，《湖北方志通讯》1983年第4期。

续表

志种\地区	府志	州志	县志	卫所志	土司志	乡土志	合计
黄州府	5	7	43	0	0	1	56
德安府	2	4	16	0	0	0	22
襄阳府	5	3	32	0	0	2	42
郧阳府	6	0	36	0	0	0	42
荆州府	4	0	33	2	0	3	42
安陆府	1	0	17	0	0	0	18
宜昌府	3	13	19	0	0	0	35
施南府	5	0	25	5	1	0	36
荆门州	0	6	9	0	0	0	15
合计	35	50	297	7	1	7	397

有清一朝，湖北共修各类方志 405 种，其中省志 7 种、道志 1 种、府志 35 种、州志 50 种、县志 297 种、卫所志 7 种、土司志 1 种、乡土志 7 种。具体到府一级单位，修志最多的地区是黄州府，56 种；其次是武昌府，有 53 种；后依次是郧阳 42 种、襄阳府 42 种、荆州府 42 种、汉阳府 36 种、施南 36 种、宜昌府 35 种、德安府 22 种、安陆府 18 种、荆门州 15 种。

一、清代湖北方志空间分布特征原因分析

方志编纂是一项文化活动，与政治、经济等因素密切关联。各地经济状况、政治地位高低、文化发展水平程度不同，都会影响到清代湖北方志的编纂。清代湖北方志编纂呈现出区域不平衡的特点。

(一)经济因素

"志乘盛衰又系乎经济矣。"① 各地经济发展程度的差异，无疑会影响到方志的数量和质量等。编纂地方志往往耗费不菲，少则千余两，多

---

① 傅振伦：《中国方志学通论》，商务印书馆 1935 年版，第 86 页。

则万余两，一些经济发展较为滞后的州县，难以筹集，而不是如某些学者所认为的"不难筹措"①。

以宜昌府长乐县和郧阳府郧西县为例，便可见一斑。长乐县地处万山之中，土瘠民贫，咸丰元年，知县李焕春有志编纂，困于经费拮据而被迫放弃："辛亥春正商诸学博潘君，命集各绅士谋之，佥以经费无出为辞，而春念亦收息矣。"②郧西县，"郧西环处皆山，民多务农，不善商贾，东北通淅川、商南、山阳镇安，秦豫有警，则西即震动之，其为俗大约虚多实少，号万金之家者并无百缗之藏"③。同治二年，远安教谕见旧志质量不佳，有意重修，而经费无出，遂未果，"癸亥春，予承乏远安教谕，接记后，欲得风土人情，索县志读之，记载颠倒，且多不可解之句，思为厘订，而其书编纂未久，邑中公事甚多，资用乏绝，念遂止"④。

(二) 文化教育

编纂地方志是一项智力支持的文化活动，与一地的文化教育发展水平有着不可分割的关联。清代湖北教育文化发展相对繁荣，但具体到各地呈不均衡性。为更好地展现一地文化发展水平与方志编纂的关系。笔者以义学、书院、进士、举人数量等为参考维度，详见表3-5。

表3-5　　　　　　　清代湖北各府志书与文化教育情况表

参数\地区	书院		义学		进士		举人		方志	
	数量（种）	排名（名）	数量（种）	排名（名）	数量（种）	排名（名）	数量（种）	排名（名）	数量（种）	排名（名）
武昌府	20	2	86	2	275	3	1231	2	53	2
汉阳府	12	8	13	8	284	2	1215	3	36	6

①　李晓方：《县志编纂与地方社会——明清〈瑞金县志〉研究》，中国社会科学出版社2015年版，第102页。

②　咸丰《长乐县志》卷首《序》，湖北省图书馆藏咸丰二年刻本。

③　同治《郧西县志》卷一《风俗》，江苏古籍出版社2001年版，第39页。

④　同治《远安县志》卷首《秦叙先序》，江苏古籍出版社2001年版，第327页。

续表

参数 地区	书院		义学		进士		举人		方志	
	数量 (种)	排名 (名)	数量 (种)	排名 (名)	数量 (种)	排名 (名)	数量 (种)	排名 (名)	数量 (种)	排名 (名)
黄州府	40	1	77	3	349	1	2241	1	56	1
德安府	8	10	10	11	101	6	480	6	22	9
安陆府	17	3	27	7	120	4	530	5	18	10
襄阳府	15	5	196	1	22	7	95	8	42	3
郧阳府	8	10	32	5	6	10	26	11	42	3
荆州府	10	8	28	6	109	5	639	4	42	3
宜昌府	15	5	12	10	4	11	58	9	35	8
施南府	16	4	52	4	9	8	42	10	36	6
荆门州	13	7	13	8	17	8	96	7	15	11

注1：英山县计入黄州府。

注2：清代义学数据来源于冯明《清代湖北义学研究》。清代书院资料来源于蔡少荣《明清湖北书院研究》。进士、举人数量参考张建民《湖北通史·明清卷》、熊贤君《湖北教育史》等。

为更好反映各府志书数量与教育发展程度之间的关系，选择以方志、书院、义学、进士、举人等相关数据排名为参考系数，如图3-4所示。

由此可见，文化发展程度与方志编纂存在正相关关系，即文化相对发达的地区，方志编纂数量往往较多，如武昌府、黄州府、荆州府文化相对发达，方志编纂亦较为繁盛。而文化发展相对滞后的荆门州、德安府和施南府，方志编纂则并不占优势。

（三）建制改革与所辖州县的志书数量

地方志编纂以府州县等行政区划为依托，建制改革等皆会影响到方志编纂。宜昌府、施南府、荆门州建制改革完成时间较晚，所编方志数量有限。宜昌府，明代原为夷陵州，顺治年改为彝陵州，雍正十三年才

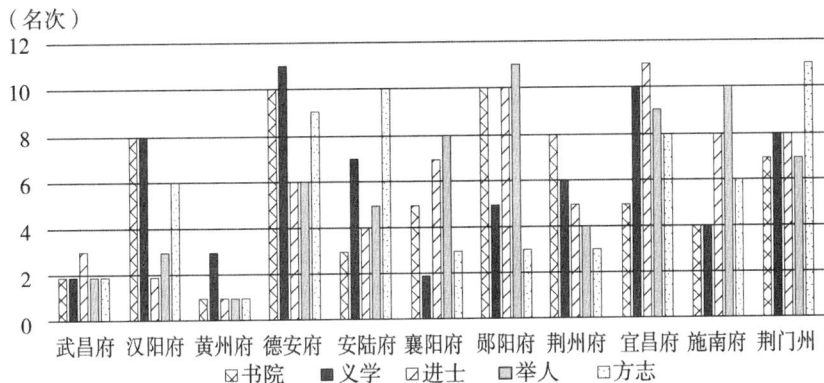

图 3-4 清代湖北各府志书与教育发展概况图

升为宜昌府，置东湖县为府治，以鹤峰、长乐、归州、长阳、兴山、巴东等州县来附。① 施南府，清初承袭明制，实行卫所制，为施州卫都指挥使司，而建始县则属四川夔州府。清初，施州卫始终处于"朝秦暮楚"的状态，顺治朝为夔东十三军势力范围，康熙三年归顺清廷，然十三年，吴三桂和谭宏叛乱，施州附之，不久又归服清廷，"清康熙三年，施州始归顺……十三年，吴三桂据云南叛，施入于逆，至十九年归顺；后谭宏据四川叛，施又陷于逆，次年归顺"②。至雍正六年，始设恩施县，隶属归州；十三年，设施南府，属湖北布政使司，增设宣恩、来凤、咸丰、利川等来属。乾隆元年，以建始县来附施南府，至此施南府才完成建制改革。荆门州，原隶为散州，属安陆府，领当阳县。乾隆五十六年，升为直隶州，属湖北布政司，以远安来属，建制改革时间稍晚，所辖县数亦少，方志编纂不多。

志书属于人们记载一定地区(行政区划)的自然和社会各个方面的历史与现状的综合性著述。地方志所依托的行政区划的数量多少会影响到地方志的编纂，进而影响到地方志的数量。清代各府所辖的州县数量

① 潘新藻：《湖北建制沿革》，湖北人民出版社 1987 年版，第 903 页。
② 同治《施南府志》卷二《地舆志》，武汉大学图书馆藏同治十年刻本。

多少会直接关乎各地志书的数量，参见表3-6。

表 3-6　　　　　清代湖北各府所辖州县与志书数量概况表　　　　（种）

	州县数量			方志数量						
	州	县	小计	府志	州志	县志	卫志	土司志	乡土志	小计
武昌府	1	9	10	2	7	43	0	0	1	53
汉阳府	1	4	5	2	10	24	0	0	0	36
黄州府	1	8	9	5	7	43	0	0	1	56
德安府	1	4	5	2	4	16	0	0	0	22
安陆府	0	4	4	1	0	17	0	0	0	18
襄阳府	1	6	7	5	3	32	0	0	2	42
郧阳府	0	6	6	6	0	36	0	0	0	42
荆州府	0	7	7	4	0	33	2	0	3	42
宜昌府	3	5	8	3	13	19	0	0	0	35
施南府	0	6	6	5	0	25	5	1	0	36
荆门州	1	2	3	0	6	9	0	0	0	15
合计	9	61	70	35	50	297	7	1	7	397

注：景陵，雍正四年改为天门县，实则为一县。彝陵州，雍正十三年升为宜昌府，暂作一州计算。六安州英山县、夔州府建始县，分别纳入黄州府、施南府计算。

从表3-6来看，各府辖有州县等数量与各类志书编纂总数具有明显的关系。一些辖有州县较多的名镇大府，往往志书数量也较为可观。武昌府、黄州府、郧阳府、荆州府、襄阳府等所辖州县数量在全省居于前列，而所修各类志书数量也明显具有相当的优势。如武昌府辖有州县10个，修有各类志书53种，所辖建制和志书数量都位居全省之前列。而德安府、安陆府、荆门州等所辖州县偏少者，志书数量亦不多。

（四）政治地位的变革

安陆府，明初为安陆州，仅辖有京山县。正德十六年，朱厚熜以外藩入嗣大统，是为明世宗，嘉靖十年，改称承天府，割荆门州、当阳、潜江以及沔阳州等来属，共计辖有二州五县，是湖北大邑。承天府既为龙飞之地，政治地位不言自喻，是与南京应天府、北京顺天府相埒的名都，"承天，故世宗潜龙邸也，升州为府，拟两京兆，声名文物非列郡所可望"①。嘉靖朝，先后编纂《兴都志》《承天大志》，以为夸饰乃父德行，"世宗既追宗献皇，益务张大其事，以明得意，遂作《承天大志》"②。带动属县的方志编纂。然而，入清以后，安陆府政治地位骤降，顺治三年改承天府为安陆府，乾隆二十八年，割沔阳州隶属汉阳府，乾隆五十六年升荆门州为直隶州，以当阳县隶之。③ 至此，原来的名都大邑裁削为仅辖有钟祥、天门、京山、潜江四县的普通府级建制。明代承天府(安陆府)修志府志 5 种、州志 12 种、县志 12 种，计 29 种，在湖北属于修志较多的地区，但入清以来，修志数量骤降，二百多年共计修府志 1 种，县志 18 种，是湖北省修志较少的地区之一。

当然，影响地方志编纂的时空分布的因素还有很多。作为人类一项文化活动的志书编纂，其年代、质量、数量、规模等都相当程度上取决于地方志纂修者，甚至地方官员和士绅商民对于地方志的认识水平和重视程度在某种意义上决定了地方志的编纂。

① 《湖北文征》第二卷《承天府志序》，湖北人民出版社 2014 年版，第 566 页。

② 沈德符：《万历野获编》补遗卷一《承天府志》，中华书局 1959 年版，第 799 页。

③ 潘新藻：《湖北建制沿革》，湖北人民出版社 1987 年版，第 845～846 页。

第四章　清代湖北散佚方志研究

书籍是物质文明和精神文明结合的产物，在人类文明演进历史过程中扮演着重要角色，是所有精神文明传承中直接和重要的物质载体之一。但是作为文化记忆的载体和文化瑰宝，书籍在其流传贮藏过程中遭到严重破坏，散佚甚至毁亡严重，志书作为中国古籍图书的重要组成部分，亦难以避免，无论是私家著述或官方修撰都遭受不同程度的散离失佚。清代以来，特别是近代以降，国家命运多舛，战火频仍，灾厄多发，湖北地处战略要区，为四战之地，清代湖北志书也饱受摧残，散佚较为严重。学界对于清代湖北散佚方志研究不足，有待进一步夯实。通过考证、探究清代散佚旧志的数量、特征、原因等，不仅有利于明晰清代湖北散佚方志状况，丰富湖北方志研究，也有助于客观、准确地认识清代湖北方志发展的脉络及规律。

第一节　清代湖北散佚方志考述

清代是中国最后一个封建王朝，地方行政制度也相对完备。在继承元明两代地方建制基础上，清王朝进一步明确了省—府（直隶州、直隶厅）—县（散州、散县）的三级地方行政制度。入清以后，清朝统治者先恢复为张献忠、李自成所改易的明代各府旧称，改承天府为安陆府，又对鄂西施行改土归流设置宜昌府和施南府，乾隆五十六年升安陆府荆门州为直隶州，光绪三十年升鹤峰州为直隶州。有清一代，湖北各府州县志皆有不同数量的亡佚。通过爬梳现存各类方志、丛书、文集等资料，摸清湖北地区散佚旧志的编纂年代、纂修者及其散佚年代等信息，结合湖北地区现存和散佚旧志，能较好呈现湖北地区方志编纂谱系，进一步推动湖北地区历史文化研究，也有助于认识中国方志发展史。

一、武昌府

(一)兴国州

1. 道光《兴国州志》

金宝树、罗德琨、颜星纂修。金宝树，字仲册，江苏元和人，道光十八年进士，历任利川知县、蕲水知县等，道光十九年任兴国知州①。罗德琨，字玉冈，兴国州人，嘉庆十二年举人，曾任施南府训导，修《施南府志》。罗德琨勤于著述，撰有《景行录》十五卷、《服物统谱》三十卷、《姓氏寻源》八卷、《字学十辨》十卷、《安雅堂诗集》十卷。② 颜星，公安县人，举人，道光年间任兴国州学正。③

是书成稿后，未能刊刻，"罗尹于庚子年应州侯金公之命，辑有志稿，未及刊刻者也"④。道光年间，陈光亨修《兴国州志》多有参考："余因与一二同志悉心访察，矜慎登载，至旧志及罗稿之是者存之，误者改之，繁者削之，阙者补之，务求切实，不贵华丽，务求允协，不敢狥私，一切体裁，俱详凡例。"⑤光绪十五年，翰林院编修王凤池、庶吉士刘凤纶修《兴国州志》时已不存。

2. 光绪二十二年《兴国州志》

卷数不详，熊奎斗纂修。熊奎斗，字雪航，兴国州人，光绪年间岁贡，曾于乾隆十五年预修《兴国州志》。⑥ 是志才四十余叶，采访不广，

---

① 光绪《兴国州志》卷十二《秩官志》，江苏古籍出版社 2001 年版，第 126 页。

② 光绪《兴国州志》卷二十《文学》，江苏古籍出版社 2001 年版，第 220~221 页。

③ 光绪《兴国州志》卷十二《秩官志》，江苏古籍出版社 2001 年版，第 128 页。

④ 光绪《兴国州志》卷首《陈光亨序》，江苏古籍出版社 2001 年版，第 1 页。

⑤ 光绪《兴国州志》卷首《陈光亨序》，江苏古籍出版社 2001 年版，第 2 页。

⑥ 光绪《续修兴国州志》卷首《修志姓氏》，光绪十五年刻本。

修期较为短促，不甚完备，"（光绪）二十二年，岁贡熊奎斗增刊四十余叶，附原志之末，因修期太促，采访未遍，故不能完备"①。光绪三十年《兴国州志》成书后，是志渐失传。

（二）通城

1. 顺治九年《通城县志》

卷数不详，盛治、别仲茂、马振德、束夏、江仁楚、胡顺我等纂修。盛治，号霖襄，江都县人，顺治六年任通城知县，"盛治，号霖襄，江都人，顺治己丑由进士知县事，葺城垣，创公署，召流民，给以官地，令充市廛。年荒，捐俸糈买谷三千余石赈饥。壬辰春，虎发村市，祷而逐之，虎遂屏迹。至省刑罚、核编审、修学、造士诸政，国朝为开创第一名宦"②。马振德，江苏通州人，顺治九年任通城典史。③别仲茂，顺治间通城教谕。④束夏，字孺瞻，沔阳州人，顺治间通城训导。⑤姜仁楚，字济明，恩贡，曾任茶陵州训导。⑥胡顺我，邑人，曾任茶陵州训导。⑦

2. 顺治十年《通城县志》⑧

卷数不详，吴鼎吕纂修。吴鼎吕，字谷泗，贡生吴应鹏第六子，顺治初年任长沙县训导。⑨乾隆年间，是书尚存，但志板已损，"顺治十

---

① 光绪《续补兴国州志》卷首《再续兴国州志序》，江苏古籍出版社 2001 年版，第 540 页。

② 康熙《湖广武昌府志》卷五《选举志》，江苏古籍出版社 2001 年版，第 260 页。

③ 同治《通城县志》卷十二《典史》，江苏古籍出版社 2001 年版，第 537 页。

④ 康熙《通城县志》卷六《循良传》，海南出版社 2001 年版，第 433 页。

⑤ 康熙《通城县志》卷六《循良传》，海南出版社 2001 年版，第 433 页。

⑥ 同治《通城县志》卷十四《选举下》，江苏古籍出版社 2001 年版，第 581 页。

⑦ 同治《通城县志》卷十四《选举下》，江苏古籍出版社 2001 年版，第 581 页。

⑧ 石洪运点校：《湖北艺文志附补遗》，湖北教育出版社 2002 年版，第 1077 页。

⑨ 同治《通城县志》卷十四《选举下》，江苏古籍出版社 2001 年版，第 581 页。

年，吴学博谷泗公重编，然举粗具崖略而已，迄今百余载，藏板渐就漫漶"①。同治时，顺治十年《通城县志》已不见，可能散佚。

3. 乾隆二十九年《通城县志》

十卷，吴开澄、葛行琥等纂修。吴开澄，字峨峙，邑人，乾隆六年举人。② 同治间任通城训导的卢殿才对该书评价甚高："继获邑绅吴君峨峙志共十卷，计纂至乾隆二十九年止，引据之详，考核之确，较旧志不啻开草昧而启文明，尤喜创陈诸议，申明通之锢弊，其不避嫌忌若此则，所志之足为法戒，鲜所缘饰，从可议矣。"③

4. 道光二十四年《通城县志》

十卷，林逢年、郭亦棠、杜煦明、雷自昭等纂修。林逢年，号泽夫，福建侯官人，进士，道光二十二年任通城知县。④ 郭亦棠，号珊屏，通城县人，道光十一年举人，曾任蕲州训导。杜煦明，增贡，通城县人。雷自昭，字小明，雷敬春子，道光九年岁贡，候选训导。是志成书后，并未刊行，稿存于县署，因贮藏不慎曾一度遗失，"癸卯春，煦与郭珊屏、雷小明遵谕修志，甲辰夏而稿成，随呈藩司阅毕饬归，首事刊刷，而其稿在县署内遗失"⑤。同治六年，通城知县郑菜等筹划修志，多加采访，重获是志，"大宪以渠魁殄灭，偃武修文，饬令各州郡县编订志书，将汇集以成省志，菜适重摄县事，爰得与钟菊潭、卢兼三两学博，邀集博雅端方之士，分任纂修、采访之劳，并取珊屏旧稿，参酌而损益之"⑥。是稿对道光二十四年之前诸事多有记述，为同治时修志提

---

① 同治《通城县志》卷首《葛行琥序》，江苏古籍出版社 2001 年版，第 690 页。

② 同治《通城县志》卷十三《选举上》，江苏古籍出版社 2001 年版，第 553 页。

③ 同治《通城县志》卷首《卢殿才序》，江苏古籍出版社 2001 年版，第 349 页。

④ 同治《通城县志》卷十二《职秩》，江苏古籍出版社 2001 年版，第 528 页。

⑤ 同治《通城县志》卷首《续修志书序》，江苏古籍出版社 2001 年版，第 350 页。

⑥ 同治《通城县志》卷首《续修县志序》，江苏古籍出版社 2001 年版，第 347 页。

供了重要资料："复得邑孝廉郭君亦棠未刊遗稿，凡所纂辑悉仍前志，惟其去今较近，亦且增所未备，遂取其稿而裁订之。"①

(三) 通山

道光二十年《通山县志稿》，卷数不详，蔡学清、朱美恕纂修。蔡学清，号穆如，道光十九任通山知县。朱美恕，号勿菴，举人，通山县人，曾任长阳县教谕、襄阳府教授等。《通阳朱氏族谱》卷二《贞部》载有此次志序一篇，为诸家史料未提及：

    (道光) 己亥秋，邑尊蔡公穆如抚兹土。政宽而励，廉而文，数月之内，治具毕张，于《疆域》《建置》见规划之周焉，于《政治》《职官》见张弛之善焉，于《人物》《风土》《艺文》见移风易俗之无勿当焉，公余之暇，令续邑《志》，曰：美恶是非不过乎？物乃可以志迹，可以劝惩旨哉言乎？信而有征。贤司牧之论。志与良司牧之政教无以异也。积月而论定，而志成，而迹著；迹著而美恶是非之事，庶可共白矣。谨记！其略冠篇首云。②

该志可能为私家著述，流传不广，《也是园书目》《读书敏求记》等各类书目书籍皆未著述该志，可能早佚。

(四) 崇阳县

1. 雍正十二年《崇阳县志》

卷数不详，李五惇、陈鹙撰。李五惇，字秩夫，福建龙溪人，雍正十年任崇阳知县，后升祈州知州，"李五惇，字秩夫，号韦亭，福建龙溪人，岁荐。雍正壬子任，下车即补茸学宫，整饬奎阁，修理城垣，以兴文教、严武备为务，又出俸余于东城隅建桃溪书院，延学究，聚生童肄业其中，置田屋，收租为膏火资，每月举课给银奖赏。崇邑有书院，

---

① 同治《通城县志》卷首《续修县志序》，江苏古籍出版社 2001 年版，第 349 页。

② 《修通山县志序》，转引自王晓芬：《明清通山县志编纂与宗族》，江西师范大学硕士学位论文，2016 年。

自此始。后来所守，皆其准则也。旧乖崖祠香火不继，侯增廓祠宇，置香油店，俱有记载《建置志》。甲寅，续编邑乘，书成，升知州去任"①。陈鹚，字雪君，敏而好学，富于文，屡试不第，以诸生老，著有《雪君诗稿》。②

该志错讹尤多，为人所讥。乾隆六年郭彦博、黄衮重修县志，以补是志之失，"(乾隆)辛酉距(雍正)甲寅才六年尔，本无事于更张。顾李君善政多端，独其所续志，崇人士嗛焉"③。

2. 道光二十二年《崇阳县志稿》

八卷，金云门、刘镇鼎纂修。金云门，字菊仙，安徽休宁人，道光二十一年任崇阳县知县。④ 刘镇鼎，嘉庆十八年拔贡，富有才学，主讲县书院，"刘镇鼎，字辛畬，嘉庆癸酉拔贡，少负隽才，耽风雅，喜奖许后进，乡望归之，主讲书院，倡议储宾兴场，众推同志公正者，会计出入，一毫不染。先后邑大夫均式其间，性好洁，早年鳏居，不再娶，晚值兵燹，避乱山中，忧愤殁，所著志《艺文》，子汝祜"⑤。

是志甫一成书，适逢钟人杰率众起义，未能刊刻，至同治朝散佚过半，"道光壬寅年志，邑人刘镇鼎定稿，凡八卷，知县金云门序，将镌梓，未遂，遭乱散失，近购得之，已亡其半"⑥。

二、汉阳府

(一)孝感县

1. 同治七年《孝感县志稿》

卷数不详，吴大训纂修。吴大训，字瑞生，湖南善化县人，同治五

① 同治《崇阳县志》卷六《职官志》，江苏古籍出版社 2001 年版，第 213 页。
② 同治《崇阳县志》卷八《人物志上》，江苏古籍出版社 2001 年版，第 300 页。
③ 乾隆《崇阳县志》卷首《序》，国家图书馆藏本。
④ 同治《崇阳县志》卷六《职官志》，江苏古籍出版社 2001 年版，第 215 页。
⑤ 同治《崇阳县志》卷七《选举志》，江苏古籍出版社 2001 年版，第 269 页。
⑥ 同治《崇阳县志》卷十一《艺文志》，江苏古籍出版社 2001 年版，第 407 页。

年任孝感知县，后升兴国知州。是书于兵事，尤其是咸丰同治间战事，记载较为缺略失实，"粤捻迭次窜扰，官署、民居被毁，乡民流离困苦……吴志稿于兵事大略，又多失实"①。

是书成稿后，废用不行，仅以稿本贮存县署库房，流传不广，但所载内容不无价值。"同治戊辰，邑侯吴公大训曾开局续志，著有志稿，存署书。虽废格不行，其中所载人物有今采访册所无者，亦查吴稿。不忍令其昔扬之登天，今抑之使入地也，惟叙事从简耳。"②光绪年间，沈用增修志征引吴志，如《丁铎传》，"丁铎，字禹门，《吴志稿》云：'白云人，少精敏嗜学，为文踔厉风发，能自达胸臆，为一时老富所推重，由诸生援例训导，司铎嘉鱼，一毡坐拥日与门人讲究实践工夫，晚岁旁及山经地志、诸子百家，以至医卜杂技，莫不通晓。诚彬彬尔雅之士'"③。

2. 李传熺《孝感志补存略》④

卷数不详，李传熺纂修。李传熺，道光二十九年拔贡，孝感县人，其他事迹皆不可考。⑤

(二) 汉川县

1. 秦之柄《汉川县志稿》

卷数不详，秦之柄纂修。秦之柄，字谦伯，汉川县人，乾隆二十二年进士，曾任壶关知县，颇有政绩，后归田，著有《延曜堂诗文集》《春秋说略》《廿三史评》《遂农杂记》《秦氏家训》等。《汉川县志稿》应是秦之柄居乡期间所撰。

2. 林钟任等《汉川县志稿》

卷数不详，林钟任、林钟俊纂修。林钟任，字莘田，贡生，任广济

---

① 光绪《孝感县志》卷首《凡例》，江苏古籍出版社 2001 年版，第 9 页。

② 光绪《孝感县志》卷首《凡例》，江苏古籍出版社 2001 年版，第 9 页。

③ 光绪《孝感县志》卷十五《文苑志》，江苏古籍出版社 2001 年版，第 254 页。

④ 石洪运点校：《湖北艺文志附补遗》，湖北教育出版社 2002 年版，第 1076 页。

⑤ 光绪《孝感县志》卷十《选举志》，江苏古籍出版社 2001 年版，第 189 页。

训导，雅好史志，曾预修乾隆《湖北通志》，撰有《汉川县志稿》《江汉旧闻》《江夏古迹考》《应山志稿》《应山宾兴事略》《湖北复社名士考》等：

> 林钟任，字莘田，廪贡，候选训导，性通敏，博闻强记，早知名，长益肆力，考证先世代称掌故，家富图籍，钟任卧起其间，不屑事帖括，汲汲以学古为志。时或造访献老，质疑辨难，或颓垣断垒，荒村破刹，短后衣芒鞵，披苔剥藓，扪金石遗文读之，归谈至宵分不倦。有问奇者，叩以古今人物行事本末及国家所有旂常典故，辨若悬河，于荆楚事实采摭尤富。乾隆甲寅，与省志之役，取材讨论，总纂章学诚称其精博。未竣，稿本藏于家。历署黄梅、广济诸县训导，学者方庆得师，惜莅任皆未久，而去应山之摄纂也。校士不过二载，慨念旧志缺略，重加辑录，取杨洪闵陈诸家之文献而表章之，一邑故事悉备，更劝置宾兴庄田，创立章程，为经久计，科目由是蒸蒸复振，应人士尸祝焉。[1]

林钟俊，林钟任胞弟，字升甫，号宾明，嘉庆壬申年恩贡生，曾任鹤峰州训导，致仕后取林钟任遗稿，校录考稽，未成书而卒，"归取兄钟任旧纂县志遗稿，重加考核，手自校录，方思辑为成书，赍志以没。寿八十有六，有《印心书屋诗文集》"[2]。

3. 周若鸿《汉川县志稿》

卷数不详，周若鸿纂修。周若鸿，字云门，汉川县人，好读书，著有《指南诗柄提要》《四子书糟粕》《谈经堂古文》《迁坞诗集》等，"周若鸿，字云门，少有声庠序，好读书，不事生产，从游者众，修脯所入辄随手散去，文能别出机轴，恒议论风生，伸纸疾书，歌哭嘲笑，离奇恣肆，人或目为痴。晚年，遂以痴翁自号焉。生平留心考证，朱黄不去

---

① 同治《汉川县志》卷十七《文苑》，江苏古籍出版社2001年版，第377页。
② 石洪运点校：《湖北艺文志附补遗》，湖北教育出版社2002年版，第932页。

手，尤笃意学校。于书院田亩、界址、租息数目，条分缕析，详注册籍，利诸枣梨，为经久计，后进多赖之……卒年七十"①。

4. 周镛《汉川县志稿》

卷数不详。周镛，字序东，汉川县人，道光二年进士，历任上虞、山阴县知县等，后归乡，主讲紫阳书院，"周镛，字序东，沉静嗜学，遇事警敏，登嘉庆庚午乡榜，道光壬午进士，官浙江上虞令，剔奸弭盗，听断明允，为民兴水利，置社仓，聚诸生讲习，拔其尤者，育之书院，一时文风丕振。虞有地曰严家峤，滨海，诸不逞啸聚深箐中，久为境内害。镛设法捕治之，民大悦，醵金即其地肖像，生祀焉。乙酉分校棘闱，得士称盛。调补山阴，除大猾，决疑狱，任事六年，山阴人祠祀之如上虞。以父忧归，主讲紫阳书院十余年"②。居乡期间，周镛参考林钟任、周若鸿等志稿，纂《汉川县志》，惜未成而病卒，"取林莘田、林宾门、周云门辈志稿互参，未竟，卒，年七十有五。有《都门游草》、《洗桐山馆诗文稿》，藏于家"③。

同治年间，林钟任、周若鸿、周镛诸志稿尚存，但亦缺略不全，"虽乡先达留心掌故者，如秦汉陆、林莘田、林宾门、周云门、周序东类有遗稿，第沧桑变革，散佚诸多，间有存者，未免缺略"④。

(三) 黄陂县

1. 顺治《黄陂县志稿》

卷数不详，戴君赐撰。顺治年间，湖广巡抚林天擎檄命各地修志，邑人戴君赐乃纂修《黄陂县志》，惜未成而卒，"戴君赐，字廉伯，邑诸生，屡试辄冠其曹，尤究心理学，黄奇士兄弟雅相推重，尝称君赐为吾道干城。中丞林公檄修邑乘，群服其典核，惜志稿甫就而卒"⑤。其子

① 同治《汉川县志》卷十七《文苑》，江苏古籍出版社 2001 年版，第 379 页。
② 同治《汉川县志》卷十六《仕绩》，江苏古籍出版社 2001 年版，第 358 页。
③ 同治《汉川县志》卷十六《仕绩》，江苏古籍出版社 2001 年版，第 358 页。
④ 同治《汉川县志》卷首《汉川县志序》，江苏古籍出版社 2001 年版，第 8 页。
⑤ 乾隆《汉阳府志》卷四十一《文苑志》，江苏古籍出版社 2001 年版，第 522 页。

戴邦彦，曾任安陆府训导，后预修康熙《黄陂县志》，充任校正一职，"校正戴邦彦，廪生"①。至嘉庆年间，是志已不为人所知，可能佚失，"邑志自康熙五年邑侯杨公简庵修后，迄今百三十余年未尝纂辑，即旧志亦不可复睹，余窃慨焉"②。

2. 嘉庆十三年《黄陂县志略》

十七卷，萧超运纂修。萧超运，字冠云，邑人，乾隆五十八年举人，曾任麻城县教谕、襄阳府教授等，著有《黄陂县志略》《古今同名录》《默守堂制艺》等。③ 同治间，刘昌绪、徐瀛修《黄陂县志》，于《风俗志》和《祥异志》部分多采辑该志，"《杨志》不载风俗，谓旧志久失其传，今取府志之载黄陂风俗及《志略》所采辑者补之，志《风俗》……古者祥异必书，所以示劝戒也。而《杨志》不载，今取萧冠云《志略》所纂，于府志省志者列入，以补其阙，志《祥异》"④。同治后，诸家史志鲜有提及该志，可能已散佚。

(四) 沔阳州

1. 康熙四年《沔阳州志》

卷数不详，佟成年、王尔楫纂修。佟成年，字君荣，抚顺人，贡士，顺治十五年任沔阳知州，后升任户部员外郎。⑤ 王尔楫，字梦弼，安陆县人，顺治五年举人，顺治十六年任沔阳州学正。⑥ 是志为平目体，设有《提封》《丁赋》《官秩》《制科》《河防》《食货》《儒学》《兵戎》《列传》《艺文》等目，"因属学博王小筑以志，志成，余读之。记《提封》，志湖村也。记《丁赋》，志增额也。记《官秩》，志浚明也。记《制科》，志兴育也。记《河防》，志水灾也。记《食货》，志兵凶也。记《儒学》，志鼓箧也。记《兵戎》，志郊靖也。记《列传》、《艺文》，志忠孝

---

① 康熙《黄陂县志》卷首《修志姓氏》，海南出版社 2001 年版，第 11~12 页。
② 同治《黄陂县志》卷首《志略序》，江苏古籍出版社 2001 年版，第 2 页。
③ 同治《黄陂县志》卷八《人物志》，江苏古籍出版社 2001 年版，第 227 页。
④ 同治《黄陂县志》卷一《凡例》，江苏古籍出版社 2001 年版，第 17 页。
⑤ 光绪《沔阳州志》卷七《秩官表》，江苏古籍出版社 2001 年版，第 197 页。
⑥ 光绪《沔阳州志》卷七《秩官表》，江苏古籍出版社 2001 年版，第 197 页。

节义、奇人异帙也"①。

2. 康熙十二年《沔阳州志》

二十卷，王浩冲、马学衣、张金龙纂修。王浩冲，字文逊，长垣人，曾任阳谷州县，康熙十年任沔阳知州，颇有政绩，"王浩冲，字文逊，北直长垣人，以任子授沔阳牧，操履清慎，法令简明，时学宫废圮，捐俸补葺，有碑。寻举乡饮酒礼，建仁风书院，人文丕变。及滇黔不靖，军书旁午，公曰：'凋瘵甚矣，安忍累吾民乎！'甘受下考，解职去，士民怀之"②。马学衣，字莱子，崇祯十五年经魁。张金龙，邑人，恩贡生，"张金龙，字砺汝，别号句山，恩贡生。旧志所载《河防》《食货》诸议皆出其手"③。

是志本已成稿，剞劂近半，而知州王浩冲以考评下等而去官，志书刊刻之事遂停寝，"郡刺星垣王公涖沔，礼聘名宿，旁搜博采，以成一书，剞劂甫半，竟以催科注下考去"④。

3.《沔阳州志稿》

卷数不详，张葆森纂修。张葆森，原名葆初，字竹人，沔阳州人，庠生，生平著述丰富，所撰《沔阳州志稿》毁于太平天国起义间，"张葆森，原名葆初，字竹人，庠生，品端学粹，博览群书，尤精史汉，留心舆地、水道，于天下郡国县志多所历览。州廉访周揆源延请主修《邵武府志》，体例精核，为世所重。旋膺制军陆建瀛续修《江南通志》之聘，因粤匪之乱中止。尝辑《沔阳州志稿》，与其生平著述均毁于兵，今存者《滋福堂诗文各集》《东南游草》《读史随笔》《滋福堂丛话》数种"⑤。

4.《沔阳州志》

卷数不详，费楚玉纂修。费楚玉，字蕙山，道光二十三年解元，

---

① 光绪《沔阳州志》卷首《佟成年序》，江苏古籍出版社 2001 年版，第 4 页。
② 光绪《沔阳州志》卷七《秩官志》，江苏古籍出版社 2001 年版，第 26 页。
③ 光绪《沔阳州志》卷九《孝友》，江苏古籍出版社 2001 年版，第 334 页。
④ 光绪《沔阳州志》卷首《杨引祚序》，江苏古籍出版社 2001 年版，第 4~5 页。
⑤ 光绪《沔阳州志》卷九《文苑》，江苏古籍出版社 2001 年版，第 192 页。

"费楚玉，字蕙山，道光二十三年解元，表仪端凝，渊博有史才。庚戌，入都公府，延教家塾，与户部主事李树人辈谈兵法，众皆推服。旋里之明年，粤贼犯沔，楚玉招集义勇，剿贼出境，屯军汉上。曾文正奖其才保职，不受。晚年，精易理，于星象纬候之占尤验，纂修家乘"。光绪年间，是志尚存，时人评其"具有条理"①。后则无闻，可能散佚。

5. 光绪七年《沔阳州志稿》

卷数不详，钟廷瑞、刘叔俛纂修。钟廷瑞，字毓棠，四川德阳人，光绪四年任沔阳知州，"钟廷瑞，字毓棠，四川德阳，进士，知沔阳，政戒烦苛，慎重隄工，创立义学，邑中宾兴、公车、膏火、卷费诸存歇日久弊滋，廷瑞檄提归典生息，士林赖之"②。刘叔俛，宝应人，曾任麻城县书院山长。前任知州吴耀斗和徐一銮等有意纂修州志，然水患暴发，事遂止。

光绪六年，钟廷瑞复任沔阳知州，遂成是志，"吴朗星、徐金坡两大令皆从事于此，延宝应刘君叔俛主笔削，而采访未遍，阳侯肆虐遂以中辍。己卯秋，廷瑞归自荆门，百务丛集，以次清理，逾年遂举是役"③。光绪八年知州李翰将该志稿移交继任知州邓焯英，"余以光绪八年冬权沔篆，前李牧移交刘叔俛孝廉修辑《州志》未成之稿"④。

6. 光绪十一年《沔阳州志稿》

卷数不详，邓焯英、余益杞纂修。邓焯英，字少卿，益阳人，光绪九年任沔阳知州，"邓焯英，字少卿，益阳诸生，摄沔篆逾年，恫愊无华，接物以诚，决狱以明，安静为理，喜培植学校，为宾兴、公车等费，剔弊追逋，士林咸感其德"⑤。余益杞，字午峰，咸宁县人，举人，光绪九年沔阳州学正，曾纂修《咸宁县志》，于沔阳境内山川地理多有

---

① 光绪《沔阳州志》卷九《文苑》，江苏古籍出版社 2001 年版，第 293 页。
② 光绪《沔阳州志》卷七《秩官志》，江苏古籍出版社 2001 年版，第 230 页。
③ 光绪《沔阳州志》卷首《钟廷瑞序》，江苏古籍出版社 2001 年版，第 9 页。
④ 光绪《沔阳州志》卷首《邓焯英序》，江苏古籍出版社 2001 年版，第 10 页。
⑤ 光绪《沔阳州志》卷七《秩官志》，江苏古籍出版社 2001 年版，第 230 页。

考证。①

光绪九年，邓焯英聘请余益杞主笔，至光绪十一年是志近成，"又明年（光绪九年）年谷顺成，议竟前事，邑人士推学博余君午峰司编纂。余亲谊敦请，辞再三始应聘，而余旋受代。因公寓州垣半岁，乃得与午峰学博往复讨论，益畅发所未尽……今余逝将去沔矣，沔志亦且垂成矣。其叙次之详，搜讨之确，论辨之核，体例之善，视故志孰得失，有识类能辨之，姑弗论论。余所以为民计，重且巨，而未既所愿者，具书之，以为《沔志》"②。

7. 光绪十三年《沔阳州志》

卷数不详，陆佑勤、王冕南纂修。陆佑勤，字彦颀，江苏阳湖人，副贡，历任汉阳、江夏、兴国、荆门诸等州县，光绪十二年任沔阳知州。③ 王冕南，沔阳州人，字玉泉，同治二年进士，历任光泽、宁德、福安知县，累官福州、福宁知府等，颇具政声，后以疾归，纂修州志。④

是志历时五月成稿，补正旧志尤多，"去冬（光绪十二年），州大夫陆公毅然图之，而辱畀总理于南。窃南由甲申抱疴归里，日捧药炉于林下，键户不出，老且颓，安敢肩此巨政，屡谢屡召，卒枉车敦促无已，勉应焉。爰乃搜剔前稿，网罗旧文，体例一禀商诸大夫。其广戥香，精稽核，严甄录，汇析编次，赖同事诸君子协力一心，恒漏尽严寒不稍辍。而采访者、校勘者均各尽乃职……五阅月，稿初就，于前志颇多所补正，其新纂者必详必慎，一是归于求实，上之大夫请鉴而裁之，以勒为成书"⑤。

由于经费不足，是书付梓仅十分之四，"自乾隆续辑，缺续百余年矣。光绪乙亥宪檄催续始事，至今又近二十年。中间惟陆君彦欣牧此颇

① 光绪《沔阳州志》卷七《秩官表》，江苏古籍出版社2001年版，第200页。
② 光绪《沔阳州志》卷首《邓焯英序》，江苏古籍出版社2001年版，第10页。
③ 光绪《沔阳州志》卷七《秩官志》，江苏古籍出版社2001年版，第201页。
④ 光绪《沔阳州志》卷七《秩官志》，江苏古籍出版社2001年版，第276页。
⑤ 光绪《沔阳州志》卷首《王冕南序》，江苏古籍出版社2001年版，第11页。

久，草创粗稿，付刻不半载，十仅得四，时以代去，继至者绌于饮项。一瓜之期，鞭又不腹，展转废置，迄用无成"①。

三、黄州府

(一) 黄州府

《郡志注遗》五卷，康熙、雍正年间，张光璧纂修。张光璧，字斗符，邑人，曾任江陵县教谕，"张光璧，字斗符，诸生，父本忠……顺治甲午举于乡，官江陵教谕。光璧甫四岁，日诵数千言，七岁善属文，人称神童，皋城徐学士致觉一见，属以千秋之业，年十八应郡试，作《涵辉楼赋》，笔不加点，郡守何应珏深异之。笃于天性，父病，侍汤药十余年如一日，事继母冯曲尽孝养，冯没，哀毁成疾，不数月卒。平生博综图书，参贯义蕴，每多前人所未发，其诱进后学，道范俨俨，然无戾色，以正身勤学为家法，著有《黄郡注遗》"②。

乾隆十四年修《黄州府志》，张绪献出是志，以为参考，"同事张君绪兹出其大父斗符先生《郡志注遗》五卷，纠正传闻之谬"③。至光绪朝，是志已散佚过半，"国朝贾鉝《赤壁志》、张斗符《郡志注遗》之属散轶过半"④。后失传。

(二) 黄冈县

1.《冈邑续志》

又称《黄邑续志》，卷数不详，吕德芝纂修。吕德芝，字时素，吕元音⑤从孙，黄冈县人，贡生，"德芝，字时素，岁贡生，有文学，以孝友重于士林，家贫，与弟鼎玉，稽古赋诗，怡怡如也。尝辑《黄邑续

---

① 光绪《沔阳州志》卷首《杨巨序》，江苏古籍出版社 2001 年版，第 13 页。
② 乾隆五十四年《黄冈县志》卷八《文苑》，海南出版社 2001 年版，第 228 页。
③ 乾隆五十四年《黄冈县志》卷十五《艺文志》，海南出版社 2001 年版，第 396 页。
④ 光绪《黄州府志》卷首《例言》，江苏古籍出版社 2001 年版，第 13 页。
⑤ 吕元音，黄冈县人，曾应茅瑞正之请纂修《黄冈县志》。

志》藏于家"①。

乾隆二十四年，蔡韶清、胡绍鼎纂修《黄冈县志》曾征引是书。道光年间，黄冈县人王祚宾搜得此书，"王祚宾，号于门，邑廪生，敦品励学，博涉经史，手加丹铅者几于插架盈签，书法摹逸少，一时碑碣多出其手。邑明经吕德芝辑《黄冈续志》藏于家。世鲜传本，宾觅获钞纂，并引证茅志考据详橄核，书未成，卒"②。至光绪年间，是书则渐已无闻。

2. 道光十一年《黄冈县志稿》

卷数不详，李锦源、陆炯、王德新纂修。李锦源，字仲岷，号蓉艘，四川犍为县人，道光九年任黄冈知县。③ 陆炯，字戒三，嘉庆二十五年进士，道光五年任黄冈知县，"陆炯，字戒三，号篆村，嘉庆庚辰进士，改翰林院庶吉士散馆，授湖北公安县知县，历任黄冈、光化、均州，署武黄同知，所至有循声"④。王德新，江夏县人，道光四年任黄州府训导。

道光十一年，李锦源聘陆炯、王德新纂修县志，甫修过半，李锦源旋调任武昌，事遂止，"邑志久弗修，力为劝输，延前令陆炯、训导王德新等，修辑过半，因水灾未竟其事，旋解任去"⑤。

道光年间，志稿流落朱彦藻⑥家，时已残损不少，"群贤毕至，客有告予者曰：冈邑之志，前邑侯李君蓉艘曾敛赏续纂，事未竣而稿多残。尔时秉笔者某也贤、某也贤。其残本故在朱茂才彦藻家"⑦。道光二十八年，俞昌烈、靖厚钦依是志体例续修县志，"知县俞昌烈续修邑

---

①　乾隆五十四年《黄冈县志》卷八《文苑》，海南出版社 2001 年版，第 223页。

②　光绪《黄冈县志》卷十《文苑》，江苏古籍出版社 2001 年版，第 342 页。

③　光绪《黄冈县志》卷六《循良》，江苏古籍出版社 2001 年版，第 221 页。

④　光绪《平湖县志》卷十六《人物列传三》，国家图书馆藏光绪十二年刻本。

⑤　光绪《黄州府志》卷十三《秩官志》，江苏古籍出版社 2001 年版，第 484～485 页。

⑥　朱彦藻，黄冈县人，生平事迹不可考，参与道光二十八年县志编纂。

⑦　光绪《黄冈县志》卷首《俞昌烈序》，江苏古籍出版社 2001 年版，第 14 页。

志，一循其例"①。

(三) 黄安县

康熙四年《增修黄安初乘》，卷数不详，萧恒纂修。萧恒，陕西三原县人，顺治九年进士，顺治十五年任黄安知县，康熙四年升邛州知州，"萧恒，陕西三原进士，顺治十五年戊戌任，历官七载，政尚严明，发奸摘伏，为人凛凛，莫敢欺，壬寅西山之役，军需旁午，众皆仓皇惊惧，公委曲调剂，咄嗟立办，卒以不扰。陶铸人材，课艺手自校阅，所赏识者捐赀剞劂，为士林模楷。修建宪司、城隍祠，禁止越诉，终公之任无敢一牒上闻，民赖以安，后擢邛州刺史"②。康熙三十六年，刘承启、詹大衢修《黄安县志》未曾提及此志，似已散佚。

(四) 英山县

雍正《英山县志稿》，卷数不详，赵宗昊、傅有宣纂修。赵宗昊，字丽天，贵州平越人，雍正四年任英山知县，在任十年善政亦多，"赵宗昊，字丽天，贵州平越人，由经魁知英山十年，政简刑清，爱民育士，创凌云义学，兼置义田，清漏泽园，修举废坠，善政颇多，晚因州牧李勒令报亩，不能持正，后邀恩豁免，亦未致永累云"③。傅有宣，英山人，雍正十一年贡生，著有《四书详解》及诗文若干，"傅有宣，字帝怀，岁贡生，天资敏捷，读书一过掩卷不遗，年十五能文章，尤好古，著有《四书详解》，并诗文集若干卷，藏于家"④。

雍正八年，英山县筹划修志，然而因意见难一而止，傅有宣取志稿补修，稿成藏于家。乾隆年间，是志尚存，"雍正八年，平越赵公曾设馆修葺，会除寿州牧，未及成书，因舆论不协中止。生员傅有宣取归，

---

① 光绪《黄州府志》卷十三《秩官志》，江苏古籍出版社 2001 年版，第 485 页。

② 光绪《黄安县志》卷六《职官志》，江苏古籍出版社 2001 年版，第 146~147 页。

③ 乾隆《英山县志》卷之十四《人物志》，海南出版社 2001 年版，第 106 页。

④ 乾隆《英山县志》卷之十五《人物志》，海南出版社 2001 年版，第 108 页。

补缀毕工，藏于家，今亦得备参考焉"①。

（五）蕲州

1. 顾氏《蕲州志》

顾天锡、顾景星纂修。清初，顾天锡避乱昆山，乃纂《蕲州志》一百卷，"（顾天锡）及避乱昆山，念蕲黄江防重地，著《蕲州志》，起春秋襄公二十四年壬子，是为周灵王二十三年，止明崇祯十六年癸未，计二千一百七十余年。其间兵戎沿革诸类凡二十六，以顾氏家传终，计一百卷，其言该博，义主旁通，以其书成一家，故曰顾氏《蕲州志》"②。

是书部头过大，难以贮藏，多有重复，其子顾景星删减，补以论辨，计六十卷，"自郡县有志以来未有如此书者，卷帙繁重，虑难梓藏，岁次甲辰，景星读《礼》之余，不揣固陋，窃因成功，去其繁复，补以论辨，盖其意旨，皆出先君子，而景星述之。首《沿革》《兵考》，次《江防》，次《震隣》，次《户口》，次《贡赋》，次《征摧》，次《国用》，次《恤政》，次《封建》，次《职官》，次《人物》，次《选举》，次《疆域》《山川》，次《城池》《藩署》，次《民风》，次《仰占》，次《灾异》，次《物产》，次《轶事》，次《祀典》，次《老释》，次《鬼神》，次《书籍》，次《诗文》，共六十卷"③。嘉庆二年，潘克溥《蕲州志》时未见该书，"《蕲州志》六十卷，顾天锡著，佚"④。

2. 康熙《蕲州志补遗》

卷数不详，张泮纂修。张泮，蕲州人，字叔度，顺治十七年副榜。"张泮，字叔度，号鲁公，中顺治庚子副车，丰采踔厉，负志不羁，读书师其家学，与侄士淑互相切摩，老而弥笃，与修卢志，订讹补遗，多所就裁，后选靖州天柱县训导，以老疾辞"⑤。康熙《蕲州志》，阙漏讹误颇多，张泮乃撰《蕲州志补遗》以补其失。

---

① 乾隆《英山县志》卷首《凡例》，海南出版社 2001 年版，第 9 页。
② 康熙《蕲州志》卷十《艺文志》，国家图书馆藏康熙三年刻本。
③ 咸丰《蕲州志》卷十《著述志》，湖北省图书馆藏咸丰二年刻本。
④ 咸丰《蕲州志》卷十《著述志》，湖北省图书馆藏咸丰二年刻本。
⑤ 咸丰《蕲州志》卷十二《笃学》，湖北省图书馆藏咸丰二年刻本。

3. 道光二十五年《蕲州志》

卷数不详，劳光泰、陈廷扬纂修。劳光泰，字静庵，广东南海县人，道光二十四年任蕲州知州，"劳光泰，字静庵，南海人，嘉庆己卯科举人，庚辰成进士，归班候选，道光十三年癸巳授湖北蒲圻县知县，以卓荐调补监利县，擢蕲州知州，寻署随州知州、武昌清军同知，以事落职，旋以军功开复原秩，再以带勇溃散被劾，遂解职，归"①。陈廷扬，蕲州人，道光二年乡试经魁，道光十五年进士，"陈廷扬，号小坡，领道光壬午乡荐，乙未成进士，权四川新宁、青神、乐至诸县，终盐源令，所至劝农课士，诘奸捕盗，政绩历著。致仕归，里居授徒，不履城市，晚年主讲麟山书院，光绪壬午重宴鹿鸣。年九十七，卒"②。

道光二十五年，劳光泰设志局，二十六年是书已粗具大略。咸丰年间，潘克溥以为底本，编纂成县志，"道光甲辰，邑侯劳建议倡修，乙巳设局，聘州中士夫入局编辑，手汇成帙，寻奉调随州，事未竟，而其稿已具大略，今则再加搜辑考订，阅八月而其书始成，殆有数焉"③。

(六)麻城县

1. 顺治《麻城县志遗稿》

卷数不详，周损纂修。周损，字远害，号迁收，崇祯十六年举人，曾任饶州府推官、隆武朝兵部尚书，参与抗清活动，"周损，字远害，号迁收，少与刘侗善，共砚席者十余年，侗入北雍，损从之游，共著《帝京景物略》，选诗皆出损手。登崇祯己卯乡榜、癸酉会试副榜，授饶州府推官。饶俗多盗，下车捕数十人盗为敛迹……损博学，善诗文，疾革时惟勉子力学敦行，无一语及家事"④。

---

① 民国《广东通志未成稿》不分卷《劳光泰传》，广东省立中山图书馆藏民国二十四年稿本。

② 咸丰《蕲州志》卷之二十《艺文志》，湖北省图书馆藏咸丰二年刻本。

③ 咸丰《蕲州志》卷首《凡例》，湖北省图书馆藏咸丰二年刻本。

④ 民国《麻城县志前编》卷十四《文学》，江苏古籍出版社2001年版，第201页。

2. 顺治《麻城县志略》

十四卷，邹知新纂修。邹知新，字师可，历任宜城教谕、莱阳知县，曾纂《莱阳县志》，后致仕归乡，"邹知新，字师可，幼少慧，苦学不辍，长而能文，由举人顺治八年官襄阳宜城县教谕①，作士有声，督抚治按互荐，志切亲民，不乐内转国学，升山东登州府莱阳县知县，以解逃违限，解任归田，诵读自娱"②。是志未能刊刻，以稿本流传。康熙《麻城县志》于是书多所参考，"（邹知新）著有《县志》一十四卷，文简事赅，惜未付梓。今志多所取证焉"③。

3. 顺治《麻城县志稿》

卷数不详，王潞、王汝霖纂修。王潞，字又韩，余杭县人，顺治十一年任，康熙元年升任华州，"王潞，字又韩，余杭人，由恩贡知麻城八年，修举废坠，擒剿贼寇，民称颂之。旧例南粮皆收贮岐亭水次，后移城内，东南达宋埠，时或浅涸，运送艰难。潞率里长至宋埠水次收纳，费省十之二"④。王汝霖，字用肃，麻城县人，有史才，"王汝霖，字用肃，县诸生，少有文名，为文援笔立就，督学王发祥叹为当世史才"⑤。是志未能授梓，仅存稿本，"知县王潞尝以县志属之纂修，会迁去，不克授梓，稿藏于家，庚戌志成多所采取"⑥。

康熙年间，周志、邹志、王志皆存，屈振奇修《麻城县志》多加参考，"国朝康熙壬子，屈公振奇创修，校订者周公维巨，又参以邹公师可、王公汝霖、周公远害，荟萃成书，此旧志也"⑦。

四、安陆府

1. 熊绎祖《京山志稿》

---

① 同治《宜城县志》作"顺治八年"。
② 光绪《麻城县志》卷二十二《文苑》，国家图书馆藏光绪二年刻本。
③ 光绪《麻城县志》卷二十二《文苑》，武汉大学图书馆藏光绪八年刻本。
④ 光绪《麻城县志》卷十七《师儒》，国家图书馆藏光绪二年刻本。
⑤ 光绪《麻城县志》卷二十二《文苑》，国家图书馆藏光绪二年刻本。
⑥ 光绪《麻城县志》卷二十二上《文苑》，国家图书馆藏光绪二年刻本。
⑦ 光绪《麻城县志》卷首《凡例》，国家图书馆藏光绪二年刻本。

《湖北艺文志附补遗》引《纸园笔记》，载："清熊绎祖撰《京山志稿》。绎祖，雍正乙卯拔贡，官贵州布政使。"①熊绎祖，字定思，京山县人，雍正十三年拔贡，历任三河知县、苏州知州、天津知府，乾隆二十八年升贵州按察使兼布政使，乾隆三十年因事罢官归，"熊绎祖，字定思，号东山，幼事父母极孝，十龄能作草书，雍正乙卯选贡，乾隆丙辰朝考一等，以州判发直隶试用，委开保定大道旁河，捕蝗如法，民供生位于蝗神庙，绎祖闻而毁之。十年，升三河县知县，十四年升蓟州知州，时高宗驾驻盘山，绎祖屡蒙召见，上语傅文忠公曰：熊绎祖好似我满人。班第后，即呼姓名不忘。十五年，升天津知府，十九年知山东登青莱道，正己率属，造就多士。二十二年，调广东南韶连道，韶有未经申转之民，垦山地四千余亩。绎祖详准奏题，赏给穷民，免其征税，韶民大悦。旋调肇罗道、驿粮道，二十八年陛见，上语诸大臣曰：熊绎祖满面正气，总督苏昌说他人品端正，果然不谬。次日，召见南书房，询地方事。绎祖奏对称旨，旋升贵州按察使兼署布政使。三十年，因广东粮案被议落职"②。是志可能是熊绎祖居乡期间所撰，成书应在乾隆末年。

2. 易本烺《京山县志稿》

十二册，具体年代不可考，应在道光、同治年间。易本烺，易履泰孙，字眉孙，举人，"易本烺，字眉孙，履泰孙，镜清弟也。道光乙酉选拔，乙未举人，戊戌会试以额满见遗，挑取国史馆誊录，后屡荐不第，遂专意纂述，著有《诗文别外余集》等篇共百种、二百余卷。平时访辑合县人物故事，手编成帙，以为续修县志底稿，均详载《一粟斋全集》。冯学使誉骥、王学使文在序其稿，洪学使钧、彭侍郎久余为作传，生平孝亲敬长，信友睦族，一切懿行不可殚述。年六十七，卒"③。

光绪年间，沈星标在该志基础上编纂《京山县志》，"吴公游龙重

---

①　（宣统）湖北通志局编著：《湖北艺文志附补遗》，湖北教育出版社2002年版，第1088页。

②　光绪《京山县志》卷十一《宦迹》，江苏古籍出版社2001年版，第85页。

③　光绪《京山县志》卷十三《儒林》，江苏古籍出版社2001年版，第411页。

修，编为十卷，迄今又二百余年矣。事迹叠出，恐久而就湮。爰依易本烺手订，量为编辑，以俟博识"①。

3. 万蒂《潜江县志稿》

卷数不详。万蒂，号九华，岁贡，咸丰年间乡举孝廉方正，后因子际轩官宁乡知县，诰封朝议大夫。好读书，著述甚丰，著有《禹贡图辨》四卷、《春秋地理今释》十二卷、《经自异同》四卷、《存诚见闻录》二卷等。光绪五年，潜江知县史致谟主持县志，嘱万蒂厘正康熙《潜江县志》。万蒂乃结合十年前自己所著县志稿，编校新修《潜江县志》。

五、襄阳府

（一）襄阳府

《襄阳后耆旧传》，一卷，刘滋生纂修。刘滋生，字硕田，乾隆十四年贡生，乾隆三十四年任通山县训导，"刘滋生，字硕田，八岁能文，食廪后笃志理学，主讲乳泉书院。讲学外，不及他事。知府尹会一、黄修忠皆为推服，以贡生选通山学官，著有《襄阳后耆旧传》《襄南诗集》二卷、《文集》一卷行世。年八十，致仕归"②。乾隆《襄阳府志》多有错讹之处，刘滋生乃撰《襄阳后耆旧传》以为补正，"其独存者惟陈白崖太尊一书而已，然其所载山川、古迹，多出臆度，不足凭信。同时有贾泽远润、刘硕田滋生两先生者心知其误，而无可如何。故刘虽借名采访，而自作《后耆旧传》"③。

光绪年间，是书尚存，"刘滋生《襄阳后耆旧传》一卷、《襄南诗集二卷文集》一卷，存"④。光绪《襄阳四略》曾征引是书："《四书婉商》，王谨微撰。《襄阳后耆旧传》"⑤，"《岘椒诗文集》，王谨微撰。《襄阳后

---

① 光绪《京山县志》卷首《凡例》，江苏古籍出版社 2001 年版，第 196 页。
② 同治《襄阳县志》卷六《人物志》，江苏古籍出版社 2001 年版，第 186 页。
③ 同治《襄阳县志》卷首《志稿弁言》，江苏古籍出版社 2001 年版，第 8 页。
④ 光绪《襄阳府志》第十七《艺文志》，江苏古籍出版社 2001 年版，第 250 页。
⑤ 光绪《襄阳四略》第二《艺文略》，江苏古籍出版社 2001 年版，第 484 页。

耆旧传》①，"《姓氏汇吟》。郭治撰。《襄阳后耆旧传》②，然今未见
传本。

(二) 襄阳县

1. 贾润《襄阳县志稿》

卷数不详。贾润，字泽远，贡生，曾祖贾若愚曾参与康熙《襄阳府
志》的纂修。"贾若愚，字雨湘，号无漏子……康熙壬子，知府杜养性
聘修郡志，卒年八十。"③父贾绛，康熙间任鄀县训导。④乾隆《襄阳府
志》多有错讹之处，贾润撰是书以为纠正，"贾别作《襄阳县志》，留为
家乘，以俟后之修志者考焉"⑤。至崔淐修《襄阳县志》时，是书已多有
残损，"贾书残缺已多。惟沿革、城池、山川、坊表，及所作《岘山志
实考》多可采取"⑥。

同治《襄阳县志》征引是书多条，引贾志载岘山亭，"岘山亭在城南
七里岘山上……嘉靖间，副使江汇再为修葺，题'岘首亭'三字，后废。
至道光二十七年，知县熊宝书复建之，未逾年，颓于风。贾泽远《藏
稿》"⑦。又引贾志载徐宗奭："徐宗奭，四川仁寿人，雍正二年令襄
阳，多惠政，尤加意学校，优待士子，而惩其不法者，土多化之，童试
多至二千余人，邑学额十五名，公力为详请广额五名，嗣升郡同知，再
升常州府知府。"⑧光绪年间，贾润《襄阳县志稿》尚存，"贾润《襄阳县
志稿》《岘山志实考》《岘山存附记》《学步集古文》，均存"⑨。光绪以

---

①　光绪《襄阳四略》第二《艺文略》，江苏古籍出版社 2001 年版，第 484 页。

②　光绪《襄阳四略》第二《艺文略》，江苏古籍出版社 2001 年版，第 485 页。

③　乾隆《襄阳府志》卷二十七《耆旧》，国家图书馆藏乾隆二十五年刻本。

④　同治《鄀县志》卷十二《秩官志》，国家图书馆藏同治十二年刻本。

⑤　同治《襄阳县志》卷首《志稿弁言》，江苏古籍出版社 2001 年版，第 8 页。

⑥　同治《襄阳县志》卷首《志稿弁言》，江苏古籍出版社 2001 年版，第 8 页。

⑦　同治《襄阳县志》卷一《地理志》，江苏古籍出版社 2001 年版，第 23～24
页。

⑧　同治《襄阳县志》卷五《职官志》，江苏古籍出版社 2001 年版，第 159～160
页。

⑨　光绪《襄阳府志》卷十七《艺文志》，江苏古籍出版社 2001 年版，第 250
页。

后，则渐无闻，可能佚失。

2. 同治五年《襄阳县志》

卷数不详，杨宗时、崔洤纂修。杨宗时，字春生，江苏阳湖县人，曾任黄安知县、南漳知县，同治元年任襄阳知县。崔洤，字春瀑，"崔洤，字春瀑，幼失怙，奉母训成，童补诸生，学成为时名师，以经义迪后进，于忠孝、廉节事尤三致意焉。为文踔厉风发，自成一家，词赋杂体，出入骚辨之间，乃年逾壮岁，仅擢拔萃科，于是绝意进取，舌耕奉口。彝陵太守耳其贤，延请主讲墨池，以母老辞不赴。终母丧，哀毁骨立，家益贫，然以廉介自持，义不当取，虽至好馈遗弗受也，居近城府，非公不至宰室，庸人孺子闻崔先生名，莫不肃然起敬。咸丰六年，土匪扰襄，相戒勿入崔先生家。同治四年，知县杨宗时聘修县志，未梓而卒。时年六十有七"①。

崔洤《襄阳县志》依史书体，每书缘起皆有小序，然未为恰当，"原稿每门缘起，皆有小序，亦属史例。然既难切当，无取铺张，兹去之"②。崔洤病卒，稿存署衙，"襄邑故无志，同治丙寅，前任杨君春生与邑中崔春瀑拔萃创修，志稿并借鉴于金殿珊给谏，未及蒇事，而给谏暨崔君相继即世，稿藏署中"③。

(三) 枣阳县

1. 康熙十一年《枣阳县志》

卷数不详，刘嗣煦纂修。刘嗣煦，字飞凫，四川阆中人，康熙七年任枣阳知县。康熙间檄修郡县志，刘嗣煦乃纂修县志，"今圣人在上，万国车书成归一统，直省郡邑纂修志典，用以发皇盛绩，何其时与事逢，克副凤愿，有如是哉"④。然而是志修纂仓促，内容缺略，"今所传刘氏一编，又极荒陋简略"⑤。

---

① 同治《襄阳县志》卷六《人物志》，江苏古籍出版社2001年版，第190页。
② 同治《襄阳县志》卷首《凡例》，江苏古籍出版社2001年版，第9页。
③ 同治《襄阳县志》卷首《吴耀斗序》，江苏古籍出版社2001年版，第1页。
④ 乾隆《枣阳县志》卷首《白尚灿序》，江苏古籍出版社2001年版，第6页。
⑤ 乾隆《枣阳县志》卷首《凡例》，江苏古籍出版社2001年版，第8页。

乾隆年间，甘定遇修志以该志为底本，"于是取前志，讹者正之，遗者补之，烦者芟而新者续之，严笔削，慎取予。凡邑中山川城隍之形胜，赋役生齿之殷繁，风俗、物产、学校、邮亭之盛美，与夫忠孝节义、经纶黼黻之文章，无不分门类纂，登载靡遗"，故而能够"凡几阅月而书成"①。是志现仅存《刘嗣煦序》《李萃序》。

2. 道光《枣阳县志稿》

卷数不详，熊文凤、杨嘉运、高福滂、刘峨、卫瞻淇等纂修。熊文凤，四川邻水县人，同治二十一年任枣阳知县，"熊文凤，四川邻水举人，由郧县知县调，二十一年任，续修邑志，重修城垣"②。杨嘉运，号石麟，顺天涿州人，同治三十年知县，因政绩突出，咸丰元年擢升随州知州，后死于镇压太平军时。③ 高福滂，随州人，增生。刘峨，枣阳县人，庠生。卫瞻淇，枣阳县人，增生。

是志始于道光二十七年，道光三十年成稿，因知县杨嘉运迁官随州，未及刊刻，仅以稿本传世。"道光丁未，前令熊君文凤延随州增生高福滂续修，邑之文生刘峨、卫瞻淇佐之，历吴君辉珇、杨君裕仁，率以帑糈不继中止。至庚戌冬，杨君嘉运任内而稿甫脱。"④咸丰年间，知县陈子飻续修县志，于是志亦有参考，如《祥异》，"道光二十七年丁未秋旱饥，并见旧志册档"⑤。

3.《史志眉评》

卷数不详，刘峨纂修。《史志眉评》于山水考证尤为详实，同治《枣阳县志》多所参考，"《史志眉评》，新志多采择，《山水》一门尤详"⑥。

(四)宜城县

1. 康熙《宜城县志》

① 乾隆《枣阳县志》卷首《甘定遇序》，江苏古籍出版社2001年版，第1页。
② 咸丰《重修枣阳县志》卷五《职官》，湖北省图书馆藏咸丰四年刻本。
③ 咸丰《重修枣阳县志》卷五《职官》，湖北省图书馆藏咸丰四年刻本。
④ 咸丰《枣阳县志》卷首《陈子飻序》，湖北省图书馆藏咸丰四年刻本。
⑤ 咸丰《枣阳县志》卷十五《祥异》，湖北省图书馆藏咸丰四年刻本。
⑥ 民国《枣阳县志》卷三十《艺文》，江苏古籍出版社2001年版，第411页。

卷数不详，郭维垣纂修。郭维垣，辽阳人，康熙十三年任宜城知县，"郭维垣，辽阳人，荫生，康熙十三年任宜城。时当羽檄星驰催科，供亿之余，修建县志，捍卫地方，民藉不惊"①。

2. 道光二十年《鄢都采访记》

三十卷，鲁桂元纂修。鲁桂元，字云衢，岁贡，曾任枝江训导。"鲁桂元，字云衢，邑岁贡生，任枝江训导。少有至性，父瑾代兄戍会昌，元甫弱冠，走千里省之。侍年余，父没，扶榇归庐于郊，邑人咸哀之，谓孝友萃于一门。嘉庆元年，白莲匪乱，邑中纷扰，元上《防剿八议》，当事多采用之，邑以无恐。后因黉序颓弊，元董率整理，迄今规制美备，皆其经划力也。又自邀同志捐建六善义塾，以惠寒畯，及筹措书院膏火，以育人材，均有益乡党者。其任枝江也，一时有经师、人师之称。惟自以禄不逮养，每怀退志，尝曰：'吾此来，非为薄禄计，为先人驰封望耳。'迄诰命至，遂投牒告归家居，多著述，有《鄢都采访记》三十卷，考核精密，无愧立言。"②

自康熙志后，县志一百四十年未有成书，鲁桂元乃编是志，对于保存史料具有积极的意义："不量衰老，谬以醯鸡之学，尺蠖之步，耳治者有日，目验者有日，简笔策编，岁十二稔而稿六七易，汇《鄢都采访记》二十四条，窃比于蚁知雨而马识途，非敢质诸当事，聊以备家塾观览云尔。"③

是志考核谨严，同治年间宜城教谕周国城对其评价甚高，"所著《鄢都采访记》全卷，撰述旧闻，而网罗散佚，则尤有功世教之文也"④。同治五年，知县程启安修《宜城县志》以为底本，"（鲁桂元）殁后数十年，上官檄修邑乘，珥笔者但取先生书，阐益近事，不劳而成，因咸归美于

① 同治《宜城县志》卷五《秩官志》，江苏古籍出版社 2001 年版，第 409 页。
② 同治《宜城县志》卷七《儒行》，江苏古籍出版社 2001 年版，第 433 页。
③ 同治《宜城县志》卷首《鲁桂元序》，江苏古籍出版社 2001 年版，第 283 页。
④ 同治《宜城县志》卷首《周国城跋》，江苏古籍出版社 2001 年版，第 284 页。

先生"①。

(五)光化县

1. 乾隆《光化县志稿》

二十七卷，李之蕊、李正干纂修。李之蕊，字丹仙，光化县人，岁贡，曾任江陵县训导，葬于县南十五里。李正干，字澹莽，光化县人，乾隆四十四年任竹山县训导，"李正干，字澹莽，邑旧族也。母氏舒，尝捐纺绩银，购经史贮黉宫，资寒士观览。干博涉群书，广植人材，为邑中士林望，晚由岁贡官竹山训导，纂有《邑乘》二十七卷"②。

李正干父祖两辈亦有志修志，惜未成书。"先大父江陵学博公……时以潘公聘，于七城详加参考，作为诗歌，俾后之人得按书而能确指其地。先君子八景之作，竞竞与同辈唱和，亦继先志而思成专书……予自束发，受书两大人，即以远大期。凡事关邑乘，莫不谆谆为予训，且曰：'尔能继吾志而述吾事，吾含笑地下矣。'予凛遵先人命，刻肝镂肾，不能忘。"③李正干在其父祖遗稿基础上，历经数十年而纂成志稿。"不揣谫陋，网罗放轶，竭数十年心目之力，裒而集之，核实而增饰之，别类分门，手订成编，较往者《杜府志》增十之七、《陈府志》增十之五，补阙删谬，良费苦心。"④

是书成稿后，得到知县谢如式⑤、傅相⑥、邓光仁等地方官绅认可。"予志稿待成时，尝质之桃源谢公、滇南傅公，皆许可，今遇静堂，又极口称赞不已，谓予书真可信今而传后。是何三君子者先后如出一口哉？"⑦但该志也未为臻善，内容缺略也不少，如沿革，"李澹莽

---

① 光绪《宜城县志》卷下《艺文》，江苏古籍出版社 2001 年版，第 569 页。
② 光绪《光化县志》卷六《耆旧》，江苏古籍出版社 2001 年版，第 348 页。
③ 光绪《光化县志》卷八《旧序》，江苏古籍出版社 2001 年版，第 492 页。
④ 光绪《光化县志》卷八《旧序》，江苏古籍出版社 2001 年版，第 492 页。
⑤ 谢如式，字孝征，号桂山，湖南桃源县人，乾隆元年举人，乾隆三十五年任光化知县。在任期间，以廉明称。
⑥ 傅相，云南昆明县人，乾隆甲戌年进士，乾隆三十九年任光化知县。
⑦ 光绪《光化县志》卷六《旧序》，江苏古籍出版社 2001 年版，第 492 页。

《志稿·沿革》中，未列南乡郡"①；《宦迹》则南乡、顺阳郡太守未能载入，"李志稿《宦迹》首列魏阴，今南乡、顺阳二郡太守则略而不书，殊嫌未备，今增入"②。至光绪十一年修《襄阳府志》时则已散佚，"李正干《光化县志稿》二十七卷，佚"③。

2. 道光《光化县志》

卷数不详，徐克昌纂修。徐克昌，字㠉岑，光化县人，少负才名，所纂《光化县志》，毁于咸丰六年兵燹，"徐克昌，字㠉岑，博学强记，九岁能诗，年十四作《盆中红梅赋》，一时有才子之称。嘉庆癸酉，鲍桂星学使奇其学，充选贡。居京师，殿撰蒋笙陔、吴谒人联诗文会，昌得与焉。晚归六一泉。啸歌自适，寿八十余终。著有《璪培斋诗文集》《唾余草》《光化志乘》，咸丰丙辰毁于兵"④。

（六）南漳县

1. 康熙十一年《南漳县志草》

卷数、纂修者皆不详。同治《南漳县志》曾引用是志数条，"杨春桂，汉川人，岁贡，南漳教谕，蕴藉渊源，有学有守者。《康熙壬子志稿》。李之佳，晋江人，举人，万历四十四年授南漳令，重学造士，恤刑爱民，勤于政事，有召父之称。上官尝以士子艺属定甲乙，襄郡荐绅皆敬重加礼，后升司马。《康熙壬子县志稿》"⑤。

2. 乾隆二十二年《南漳县志》

十卷，马政纂修。马政，南漳人，岁贡，保康县训导。乾隆间，知府陈锷檄命属县编纂志书，以为府志取材，"丁丑春，郡伯陈公特有府志之修，檄各属邑，自康熙十年起，迄乾隆二十二年止，务必详为确

---

① 光绪《光化县志》卷首《例言》，江苏古籍出版社 2001 年版，第 235 页。
② 光绪《光化县志》卷首《例言》，江苏古籍出版社 2001 年版，第 235 页。
③ 光绪《襄阳府志》卷十七《艺文志》，江苏古籍出版社 2001 年版，第 249 页。
④ 光绪《光化县志》卷六《耆旧》，江苏古籍出版社 2001 年版，第 349 页。
⑤ 同治《南漳县志集钞》卷十六《宦迹》，哈佛大学图书馆藏本。

访，以备采择。盖恐嘉言善行，湮没无闻，诚盛德事也"①。是时南漳旧志散佚，文籍阙如，连《清一统志》《文献通考》以及二十一史等常见史料也未能参考，"乃亟取家藏各书，昼夜披阅，汗不挥扇，暑不避热，废寝忘餐，分门别类，细加搜罗，逐一采录，虽勤且劳，亦不过使邑志所应有者靡不有之，而其人其事之散轶者恐仍不少也。若更得《一统志》《文献通考》及全廿一史、与新明史参之，其所辑宁止于此哉，大抵文不足征，书阙有间，则抱残守缺，虽欲详且核焉，其道无由"②。故而，其书缺漏甚多，"其书之缺略从可知矣"③。

同治年间，该书尚存，胡心悦《南漳县志》征引是志多处，如《陈琬传》，"陈琬，字序东，南漳人，雍正巳酉岁贡，幼孤，事叔婶如父母，及殁服丧三年，分惠堂弟三人，拨给己田百余亩。怜寡姊无依，接归养三十余年，勉成节操，教授生徒，学者多出其门。见马政《县志》"④。至光绪年间散佚。⑤

3. 乾隆五十七年《南漳县志草》

卷数、纂修者不详。同治《南漳县志集钞》引有乾隆壬子《县志草》，"王恒性，字秉常，南漳人，幼业儒，父早亡，葬祭尽礼，墓宿期年。奉母尤挚，及母殁，墓宿如故。友爱弥笃，抚诸弟授室成家，教侄严肃，列胶庠者三，余侄俱业儒。年五十三甫生子，乡邻称贺，以为善必报。卒年六十二，至今乡邻称道弗衰"⑥。

（七）谷城县

1. 顺治《谷城县志》

---

① 同治《南漳县志集钞》卷二十二《艺文》，哈佛大学图书馆藏本。
② 同治《南漳县志集钞》卷二十二《艺文》，哈佛大学图书馆藏本。
③ 光绪《襄阳府志》卷第十七《艺文志》，江苏古籍出版社 2001 年版，第 250 页。
④ 同治《南漳县志集钞》卷二十《人物志》，哈佛大学图书馆藏本。
⑤ 光绪《襄阳府志》卷第十七《艺文志》，江苏古籍出版社 2001 年版，第 250 页。
⑥ 同治《南漳县志集钞》卷二十《人物志》，哈佛大学图书馆藏本。

卷数不详，卢雍纂修。卢雍，长兴县人，顺治三年恩贡①，顺治十三年任谷城知县，见邑志久废，乃撰县志，"卢雍，号云室，浙江湖州府长兴县人，由恩贡知谷城，值郝贼（郝尧奇）据城之日，谷志废失，独能追求残缺，遍访贤士，考订成集，至复城后，复建学校，重士爱民，兴废举坠，无忝厥职，缘性介不阿，无获乎上，终为参革，士民惜焉"②。

2. 康熙《谷城县志》

卷数不详，吴应元纂修。吴应元，籍贯不详，康熙间谷城知县，兴学劝农，多善政。③ 吴应元在顺治志基础上加以重订，但仍未能成书，"至国朝，卢雍考定成集，经吴应元重订……虽屡加纂辑，迄未勒有成书"④。

3. 乾隆三十二年《谷志备草》

一册，王照纂修⑤。王照，字梦藜，岁贡生，后决意科举，留心掌故，撰《谷志备草》一编，"邑先辈有王梦藜者，积学士也。虽隐逸者流，颇留心当世之务，亦以邑旧无志，恐一切典章久无所考，曾手辑一编，虽未详备，而分门别类，可资采取"⑥。是书征引丰富，但未能刊行，"王梦藜先生《抄志》一部，先生本筑阳宿儒，成就后学数十辈，辑省志、府志，并地舆、水经诸书而撮其要，苦心孤诣，著为县志一书，以未登枣栗为憾"⑦。

---

① 嘉庆《长兴县志》卷十八《选举》，陕西省图书馆藏嘉庆十年刻本。

② 同治《谷城县志》卷五《名宦》，江苏古籍出版社 2001 年版，第 120 页。

③ 同治《谷城县志》卷五《名宦》，江苏古籍出版社 2001 年版，第 120 页。

④ 同治《谷城县志》卷首《谷城县志序》，江苏古籍出版社 2001 年版，第 4 页。

⑤ （宣统）湖北通志局编著：《湖北艺文志附补遗》，湖北教育出版社 2002 年版，第 966 页。

⑥ 同治《谷城县志》卷首《纂修谷城县志序》，江苏古籍出版社 2001 年版，第 1 页。

⑦ 同治《谷城县志》卷首《纂修谷城县志序》，江苏古籍出版社 2001 年版，第 1 页。

同治时，《谷志备草》尚存，对黄定镛修《谷城县志》发挥了重要作用，"多年未有之书借以得有定本，然无梦藜之抄志，终难措手，得此一编，搜罗采访，可以副上台之意，可以昭令典之垂，亦即可以成梦藜之志矣"①。

4. 嘉庆《邑志合编稿》

四卷，朱星远纂。朱星远，谷城县人，生平事迹不可考。民国《谷城县志稿》曾引用该书："仓廒：常平仓二所，一县署正堂东，一县署后宅西，社仓旧四十八处，在四乡，地失考。乾隆二十三年，并作四处，又设总社仓，城南门外火星观东，录邑人朱星远《谷志合编》。"②

5. 咸丰《谷城诗志》

一卷，安庭松纂修。安庭松，字月滩，谷城县人，咸丰岁贡。安庭松《谷城诗志》，以五言诗形式分门别类载述县事，言语通俗明畅，便于诵读。"安月滩先生《诗志》一卷，大抵宗梦藜抄志之旨，编为五言诗，便于习诵，一览了然。"③同治六年修县志，曾取材该志，民国时已不得见。

6. 光绪《谷城县志》

卷数不详，周天衢、周金铬纂修。周天衢，字云阶，道光二十六年举人，历任上高、南丰等知县。④ 周金铬，周天衢子，岁贡生。周氏《谷城县志》撢采丰富，民国《谷城县志》多所参考，"天衢藏书最富，尝采辑谷城轶事，欲修谷城县志未果，金铬继其志，所采如宋真宗时谷城知县张及，清廉为三十年冠，而旧府县志均未列名。金铬于欧阳文忠集搜得之，其他零笺碎锦，裨益县志不少。天衢文笔清超，

---

① 同治《谷城县志》卷首《纂修谷城县志序》，江苏古籍出版社 2001 年版，第 1 页。

② 民国《谷城县志稿》卷四《仓储》，中国人民大学图书馆藏民国十五年石印本。

③ 同治《谷城县志》卷首《纂修谷城县志序》，江苏古籍出版社 2001 年版，第 1 页。

④ 民国《谷城县志稿》卷五《官迹》，中国人民大学图书馆藏民国十五年石印本。

有法度，子金辂下笔千言，纵横不可羁勒，惜轨度稍逊乃父耳，然博雅固不可及云"①。

另外，据同治《谷城县志》载，嘉庆间岁贡陈八诰纂有县志，然而志书卷数、体例以及流传概况、纂修者生平事迹等皆不可考。至民国年间，陈八诰纂修《谷城县志》一事不为诸书提及，可能是时志书已佚。

六、郧阳府

（一）郧阳府志

《郧志类编》，仇昌祚、李绍贤纂修。仇昌祚，字振先，曲沃人，恩贡，康熙初任郧阳通判，后升潮州同知、惠潮兵备道，"仇昌祚，字振先，曲沃恩贡。康熙初任，时郝永忠乱，昌祚在房县香溪转饷一年。旋郧，修府县学宫，纂《郧志类编》。寻迁潮州同知，会总兵刘进忠叛，被执，逼受伪官，不屈，事平授惠潮兵备道，卒祀乡贤所，著有《漪园文集》"②。李绍贤，字克绍，顺治十一年拔贡，郧县县承，"李绍贤，字克绍，号省庵，顺治甲午拔贡，绩学善属文，尝偕通判仇昌祚纂《郧志类编》"③。

康熙二十四年，刘作霖修《郧阳府志》以是志为底本，至嘉庆朝尚存，然已脱漏不少，"康熙己酉，郧通判仇昌祚与郡贡生李绍贤纂《郧志类编》，即庚申刘作霖所据以纂府志，而杨廷耀刊之者。今底册存绍贤家，脱遗芜杂，都所不免，按门校对，知当年去取多未精审，兹间为采入，仍曰《类编》"④。

（二）郧县

康熙十一年《郧县志》，张杞纂修。张杞，河南杞县人，康熙七年

---

① 民国《谷城县志稿》卷六《儒学》，中国人民大学图书馆藏民国十五年石印本。

② 同治《郧县志》卷五《职官志》，江苏古籍出版社 2001 年版，第 172 页。

③ 同治《郧阳志》卷六《人物志》，江苏古籍出版社 2001 年版，第 378 页。

④ 嘉庆《郧阳志》卷首《例言十四则》，国家图书馆藏嘉庆十四年刻本。

任郧县知县，"张杞，河南杞县，进士，初授夔州司理奉裁，康熙七年知郧县，心存仁厚，政尚廉平，敲朴不烦，赋登讼理，教化大治，吏习民安"①。同治《郧县志》载其在任"尚廉平、持大礼，不苟琐细"②。康熙十一年，清廷檄命各地修纂方志，以为《清一统志》取材。张杞乃以《郧志类编》为底本，篇目等仍其旧，而稍加增补，成《郧县志》，"今检案牍虽得一抄本，而挂一漏万，缺略宏多，乃取新编府志，翻撼润色而焉，帧目仍旧，稍而增补附入，视旧则稍备矣"③。

康熙二十二年，知县侯世忠仍张杞《郧县志》续修《郧县志略》，"侯世忠，夏县，举人，康熙间除，时干戈初靖，逃亡稍集，世忠劳来安定，不遗心力，又就张志续之，为《志略》"④。至嘉庆朝，是志业已散佚，仅存张杞序一篇，"张杞，杞县，进士，康熙初由夔州推官改除，政尚廉平，持大体，不苟琐细，会奉文征志，杞纂陈之，今仅存其序"⑤。

(三)竹山县

1. 康熙五十一年《竹山县志》

卷数不详，史求忠纂修。史求忠，字莨臣，济源县人，康熙年间迁居竹山县，"史求忠，字莨臣，号文海，别号华阳，济源人，富于学，以别驾客昆山。徐公昆山甚器之。康熙年间，由郧至竹，遂家焉"⑥。竹山县志久阙，史求忠乃纂《竹山县志》，"余寄居斯土亦既有年，每一念及，代为心恶。于是远征文献，近询故旧，复出入于经史百家，博稽而约取之，以错综其旨，而成一书"⑦。是志采用三宝体，设有三纲、二十八目，所谓的三纲即天道、地道、人道，二十八目即为建置、沿

---

① 康熙《湖广郧阳府志》卷十七《宦迹》，国家图书馆藏康熙二十四年刻本。
② 同治《郧县志》卷五《职官志》，江苏古籍出版社2001年版，第173页。
③ 同治《郧县志》卷首《张杞序》，江苏古籍出版社2001年版，第12页。
④ 同治《郧阳志》卷五《官师志》，江苏古籍出版社2001年版，第349页。
⑤ 嘉庆《郧阳志》卷五下《官师志》，国家图书馆藏嘉庆十四年刻本。
⑥ 乾隆《竹山县志》卷二十四《流寓》，故宫博物院藏乾隆五十年刻本。
⑦ 同治《竹山县志》卷一《竹山县志总论》，江苏古籍出版社2001年版，第304~305页。

革、祥异、形势、城池、物产、赋役、铺舍、关堡、津梁、古迹、秩官、公署、学校、祀典、风俗、兵政、宦迹、选举、人物、流寓、艺文等。①

史求忠《竹山县志》，为后世修志提供了范本，所获评价甚高："竹山志书昆仑于华阳史氏，凭空开山，使后人有所依据，以为底本，功伟矣。"②乾隆十一年，常青岳修《竹山县志》以是志为参考，"爰谋之何丹重、魏朴园二广文，共事编辑，茫茫无据，草创为难。既乃得史华阳志稿，稍有凭借"③。乾隆三十七年，邓光仁得之，以为修志参考。不过是该志编次失序，内容残损，"爰商之邑绅士等，于故纸朽蠹中得前任学博尹同年梧岩手录史华阳底本，心窃喜，第其中残缺者多，失次者复不少，与太尊颁来款式殊未合，又自皇甫公以后事皆阙焉。而每卷标题亦并无小序总括，惟以四言八语了之，因勉竭驽才，悉为编著，旁搜远取，别类分门，事必求实，语无轻佻，凡七阅月，得二十七卷，稿就矣"④。

2. 乾隆十一年《竹山县志》

常青岳、何梯、魏永经纂修。常青岳，乾隆十年任竹山知县，后升任绍兴府同知。"常青岳，字未山，号雨来，直隶交河人，乾隆十年以孝廉令竹山，恤士爱民，政简刑清，廉德既著，而慎勤兼之，凡有关于邑中利弊，必急力兴除。"⑤何梯，荆门州人，拔贡，乾隆十年任竹山教谕。⑥ 魏永经，黄江县人，岁贡，乾隆十年任竹山训导。⑦

常青岳以史求忠志为底本，未即成书，即迁官恩施，事遂寝，"秋

---

① 同治《竹山县志》卷一《竹山县志总论》，江苏古籍出版社 2001 年版，第304～305 页。

② 乾隆《竹山县志》卷首《邓光仁序》，故宫博物院藏乾隆五十年刻本。

③ 乾隆《竹山县志》卷首《常青岳序》，江苏古籍出版社 2001 年版，第 305页。

④ 乾隆《竹山县志》卷首《邓光仁序》，故宫博物院藏乾隆五十年刻本。

⑤ 乾隆《竹山县志》卷之十八《宦迹》，故宫博物院藏乾隆五十年刻本。

⑥ 嘉庆《竹山县志》卷五《职官志》，海南出版社 2001 年版，第 166 页。

⑦ 乾隆《竹山县志》卷十七《秩官》，故宫博物院藏乾隆五十年刻本。

承乏于兹，欲求志乘以资治理而不得……爰谋之何丹仲、魏朴园二广文共事编辑，茫茫无据，草创为难。既乃得史华阳《志稿》，又半就残缺，断绠飘飘，深增于邑，方欲广搜博采，以告蒇事。余适量移恩施，事遂中止。用叙崖略，以志余怀。若夫踵而行之，以迄于成，是所望于后之官斯土者"①。

3. 乾隆三十一年《竹山县志》

皇甫枢、尹一声纂修。皇甫枢，浙江桐乡人，进士，乾隆二十七年任竹山知县。尹一声，嘉鱼县人，举人，乾隆二十五年任竹山教谕。皇甫枢、尹一声以史求忠志为底本，五月而成书，"（乾隆）乙酉之春，适明府皇甫过署，云自郧郡西寺偶得华阳史氏志稿，并属予踵而成之……爰令一二同人，各就其耳目之所及，闻见之甚寔，铢积寸累，综而续之，又取史氏之所载，浮者汰，缺者补，伪者正，五阅月而就。嗟乎！采花作蜜，缀腋成裘"②。

然皇甫枢去任，未能刊行，"凡五阅月而稿定，用是正拟详报各宪，以与竹邑诸同人商议，付之剞劂。奈丙戌之六月，予适匆匆解任告去，而斯事遂寝矣。意或后之莅兹邑者，仕学两优，再加斟酌，踵而行之，将有以谅予之片忱，以无负尹君之苦心焉"③。乾隆三十九年，郧阳知府王采珍④以该志体例未合志体，而遭废弃，"越十数年，明府皇甫公暨学博尹梧岩同年增续之，渐斐然。乾隆甲午，本府大守王公终以其格调规模与志体欠吻合，檄县重订"⑤。

4. 乾隆三十八年《竹山县志》

① 同治《竹山县志》卷首《常青岳序》，江苏古籍出版社 2001 年版，第 305 页。
② 乾隆《竹山县志》卷首《尹一声序》，故宫博物院藏乾隆五十年刻本。
③ 乾隆《竹山县志》卷首《皇甫枢序》，故宫博物院藏乾隆五十年刻本。
④ 王采珍，滨州人，进士，乾隆三十六年任竹山知县。嘉庆《郧阳志》卷六《官师志》载，"王采珍，滨州，进士，乾隆三十六年任，县学前逼市肆，傍环民舍，基日侵削，采珍集士民勘之，得还旧址，乃作棂星门泮池缭以垣墉，规模始开，见《县学碑记》。"
⑤ 乾隆《竹山县志》卷首《邓光仁序》，故宫博物院藏乾隆五十年刻本。

二十七卷，彭悦桂、邓光仁纂修。彭悦桂，四川金堂县人，举人，乾隆三十八年任竹山知县，"彭悦桂，四川金堂县，举人，乾隆三十八年署任，修葺文庙，建奎星楼，以文昌阁作书院，兴利除害，善政多端"①。邓光仁，兴国州人，拔贡，乾隆三十七年任竹山教谕。②

该志体例由王采珍裁定，数月成书，记载详实，"悉照府志，别类分门，阅数月得书二十七卷，都成帙，求不谬于古人，亦庶几一邑之星野、舆图、学校、赋役、兵政诸大务，以及古先圣贤之遗迹忠教节义之可传者，一目了如。盖予之继华阳、皇甫，兢兢业业，不敢怠遑"③。

后任知县常丹葵欲以其父常青岳稿为底本重修，对该书多有讥哂，废而不用，是以未能刊行，仅以写本传世，"然而未授诸梓也。夫亦以剞劂未易，非故因陋就简也。甲辰冬，明府常梅村先生甫下车，索观县志，予遂以写本呈。明府见而哂之，且曰：书不刊布，如露之在花间，见晛则消耳"④。乾隆朝后，是书渐失传。

5. 咸丰《竹山县志》

二十九卷，陈汝藩、黄子遂纂修。陈汝藩，字仲衡，广德州人，咸丰七年任竹山知县，"陈汝藩，字仲衡，广德州副榜，咸丰七年任，局度恢宏，资性英敏，平情折狱，一无所私，兴学校，劝农桑，民俗为之一变"⑤。黄子遂，竹山县人，道光十七年拔贡，候选直隶州州判。⑥是志以嘉庆志为底本，六月而稿成，"比事属辞，余时参订，意见相符，六阅月而告成，敬呈郡伯午山李公禀承鉴定，付诸剞劂"⑦。

同治年间，是书志板毁于兵燹，"同治元年，川匪陷城，发逆审

---

① 同治《竹山县志》卷十《秩官》，江苏古籍出版社2001年版，第352页。
② 同治《竹山县志》卷十《秩官》，江苏古籍出版社2001年版，第354页。
③ 乾隆《竹山县志》卷首《邓光仁序》，故宫博物院藏乾隆五十年刻本。
④ 乾隆《竹山县志》卷首《邓光仁序》，故宫博物院藏乾隆五十年刻本。
⑤ 同治《郧阳志》卷五《官师志》，江苏古籍出版社2001年版，第357页。
⑥ 同治《竹山县志》卷十四《名宦》，江苏古籍出版社2001年版，第411页。
⑦ 同治《竹山县志》卷首《陈汝藩序》，江苏古籍出版社2001年版，第314页。

境，板已荡然无存矣"①。不过尚有稿本流传，"竹志书有存，而板已毁，贤友尹重为修辅，甫脱稿，并前陈令旧志赍呈，征序于余"②。

（四）房县

1. 康熙五年《房县志》

卷数不详，傅六吉、邓复元、吴良玉纂修。傅六吉，临川人，举人，康熙三年任房县知县，"傅六吉，临川举人，康熙初令房时，军需旁午，六吉修城垣，运粮务，抚流亡，以暇搜辑邑乘，五年之间，日不暇给，以劳瘁卒于房，立祠祀之"③。邓复元，竹山训导。吴良玉，竹山县人，生员。康熙二十年，是书业已失传，"国朝康熙五年，邑侯傅重加纂辑，历十五年，板毁而书亡"④。

2. 康熙二十年《房县志》

卷数不详，雷化龙纂修。雷化龙，辽东人，康熙十七年任，"雷化龙，辽东人，康熙间除房令，杨来嘉叛，镇戍兵云集，远近民尚疑畏匿山寨，化龙招徕抚之，复其业"⑤。因上宪催修县志，雷化龙抄《郧阳府志》有关房县者，汇编成书，"（康熙）二十年，邑侯雷公化龙撮钞府志，以应上宪之求"⑥。

3. 康熙三十四年《房县志》

四卷，沈用将、李发荣、许嘉言纂修。沈用将，浙江任和县人，贡生，康熙二十六年任，"沈用将，浙江仁和贡生。康熙间任房令九载，为政务在便民，缓追呼，减徭役，浚筑渠堰，山田灌溉得均。时军户输粮，襄阳卫往返跋涉，令详请使卫设柜县中，军户就县自输，民尽称

---

① 同治《竹山县志》卷首《周士祯序》，江苏古籍出版社 2001 年版，第 301 页。

② 同治《竹山县志》卷首《崔兰馨序》，江苏古籍出版社 2001 年版，第 299 页。

③ 同治《房县志》卷五《秩官》，江苏古籍出版社 2001 年版，第 432 页。

④ 同治《房县志》卷首《跋》，江苏古籍出版社 2001 年版，第 352 页。

⑤ 同治《房县志》卷五《秩官》，江苏古籍出版社 2001 年版，第 432 页。

⑥ 同治《房县志》卷首《汪序》，江苏古籍出版社 2001 年版，第 350 页。

便，邑贡生李发荣、许嘉言等修辑传志，令将卸篆，犹悉心详核云"①。李发荣，房县人，贡生，雍正十三年任黄梅训导。② 许嘉言，房县人，贡生，曾任济阳知县。③

乾隆年间，该志仍有抄本流传，"乾隆甲午夏，邑侯张公敬以一编授魁，命订其舛谬，补其残缺，盖沈志抄本也，共四卷，分类三十七，前有序，后有论，亦可为赔洽矣"，然散佚《杂记》一卷，"钞本有《杂记》一卷，今已无存"④。其内容"未免失于冗杂，录者又荒略舛错不可读，且无别本校对"⑤。

另外，是志尚有诸多不足，分立门类过多，"至若岩洞、井泉、潭池，似不应另分门"⑥。全书仅有一图，稍显不足，"钞本图仅一幅，亦大涉鲁莽"⑦。有诗文仅十余首，大半抄自府志，且窜入原杰《处置流民疏》、诸葛亮《与孟达书》等不得体者，"钞本诗文仅十余首，大半录自府志，如原杰《处置流民疏》、诸葛亮《与孟达书》，不应传入者"⑧。

（五）郧西县

乾隆十五年《郧西县志》，二十四卷，杨炯、梁凤翥纂修。杨炯，字仲亮，江夏人，优贡生，雍正、乾隆年间任郧西县教谕，为文忼爽，邑人评为"不负师席"⑨。梁凤翥，康熙三十六年拔贡，曾任应山县教谕，"退老以来，不辞固陋，爰取曩稿与儿辈大加搜罗，分别品

---

①　同治《房县志》卷五《秩官》，江苏古籍出版社 2001 年版，第 432 页。
②　乾隆《黄梅县志》卷一《秩官表下》，海南出版社 2001 年版，第 13 页。
③　同治《房县志》卷八《选举》，江苏古籍出版社 2001 年版，第 485 页。
④　乾隆《房县志钞》卷首《凡例》，国家图书馆藏乾隆五十三年钞本。
⑤　同治《房县志》卷首《汪序》，江苏古籍出版社 2001 年版，第 351 页。
⑥　乾隆《房县志钞》卷首《凡例》，国家图书馆藏乾隆五十三年钞本。
⑦　乾隆《房县志钞》卷首《凡例》，国家图书馆藏乾隆五十三年钞本。
⑧　乾隆《房县志钞》卷首《凡例》，国家图书馆藏乾隆五十三年钞本。
⑨　同治《郧西县志》卷十一《职官志》，江苏古籍出版社 2001 年版，第 151 页。

目，总七十二条，七万五千余言，荟萃入书，都为二十四卷，藏诸家塾"①。然是志记载仅撮其大要，阙略亦多，"郧西未有志，本朝邑人梁凤翥始撮其大要，而阙略不全，存什一于千百，安在其能灿如也"②。

乾隆年间，郧西知县张道南以是志为底本纂修《郧西县志》，"张道南，字吾菴，晋江举人，乾隆三十五年除。县旧志无存，道南悉心搜稽，偶有间见辄识之，用邑人梁凤翥底稿，纂《郧西志》二十卷"③。然至同治朝，梁凤翥志稿已散佚不全，"独惜其志缮写成篇，今复散佚不全耳"④。

（六）竹溪县

1. 雍正元年《竹溪县志》

二十二卷，张懋勋纂修。张懋勋，字汉卿，乾隆六十年岁贡，"其先陕之商州人也，祖自成于康熙十五年以恢复竹谿功，由西营千总升中军守备，署游击，因家焉。勋幼好学，补邑弟子员，治举业有声，郧郡六邑咸聘置幕，因是获交诸名隽，学益进，然屡踬场屋，晚岁成明经"⑤。

张懋勋见《竹溪县志》久无续修，乃纂是书，"因即远凭郡志，近询故老，复取二十年前得之残碑断碣者，而考定之，不尚文而尚质，不传疑而传信，自天文、地理、食货、人物、贡赋之类，为目凡二十有二，每首附数言备论赞之体"⑥。是书成稿后，稿存于家，"于是编辑旧闻，穷搜荒缺，成《竹溪志稿》二十二卷，藏诸其家"⑦。乾隆五十八年，宣葆光曾见是稿，是书内容详实，"爰嘱柯、项两学博广为谘访，乃得故

---

① 同治《郧西县志》卷首《郧西县抄本志序》，江苏古籍出版社 2001 年版，第 9 页。
② 乾隆《郧西县志》卷首《凡例》，海南出版社 2001 年版，第 243 页。
③ 民国《郧西县志》卷六《职官志》，国家图书馆藏民国二十六年石印本。
④ 同治《郧西县志》卷十三《选举志》，江苏古籍出版社 2001 年版，第 165 页。
⑤ 同治《竹溪县志》卷十《善行》，江苏古籍出版社 2001 年版，第 122 页。
⑥ 同治《竹溪县志》卷首《张懋勋序》，江苏古籍出版社 2001 年版，第 12 页。
⑦ 同治《竹溪县志》卷十《善行》，江苏古籍出版社 2001 年版，第 122 页。

邑贡士张懋勋所撰《志稿》，其载记颇详"①。乃以是志为蓝本，编纂《竹溪县志》，"而稍损益之，仿明康对山先生《武功县志》，纂次若干篇，以付剞劂"②。

2. 乾隆《竹溪县志》

卷数不详，宣葆光撰修。宣葆光，号香坡，监生，江苏吴县人，乾隆五十年任南漳知县、郧西知县、汉阳知县。是志在张懋勋稿本基础上编纂而成，然较为简略，"数典阙如，未足尊信也"。同治年间尚存，后渐失传。

（七）保康县

1. 乾隆五十九《保康县志》

卷数不详，黄义峰纂修。黄义峰，字际云，江陵县人，廪贡，乾隆五十九年任保康教谕，后死于嘉庆元年之乱，"黄义峰，字际云，廪贡生，伉健尚气节。乾隆末，任保康教谕。嘉庆丙辰，盗起郧阳。义峰偕典史某日夜在县筹捕贼事，俄贼逼县治，令已逃。义峰与典史分城力守，贼排门入，典史被害。义峰急归署，朝服坐明伦堂。贼寻至，骂不绝口，贼以刃胁之，夺刃，杀十余贼，卒遇害，悬首于市，并戮妻子。其仆姚多富、张吴升皆以捍贼死"③。乾隆五十九年，黄义峰纂成《保康县志》，然未刊行，而毁于嘉庆元年动乱，"黄义峰纂《保康志》皆脱稿未刊"④。"前志稿脱于黄学师手，既毁于嘉庆丙辰。"⑤

2. 道光《保康县志》

卷数不详，王礼兴、熊章锦、朱绂等纂修。王礼兴，保康县人，岁贡，曾任候选训导，道光间与熊章锦、朱绂等修志，后毁于咸丰六年，"王礼兴，字蔼峰，邑岁贡，尝与邑廪生熊章锦、朱绂纂修邑志。未

---

① 同治《竹溪县志》卷首《宣葆光序》，江苏古籍出版社2001年版，第13页。
② 同治《竹溪县志》卷首《宣葆光序》，江苏古籍出版社2001年版，第13页。
③ 光绪《荆州府志》卷五十二《忠烈》，江苏古籍出版社2001年版，第128～129页。
④ 嘉庆《郧阳志》卷首《例言十四则》，国家图书馆藏嘉庆十四年刻本。
⑤ 同治《保康县志》卷首《林煊序》，江苏古籍出版社2001年版，第519页。

几，锦与绂病故，礼兴独任之，稿成未梓，咸丰丙辰贼焚"①。

七、德安府

(一) 随州

周宗成《增修随志》，顺治、康熙间纂成。周宗成，邑人，"周宗成，字启宁，禀膳生，以子贵，诰封文林郎。学行兼优，性孝友，重节义，好施予。明末，流寇日起，避乱鄂城。城陷，负老母，携孤侄，自乱中出，还随，结义寨，练乡兵事，郡赖以求庇者甚众，厥后连年饥馑，复多方赈济，乡里全活者几以万计。晚年身际太平，讲学文昌阁，玉成后进，为一郡之望，崇祀乡贤"②。

乾隆年间，是书业已不存，"周宗成，晚年讲学论文，开导后起，多所成就，嗜古文词，留意声律，所著有《素心集》《采薇吟疏水草》俱藏于家。又尝增损颜木《随志》，今未见也"③。

(二) 应城县

康熙二十三年《应城县志稿》，齐国政、闵景骞纂修。齐国政，字德庵，贡生，江南上元人，康熙二十三年应城知县，曾参与平定夏逢龙兵乱，"齐国政，字德庵，贡生，江南上元人，康熙二十三年任。涖政勤敏，加意学校，听断词讼，力所及者必始终之，人以此称焉。二十七年，武昌裁兵之乱，邻邑三面失守，国政独能守御，请兵退贼，徇为有功于邑者矣"④。闵景骞，应城县人，康熙岁贡，曾任汉阳训导，"闵景骞，字非砒，康熙间岁贡，授汉阳训导，涉猎经史，能诗，喜著述。邑令齐国政修县志，搜辑皆出其手"⑤。

康熙三十三年，齐国政离任，是志未能成书。雍正初，闵景骞弟景

---

① 同治《郧阳志》卷六《人物志》，江苏古籍出版社 2001 年版，第 390 页。
② 同治《随州志》卷二十三《耆旧》，江苏古籍出版社 2001 年版，第 244 页。
③ 章学诚：《湖北通志未定稿》，湖北教育出版社 2002 年版，第 343 页。
④ 雍正《应城县志》卷八《循迹志》，江苏古籍出版社 2001 年版，第 75 页。
⑤ 光绪《应城县志》卷十《人物志》，江苏古籍出版社 2001 年版，第 343~344页。

淑将志稿上呈知县李可宷，"书未成，国政去官，景骞继卒。雍正初，景骞弟景淑以其残稿呈邑令李可宷，可宷资以纂辑成书"①。然是时该志残损严重，冗杂难读，"康熙初，樊令创志，而苟完齐令续修而未就，比年散落，此卷仅存"②。

是书虽为残本，然亦属珍贵历史资料，李可宷于是志多所征引，"其《人物》、《艺文》二门则旧岁得前齐令所集未成稿本诗文二十余首、部列拟议人物姓名一篇，重加参质，使不讹谬"③。

（三）应山县

1. 康熙四年《应山县志》

卷数不详，王汇、朱孔照纂修。王汇，字观澜，进士，顺治十六年任应山知县，"王汇，字观澜，其先江西南昌人，曾祖朝汉始迁仪封，越两世生汇，赋性聪颖，读书过目不忘，少孤家贫，明末寇起，奉母避难河朔，流离迁徙，力学不懈。顺治辛卯举于乡，壬辰成进士。初任陕西安定县，地经兵燹，民多流亡。汇涖任，招徕抚绥，以复民气，上官称为治行第一。居母忧，服阕。补湖广应山县，县当楚豫接壤，素号冲繁。时以房县余氛未靖，两省会剿，军需旁午，乃力为剔除陋规，厘正户役，使奸猾不得滋扰百姓，咸赖以安。秩满，升工部都水司主事"④。朱孔照，应山县人，顺治进士，曾任礼部主事、苏州同知等，后致使归家，"朱孔照，字浴曙，应山人，顺治乙未进士，授礼部仪制司主事，旋转苏州海防同知，节制有方，兵民称便，致仕家居。甘淡泊，喜著述，型家范，俗有古人风"⑤。

是志应上檄之命而编修，考核谨严，"汇本中州下士，浚水鄙人，学既未成，仕亦不侵，本无作史之才。适际院司道郡大人征志之期，不

---

① 光绪《应城县志》卷十《人物志》，江苏古籍出版社 2001 年版，第 343～344 页。
② 雍正《应城县志》卷首《李可宷序》，江苏古籍出版社 2001 年版，第 3 页。
③ 雍正《应城县志》卷首《李可宷序》，江苏古籍出版社 2001 年版，第 4 页。
④ 乾隆《仪封县志》卷之十《人物志》，国家图书馆藏乾隆二十九年刻本。
⑤ 光绪《德安府志》卷十四《人物志二》，江苏古籍出版社 2001 年版，第 422 页。

敢任也，不敢委也。惕恧交集，勉强拮据，参酌旧文，汇编为帙，宁朴宁拙，不敢为敝为欺，宁固宁陋，不敢为党为诬，疑以传疑，信以传信，叙所宜叙，删所宜删，尊圣人之经，奉天子之法，庶几乎无违各大人宪令也"①。朱孔照赞誉是志斟酌至当，"乙巳应山续修县志，其所以考古证今，斟酌至当者，俱邑侯王公手订焉"②。

至乾隆末年，林钟任曾见是志，不过对其评价并不高，认为该志繁芜叠见，"应山志始修于颜氏木，再修于刘氏化，三修于程氏楙，四修于朱氏孔，颜氏最著名，然当时弇州已不免遗议，《四库全书提要》亦斥其僭妄。程志原本颜志，朱志略加增饰，芜杂叠见，钱竹西所云百年文献未搜罗是也"③。

2. 咸丰《应山县志稿》

十二卷，林钟任纂修。林钟任，汉川县人，字莘田，曾任应山训导。应山县志百年来未修，林钟任广为搜罗家谱、金石碑刻等资料，编成《应山县志稿》，"余性嗜古，习为考证之学，于楚中故实采摭颇富。昨春来摄学篆，翻阅旧志，憾其缺略，重加辑录，刺取各家谱系传记，排纂成篇，暇则偕二三同志游历郊原，摩挲金石，而山川、古迹、祠庙、冢墓之源委，援据史传，考订尤详。庶乎庐山之真面目出，而泉垆幽光以显"④。

同治《汉川县志》载，林钟任任应山训导第二年纂修是志，"惜莅任皆未久，而去应山之摄篆也。校士不过二载，慨念旧志缺略，重加辑录，取杨洪口陈诸家之文献，而表章之，一邑故事悉备"⑤。林钟任就任应山训导为嘉庆十九年⑥，可推断是志应为嘉庆二十年纂修。应山训导任上，林钟任未能完成是志，后携回汉川县继续撰写，并托付好友周

---

① 康熙《应山县志》卷首《王汇序》，江苏古籍出版社 2001 年版，第 11～12 页。
② 康熙《应山县志》卷首《朱孔照序》，江苏古籍出版社 2001 年版，第 13 页。
③ 同治《汉川县志》卷十九《著录》，江苏古籍出版社 2001 年版，第 460 页。
④ 同治《汉川县志》卷十九《著录》，江苏古籍出版社 2001 年版，第 461 页。
⑤ 同治《汉川县志》卷十七《文苑》，江苏古籍出版社 2001 年版，第 377 页。
⑥ 光绪《德安府志》卷九《职官志》，江苏古籍出版社 2001 年版，第 308 页。

铺参订，"《应山志稿》一编，莘田林先生摄校官篆时所辑也。前先生自应归，出以示铺，命与参订之役"①。成书后曾请应山知县钱清履作序。钱清履，字庆征，嘉善县人，号竹西，嘉庆九年任应山知县。钱清履在《应山宾兴庄事略序》中提，"越明年卸事归，寄其所撰《应山志稿》《宾兴馆事略》贻余，且征序焉。余令应山久，熟悉其风土，今受而读之，而慨然有感也"②。

是志在汉川县完成，又经咸丰、同治战乱，至同治时已不为应山县人所知，故而后世修志皆不提及，"邑志不修者二百年，兵燹后文献无征，历代官师人物与各项兴废损益无从采辑，即采入者亦或姓名年月诸多失考，姑阙存疑，俟博闻得补正"③。

(四) 云梦县

《云梦县节略》，一册，乾隆嘉庆间，王公壎纂修。王公壎，字伯雅，乾隆年举人，"王公壎，字伯雅，号篾友，一号南亭，好学能文，木讷寡言笑，乾隆癸丑岁贡，中甲寅顺天举人，得诗法于蔡绿墅，诗笔沉郁古秀，学者师之。尤留心人物，尝记国初以来本邑之品诣、文学可传者，笔之于书。此次续纂县志，大半皆其所存记也，著有《绿荫剩稿诗集》，未梓"④。

是志成稿后，未能刊刻，后志稿流落为冯瑄⑤保管，道光二十年《云梦县志略》于是志采辑甚多，"旧志经今一百六十余年，人之嘉言善行失传不彰，愈久愈难询访，幸王南亭孝廉留心人物，于四十年前手书《节略》一册，原本存冯鹤渠家。此次得以据为底稿，以后近事必得博采"⑥。

---

① 同治《汉川县志》卷十九《著录》，江苏古籍出版社 2001 年版，第 462 页。
② 同治《汉川县志》卷十九《著录》，江苏古籍出版社 2001 年版，第 462 页。
③ 同治《应山县志》卷首《凡例》，江苏古籍出版社 2001 年版，第 200 页。
④ 道光《云梦县志略》卷九《文苑》，江苏古籍出版社 2001 年版，第 474 页。
⑤ 冯瑄，字鹤渠，云梦人，庠生，为学刻苦，雅好藏书，在邑中负有盛名，著有《镇石斋顾问诗集》五卷、《客窗随笔》五卷等。
⑥ 道光《云梦县志略》卷首《凡例》，江苏古籍出版社 2001 年版，第 346 页。

八、荆州府

(一) 江陵县

康熙《江陵志略》，卷数不详，张之增纂修。张之增，字山若，江陵县人，"明巡抚福建都察院汝济孙，举人中炳子，领康熙己酉乡荐，苦志积学，与胡在恪友善，以诗文相切劘，于经书多所注解，著有《江陵志略》、《漫兴草诗》，未梓"。

乾隆五十九年，崔龙见修《江陵县志》，曾参考该志，"郡伯崔公召诸绅士而奖劝之，命开局于使院署中，抽新旧两府志，参以《江陵志余》《志略》，遍搜经史子集，有裨志乘者，悉加采录，分门别类"①。征引《江陵志略》多条，如《邵大爵传》，"邵大爵，嘉靖年间进士，守平凉，清介不污，祀乡贤。张之增《志略》"②。

(二) 石首县

顺治十三年《石首县志》，一卷，王大年纂修。王大年，号青海，锦州人，顺治十年任石首知县，"王大年，号青海，锦州人，贡生。顺治十年任，垦辟荒芜，招集流亡，归者咸得乐业，文庙自兵火之余，鞠为茂草。大年捐俸修葺，不以劳民。复搜讨遗编，修葺县志。县西罗童垸堤为江水冲圮，大年循明成化初安华协济旧例，申详两院移文两县合工修筑，为三方保障。自莅任以后，邑无冤狱，境无乱民，严里甲，清陋规，吏胥畏服焉"③。

顺治初，王大年念及前志皆已散佚，如不再利用现存的文献，则后世修志益为艰难，乃纂《石首县志》，然是书所凭借的资料实在有限，故而志书亦仅记大略而已，缺略不详，考证亦难求精，"石旧乘灾于兵火，国朝王清海邑侯始搜散佚成帙，其时荒略无稽，阙焉未详"④。康熙年间尚且，后则无闻。

---

① 乾隆《江陵县志》卷首《王国治序》，国家图书馆藏乾隆五十九年刻本。
② 乾隆《江陵县志》卷二十七《孝友》，国家图书馆藏乾隆五十九年刻本。
③ 乾隆《石首县志》卷五《秩官志》，海南出版社2001年版，第382页。
④ 康熙《石首县志》卷首《卫允嘉序》，国家图书馆藏康熙十一年抄本。

(三)公安县

康熙七年《公安县志》，六卷①，何国栋、毛寿登纂修。何国栋，梓潼县人，康熙七年任公安知县。② 毛寿登，字恭则，历任兵部主事、天津道等，"毛寿登，羽建子。明崇祯间，诏天下学校贡士，名曰超贡，寿登在选中，除兵部主事。癸未，父卒于赣，奔丧扶榇，经洞庭湖遇盗，寿登端立枢侧，流涕道其家世，群盗皆叹息去。家居键户不出。康熙二年，督抚交章荐之，授天津道。矜慎庶狱，尝释入海捕鱼者七十余户死罪。畿辅岁饥，请帑赈恤，丝发不染。乞假归，卒。著有《廓园集》四卷、《公安志稿》六卷"③。

何国栋、毛寿登于政务之余有意纂修县志，适时上级檄征邑志，乃纂《公安县志》，"公安自左公建邑以来，记载寥寥，盖宋以前无传人焉！明以前无传政焉！非无人与政也，莫之传故也。予也尝有志著述之业，中更世难，素好零落，归卧林丘，倥倥一老农耳！邑侯何公莅兹邑，明足以造谋，才足以立事，忠足以勤上，惠足以存下，殆有如昌黎所称者，而又留意邑故。适有征志之檄，访旧乘不可得，乃集绅士，谋所以应上求，而为邑传不朽者"④。然而是志修纂仓促，一月而成，未免缺漏荒陋，"遂访诸耆老之传闻，与平生所睹记，不阅月，叙次成篇，以复于何公"⑤。

(四)松滋县

1. 康熙四年《松滋县志纪略》

卷数不详，李式祖、胡起凤、李抡元纂修。李式祖，字典企，陕西潼关卫人，康熙初年任松滋知县，"李式祖，字典企，陕西潼关卫人，选贡，乐易慈祥，廉能明辨。时值西征，军需浩繁，挽输不匮，为诸邑

①　《湖北艺文志附补遗》作"三卷"，误。
②　咸丰《梓潼县志》卷三《宦迹》，国家图书馆藏咸丰八年刻本。
③　光绪《荆州府志》卷四十九《宦迹》，江苏古籍出版社2001年版，第94页。
④　同治《公安县志》卷首《毛寿登序》，江苏古籍出版社2001年版，第7页。
⑤　同治《公安县志》卷首《毛寿登序》，江苏古籍出版社2001年版，第7页。

先"①。胡起凤，松滋县人，士绅。李抢元，松滋县人，士绅。

当时，上宪檄修郡县志，李式祖乃聘请胡起凤、李抢元等纂修，"维时各宪台乐有全楚之盛，不忘舆图编辑郡县志书，问及于松。松当兵火之后，古志云亡，茫然无以应，爰聘本邑名人士胡子起凤、李子抢元，询诸故老，参以传记，不数月而辑其大略。其山川名物之华，人文之秀，与前志所称无以异，嘻！太平自此有象矣"②，然而，兵燹之后，旧籍沦亡，文献无征，是书仅纪松滋史事大略，"明季以迄国初，叠遭兵燹，典籍云亡。康熙初，邑侯李公式祖始辑大略"③。

2. 道光三十年《松滋县志》

四卷，陆锡璞纂修。陆锡璞，字琢之，灌阳县人，道光元年举孝廉方正，道光二十三年任松滋知县，在松滋六年清积狱、修城池，善政颇多，"陆锡璞，灌阳人，由解元举道光元年孝廉方正，任松六年廉俭礼士，案无留牍，尝言'寸诉事吾亦收，一声鸣冤吾必理也'。勇于除害，闻大盗在某所，辄身往擒之，盗风为衰，松滋城久坏，易砖石重修，坚如新筑"④。

道光年间，陆锡璞倡议重修县志，然志未成书而去任，"道光间，陆公锡璞始议重修，功未竟而去任"⑤。同治初年，吕缙云曾见是志，然是志体例未合，讹漏颇多，刊本字迹磨损，"适陆前令之孙来松，携到前所修四卷，详加披阅，体裁未合，疏漏讹误颇多，而刊板字迹亦多未全，知为未成之书，未足信今伪后"⑥。

---

① 康熙《松滋县志》卷十五《名宦》，海南出版社 2001 年版，第 350 页。

② 康熙《松滋县》卷首《李式祖序》，海南出版社 2001 年版，第 283~284 页。

③ 同治《松滋县志》卷首《吕缙云序》，江苏古籍出版社 2001 年版，第 322 页。

④ 光绪《荆州府志》卷三十九《职官志》，江苏古籍出版社 2001 年版，第 447 页。而民国《松滋县志》卷七《职官志》载陆锡璞修堤，不按土方，次年大水决堤，松滋人多有咎之者。可见，地方志内容亦颇多抵牾者。

⑤ 同治《松滋县志》卷首《吕缙云序》，江苏古籍出版社 2001 年版，第 321 页。

⑥ 同治《松滋县志》卷首《吕缙云序》，江苏古籍出版社 2001 年版，第 321 页。

3. 光绪三十二年《松滋县乡土志》

罗元璧纂修。罗元璧，松滋县人，岁贡，居乡期间乃撰乡土志，"罗元璧，（陈）立埔师也，亦岁贡生，里居教授，从游者甚众，光绪丙午聘修乡土志，兼董学务，卒年六十余"①。

（五）监利县

康熙二十一年《监利县志》，十卷，程藻、曾三寿、程之洛纂修。顺治九年，蔺完煌、潘世标纂修《监利县志》十二卷，然是书搜罗未广，"潘生搜罗残帙，探访遗逸，拮据岁余，乃有成书，关中蔺侯授之剞劂。当时二公皆有竹帛烟销之憾，即欲广收博揽，其道无由"②。康熙二十一年，程藻、曾三寿、程之洛在是书基础上，予以增补考校，历三月而成书十卷。是书条目分有《方舆》《营建》《赋役》《风土》《选举》《职官》《宦迹》《人物》《艺文》《学校》等十门。"（卢）绛从长安归，侯集邑名宿二十四人，广罗而分任之，历三月书始成。虽传闻不一，其说采访不一，其辞是非不一，其论然已不下数万言，错综规划，侯乃阖一邑之大，成而编辑之，苟有荒诞不经者概不之纪，疑者必征其信，异者必考其同，略者必求其详，分为十，则其言《方舆》《营建》也，俨然有职方者考工之意焉；其言《赋役》《风土》也，居然有《禹贡》太史之遗焉；其言《选举》《职官》以及《宦迹》《人物》《艺文》也，隐然有《周官》《周礼》劝善戒恶昭前垂后之思焉；若《学校》一志则更有难者，旧志无学校，惟王广文有专书。侯取而并为一书，诚得古者厚生之，后继以明伦之义欤。嗟乎！集千狐之腋以成裘。"③是书每篇首载颂赞等，与志体未尽合，"原志每篇首载四言或三言诗词一首，赞颂歌谣，无所取义。揆之史家体裁，似未合也"④。康熙朝以后，则渐失传。

---

① 民国《松滋县志》卷七《人物志》，北京师范大学图书馆藏民国二十六年铅印本。

② 康熙《监利县志》卷首《曾三寿序》，故宫博物院藏康熙四十一年抄本。

③ 康熙《监利县志》卷十《卢绛跋》，故宫博物院藏康熙四十一年抄本。

④ 康熙《监利县志》卷首《修志凡例》，故宫博物院藏康熙四十一年抄本。

九、宜昌府

（一）宜昌府

1.《郡志草本》

卷数不详，甘如梅纂修。甘如梅，字林友，博闻强志，念及《宜昌府志》久无纂修，又县里资料散佚严重，乃为《郡志草本》，"甘如梅，字林友，号雪村，内行淳笃，不事干谒，其博闻强记，与(刘)家麟埒，念文献无征，当编辑旧闻为郡志草本，以备参考，惜年未四十而卒，士林惜之"①。

乾隆二十八年，是书尚存，林有席修《东湖县志》亦以是书考订史事，"按旧志及邑人甘如梅《郡志草本》皆云(袁)秦举贤良，《明史七卿表》仅载其名姓，惟廖道南《楚纪》载其贯址、履历尤详，疑必确有所据，今从之"②。

甘如梅及其《郡志草本》不为《彝陵州志》所提及，可能是修于《彝陵州志》之后，又为乾隆二十八年《东湖县志》所征引，成书应在康熙十年至乾隆二十八年之间。

2. 吴翰章《宜昌府志稿》③

吴翰章，字星桥，同治甲子举人，原籍浙江湖州，因父吴朗清经商兴山，遂占籍该县，"吴翰章，字星桥，同治甲子举人，父朗清，浙江湖州人，以服贾占籍兴山。兄锦章，咸丰戊午优贡，官湖南衡永郴桂兵备道。翰章弱冠，举于乡，有志经世之学，尝入都门，赴浙西，游湘南，所过都会、山川，辄访求其形势、险要，与古今所以兴废之故，以著述为己任，既病手丹铅不释，年三十卒，识者惜之"④。吴瀚章据

---

① 同治《宜昌府志》卷十三《士女传》，江苏古籍出版社 2001 年版，第 477 页。

② 乾隆《东湖县志》卷十七《人物》，江苏古籍出版社 2001 年版，第 167 页。

③ 笔者所拟书名。

④ 光绪《兴山县志》卷二十一《人物传》，江苏古籍出版社 2001 年版，第 85 页。

《宜昌府志》改编增补，著录有《荆西志》十二卷、《峡史》十一卷、《宜都录》二卷、《历代年表》一卷、《夷归外纪》二卷等。其中《荆西志》十二卷，分《风土志》一卷、《地理志》五卷、《人物志》二卷、《文献录》三卷、《志余》一卷。《宜都录》二卷，分《建置》《政典》二门；《峡史》十一卷，分《秩官表》二卷、《秩官传》二卷、《人物表》二卷、《人物传》四卷、《艺文志》一卷。《历代年表》，则"专纪宜昌府事，始于周成王封熊绎时，终于宋真宗咸平二年"①。《湖北艺文志附补遗》以为同书诸篇章而已，"此一书也，而三四其名，当由瀚章纂录时随手题记。瀚章年三十卒，要为未定之书，观《年表》止于宋咸平，可见。黄世崇《兴山志》采取独多。故悉附著其目云"②。

吴翰章《宜昌府志稿》为未成遗稿，久未为邑人所知，"询之邑人士，已无复知有星桥遗书者"③。光绪十年，族弟麟章将吴翰章遗书十四种呈献兴山知县黄世崇，"予以光绪癸未承乏是邑，考求邑之文献。会吴玉汝司马麟章以其叔兄星桥孝廉翰章遗书进，凡十四种"④。知县黄世崇编纂《兴山县志》，于是书多有参考，"其据吴星桥孝廉翰章遗书考正者，亦复不少"⑤。

（二）兴山县

1. 康熙四年《兴山县志》

六卷，胥遇、文纶纂修。胥遇，上元县人，拔贡，康熙三年任兴山知县，后升任荆州知府，"胥遇，江南上元人，康熙三年知县，时李来亨初平，民多流亡，遇悉力招抚，劝垦荒土，创县署，建文庙，瘗白骨，收养孤寡，创修县志，在任十年。擢襄阳府同知，调赴荆州治军

---

① 光绪《兴山县志》卷十九《艺文志》，江苏古籍出版社2001年版，第69~70页。

② 《湖北艺文志附补遗》，湖北教育出版社2002年版，第986页。

③ 光绪《兴山县志》卷十九《艺文志》，江苏古籍出版社2001年版，第69~70页。

④ 光绪《兴山县志》卷十九《艺文志》，江苏古籍出版社2001年版，第69~70页。

⑤ 光绪《兴山县志》卷首《例言》，江苏古籍出版社2001年版，第1页。

需，家属仍留县城。吴三桂伪将王凤岐率众奄至，将屠其家，民泣请曰：'若加害，宁殄我邑'，贼义释之，后擢荆州府知府"①。文纶，邑人，岁贡，"(文)纶，岁贡，亦刲股愈母疾，知县沈学思撰有《文氏世孝传》。国朝康熙初，知县胥遇所修县志，皆纶手辑。又与廪生高嵩捐置姚家湾学田，人称其义"②。

康熙四年，兴山县政局稍为稳定，胥遇命文纶纂修县志，时文献难稽，所凭者唯父老传闻，是志仅记邑事大概，缺漏难免，"比年寇甫平，遗黎十仅一二，鹄面鸠形，半菽不饱，我胥侯痛瑣尾之流离，嗟哀鸿之甫集，悉心经理，推诚敷化，俾废坠之邑得以稍振，皆公力也。兹因公命考辑邑乘，自维僻陋，文献无征，仅就父老所传闻，其有关于政教之大、观感之由者一一志之，庶几千百中之十一，俾观者得其大概，幸矣！鄙俚缺略，又何辞焉"③。虽然是书修纂仓促，三旬而成，征引亦不广，却是清代兴山第一部县志，为保存文献起到了一定积极作用，意义较大，"尔邑新归版图，得际升平，正宜搜括，以广见闻。既无旧本，曷不博采舆论，广征记诵，以备一时缺典。诸君唯唯受事，越三旬集成一帙。藉为上台应。其间疆土、建置、贡赋、官守、与夫礼乐、人物之存风俗、物产之别，仅得其大略。方之名都，大邑固未尽备。第得是于兵火灰烬之余，亦可谓搜辑无遗矣。是书之作，诚足阐逸美，而开来裔，述见闻，以示观瞻，资政事，维风化，岂曰小补哉"④。

嘉庆《湖北通志》以为是书已经散佚，而同治七年，东湖县人吴翰章得之，"嘉庆《湖北通志》以为其本已佚，□□□举人吴翰章得之邑中藏书家，事迹较《乾隆志》为详"⑤。

---

① 光绪《兴山县志》卷二十《名宦志》，江苏古籍出版社 2001 年版，第 77 页。
② 光绪《兴山县志》卷二十一《人物志》，江苏古籍出版社 2001 年版，第 82 页。
③ 同治《兴山县志》卷首《邑志纪略》，国家图书馆藏同治四年刻本。
④ 同治《兴山县志》卷首《胥遇序》，国家图书馆藏同治四年刻本。
⑤ 光绪《兴山县志》卷十九《艺文志》，江苏古籍出版社 2001 年版，第 69 页。

2. 雍正《兴山县志稿》

一卷，潘内召纂修。潘内召，山东乐陵县人，康熙丁酉年举人，雍正间兴山知县，后任遵化知州，"潘内召，乐陵举人，官兴山县，尝议山僻小邑，交代每谷一石以砻米四斗五升为率，又请社仓谷免加息事，虽未行，时论韪之"①。是志据康熙志而续修，然详实不及，"雍正八年，知县潘内召据胥志钞册一本续修……凡分十门，义法颇谨严，而详备不如胥志"②。因潘内召去任，是书未能刊行。乾隆年间，尚有抄本流传，"丙寅五月涖兴山，吏胥呈抄志一本，系潘前令内召因胥前令遇旧帙脱稿，潘升行人去，未暇修饰，并缺讨论。"③。

（三）长阳县

嘉庆《邑乘小稿》，二卷，彭溁纂修。彭溁，长阳县人，嘉庆三年贡生，"彭溁，号丽亭，邑明经，天性柔顺，生平未尝嗔怒，无忤于人，人亦莫之忤，少师兄淦文艺外，兼学其为人，尝谓子弟，曰大兄之明敏令人爱，其宽容令人服，而皆不能及，惟温厚和平四字，略有微长。伟躯修髯，顾盼自好，亦时贤之杰也，著有《邑乘小稿》"④。嘉庆十一年，知县张世维倡修县志，聘请彭溁为主笔，然而十五年，张世维调任枣阳，修志之事遂止，后彭溁私撰《志稿》二卷，以稿本流传，"嘉庆丙寅，张侯世继复议举行，延先叔丽亭先生司其事，旋调枣阳，遂寝。仅私辑《志稿》二卷"⑤。

道光二年，长阳知县朱庭荣聘彭世德纂修县志，于是书多所征引，如《王相传》，"王相，成化贡生，官平阳府通判，在官在家并著贤声，祀乡贤。《邑乘小稿》"⑥。又有考订山水者，"温泉口水又东迳盐水，夹岸有温泉对注，疡疾百病，浴者辄愈。《水经注》。一曰盐井，一曰

---

①　同治《宜昌府志》卷十二《名宦志》，江苏古籍出版社 2001 年版，第 456 页。

②　光绪《兴山县志》卷十九《艺文志》，江苏古籍出版社 2001 年版，第 69 页。

③　同治《兴山县志》卷十四《艺文志》，国家图书馆藏同治四年刻本。

④　同治《长阳县志》卷五《孝友》，江苏古籍出版社 2001 年版，第 563 页。

⑤　道光《长阳县志》卷首《彭世德序》，国家图书馆藏道光二年刻本。

⑥　道光《长阳县志》卷五《名宦》，国家图书馆藏道光十九年抄本。

汤池。在盐井寺旁温若沸汤，随浴随流，水无留秽，于疡者、寒者尤利焉。《邑乘小稿》"①。

(四)长乐县

嘉庆《长乐县志草》，二册，王沛霖、沙象乾纂修。王沛霖，乾隆四十三年进士，贵州贵阳人，乾隆五十四年至嘉庆二年任长阳知县。沙象乾，乾隆二十四年举人，沔阳人，曾任竹溪县主簿，乾隆五十七年至嘉庆五年任长乐县训导，"沙象乾，沔阳州举人，乾隆五十七年三月补长乐训导，有文武才。每日传集诸生课试阅卷外，令习武艺，教以骑射，尝同前县令王沛霖辑有《志草》，后遗失"②。是志成书之后，未能刊行，以稿本传世，道光间长乐知县袁瓛将志稿携离出境，后散佚，"嘉庆年间，前任王沛霖与学博沙象乾为《草志》二本，未经梓行。后任袁瓛因去任回籍携去，稿遂遗失，邑中更无副本"③。道光十七年，袁瓛因事撤职离任，"袁瓛，山东长山监生，(道光)十六年八月二十六日补授任，十七年八月初七以逆犯未获，撤忝去任"④。可见，是志散佚于道光朝。

十、施南府

(一)施州卫志

1. 邓宗启《施州卫志》

卷数不详，邓宗启纂修。邓宗启，字开甫，号鲁山，崇祯八年拔贡⑤，明亡不仕，"拔贡，为武选司郎中。寻避乱，隐居教授"⑥。乾隆年间，宋鳌修志时，邓志业已不传，仅存其名。

2. 张延龄《施州卫志》

---

① 道光《长阳县志》卷一《山水》，国家图书馆藏道光十九年抄本。
② 光绪《长乐县志》卷六《官师志》，江苏古籍出版社2001年版，第209页。
③ 光绪《长乐县志》卷首《凡例》，江苏古籍出版社2001年版，第109页。
④ 光绪《长乐县志》卷六《官师志》，江苏古籍出版社2001年版，第198页。
⑤ 嘉庆《恩施县志》卷三《选举十一》，海南出版社2001年版，第196页。
⑥ 嘉庆《恩施县志》卷三《人物十三》，海南出版社2001年版，第203页。

卷数不详，张延龄纂修。张延龄，邑庠生，明亡之后以教授为生，"张延龄，字令齿，号药溪，笃行博学，精六书，工诗文，明丧礼，远近学者宗之，有濠上、下集二编行于世。乱离之后，先正云亡所以昭示来学，咸鲁山、药溪二先生之功"①。《施州卫志》可能是张延龄在明亡之后，教授之余纂修。张氏《施州卫志》综合《湖广通志》及其他文献编纂而成，主要记述清代以前施州卫地理沿革、人物事迹等，"卫志一编，乃张药溪先生所遗也。先生原存旧稿，参阅《湖广通志》及博采残遗耆献所志，辑而成书，然自入本朝事实未暇书叙，是书所以未出也"②。

3. 童天衢《施州卫志》

卷数不详，童天衢纂修。童天衢，施州卫人，世袭官职，岁贡，所修《施州卫志》颇称良志，"童天衢，岁贡，纂《卫志》，颇称博恰"③。

4. 唐箴《施州卫志》

卷数不详，唐箴纂修。唐箴，施州卫人，崇祯年间岁贡。乾隆年间，恩施训导宋鳌主持《施南府志》修纂，当时童志和唐志尚存。道光年间，知府王协梦修纂《施南府志》，二志皆散佚，"三家志稿，宋司训修志时犹存，今仅得王志抄本，余佚"④。

5. 雍正七年《施州卫志》

卷数不详，王封镇纂修。王封镇，施州卫诸生，雍正七年纂修《施州卫志》，"王封镇，字建元，卫诸生，博学能文，雍正七年馆容美土司署，刚方正直，土司敬礼之，辑《卫志》，简明有体"⑤。施南知府王如珪认为该志记载有失，粗可成书而已，价值有限，"继乃得郡人王生所辑志略，颇见一斑，冶然曰：恩、建二县原属内地，因陋就简，粗可

---

① 同治《恩施县志》卷九《人物》，江苏古籍出版社2001年版，第500页。
② 同治《恩施县志》卷十《艺文》，江苏古籍出版社2001年版，第539页。
③ 同治《增修施南府志》卷二十四《行谊》，武汉大学图书馆藏同治十年刻本。
④ 道光《施南府志》卷首《旧志稿姓氏》，北京大学图书馆藏道光十四年刻本。
⑤ 同治《增修施南府志》卷二十四《行谊》，武汉大学图书馆藏同治十年刻本。

成书"①。

而乾隆年间，宋鳌、李宗汾等赞赏王志简严有法，以其为底本修纂《施南府志》，"公在容美署中，纂修卫志，简明有法，今得藉为粉本"②。可见乾隆年间，王志尚存。但道光年间，湖北学政王增芳等未能见到该书，可能业已散佚，"王名封镇，称雍正甲辰馆于容美土司署中，纂修《施州卫志》，其用笔谨严简洁者，今未见传本，予甚怅怅"③。

(二) 施州府志

1. 乾隆二十一年《施南府志》

四卷，王如珪修、宋鳌纂。王如珪，宛平人，贡生，乾隆年间施南府知府，"莅政精明，吏民咸服，整饬士习，淳淳以殖学立品为训，命训导宋鳌纂修府志，自为之序。今得为粉本焉"④。宋鳌，黄冈人，乾隆六年进士，任恩施训导。⑤乾隆二十一年《施南府志》是恩施地区改土归流以来第一部府志，但未能开设志局，也未刊行，"乾隆二十一年，辑府志四卷，未刊。时改设未久，又未开局征取，其书甚略"⑥。又嘉庆《恩施县志》载："邑训导宋氏所纂志乘，因采择弗备，未付枣梨。"⑦嘉庆十三年，张家楙修纂《恩施县志》时，乾隆《施南府志》犹存，"顾施志有旧本，如童氏昶、宋氏鳌所辑，皆足以扩见闻而昭信实，而

---

① 同治《增修施南府志》卷首《施南府志序》，武汉大学图书馆藏同治十年刻本。

② 同治《增修施南府志》卷二十九《艺文志》，武汉大学图书馆藏同治十年刻本。

③ 同治《增修施南府志》卷首《施南府志序》，武汉大学图书馆藏同治十年刻本。

④ 同治《增修施南府志》卷二十一《政绩》，武汉大学图书馆藏同治十年刻本。

⑤ 乾隆二十四《黄冈县志》卷七《科贡下》，江苏古籍出版社 2001 年版，第202 页。

⑥ 同治《增修施南府志》卷首《旧志稿姓氏录》，武汉大学图书馆藏同治十年刻本。

⑦ 嘉庆《恩施县志》卷首《恩施县志序》，海南出版社 2001 年版，第 153 页。

采择未备，未付枣梨，阅者不能遍览焉"①。但乾隆《施南府志》杂采《荆州府志》《夔州府志》等资料，致使施南府星野混乱不清，颇受指责，"施本楚地，星亦楚分。《一统志》所云，翼轸分野者，本无可疑。自宋氏采及荆、夔二志，遂滋疑窦。其论以《荆志》为非，以《夔志》为可据，实则鹑首之次，其辰未者，即属井鬼。宋氏盖不明列宿之位也……宋氏谓建平隶夔者，亦无据。施州至宋，始隶夔州路"②。

2. 乾隆四十二年《续修施南府志》

八卷，李宗汾纂修。李宗汾，汉阳人，廪贡，施南府训导。乾隆四十二年，李宗汾续修《施南府志》，未开局征集资料，亦未能刊刻，"乾隆四十二年续修府志八卷，未刊，亦未开局征取"③。

道光年间，王协梦、罗德昆修纂《施南府志》以乾隆二十一年《施南府志》和乾隆四十二年《施南府志》为底本，"学博罗君好古绩学，司铎有年，闻其辑有《府志稿本》，因索观之。大抵以宋、李二家为粉本，而增益之，详于往昔，略于今，时犹非完书也"④。民国三年，徐大煜续修《咸丰县志》将宋志、李志作为资料来源，可见当时二志犹存，"除正史外，凡采自童氏昶《大田所志》、宋氏鳌、李氏宗汾、罗氏德昆、何氏远鉴、雷氏春沼、尹氏寿衡《施南府志》"⑤。

(三)宣恩县

1. 乾隆四十四年《宣恩县志》

卷数不详，贾思谟纂修。贾思谟，字云浦⑥，号克谐，四川铜梁人，乾隆丁卯科举人，历任茂州学正、来凤知县、恩施知县等，乾隆四十年任宣恩知县，为政简明，去任后，民犹思之，著有《韵学》《风尘稿

① 嘉庆《恩施县志》卷首《恩施县志序》，海南出版社 2001 年版，第 154 页。
② 道光《施南府志》卷一《星野》，北京大学图书馆藏道光十四年刻本。
③ 同治《增修施南府志》卷首《旧志稿姓氏》，武汉大学图书馆藏同治十年刻本。
④ 同治《增修施南府志》卷首《旧志稿姓氏》，武汉大学图书馆藏同治十年刻本。
⑤ 民国《咸丰县志》卷一《例言》，国家图书馆藏民国三年刊本。
⑥ 民国《潼南县志》作"字明道，号云浦"。

诗》等，"贾思谟，四川铜梁人，举人，在任四年，纂修邑志未果，其志稿一本尚存，为政简易。因公解任，既去，民皆思之"①。

是时，宣恩改土归流不久，文献无征，该志未能充分参考各类资料，为未完之书，故而以稿本形式流传，以待来者修订和刊行，"乾隆四十四年，邑令贾公曾有修志之议，未果，其遗稿犹存，想其时改土归流未久，志之未成，意若犹有待焉"②。宣恩县训导萧中琪认为贾志是宣恩县第一部县志，在宣恩志史上具有独特地位和价值，"自有宣邑以来，未始有是志也。自有斯志，以后将志不一志也，任数十百年官是邑有讨者、论者、修者、饰者、润且色者，无不范围于斯志之中，而不必更谋。其草创之事，则即以为宣志之稿，也亦宜"③。同治癸亥年，张金澜以贾志为粉本修纂《宣恩县志》，"癸亥六月，邑诸生石廉携前任贾公之稿一本，其大概如郡志所载。盖贾稿创于乾隆四十四年，郡志成于道光十五年，固已选入无遗也，惟艺文所未载者，今并录之"④。然而，贾志内容半为诗文，收录杂芜，无关宣恩县者也多有收录，"贾志一本，半载诗句，且与本境无关备录，其时创始维艰，山川、人物等志无怪从略"⑤。

2. 佚名《宣恩县志》

卷数、纂者不详。同治壬戌年，浙江平湖县人张金澜任宣恩知县，礼房书吏将该志呈上，全书仅存三页，记载宣恩境内六土司沿革，附录有山川，简略不详。"壬戌四月，奉檄宰宣莅任之日，礼书以邑志呈，阅其全书，仅三页，纪六土司沿革原委，此外附载山川，不及十之一，

①　同治《宣恩县志》卷十六《官师志》，江苏古籍出版社 2001 年版，第 233 页。

②　同治《宣恩县志》卷首《蔡景星序》，江苏古籍出版社 2001 年版，第 142 页。

③　同治《宣恩县志》卷首《贾志稿序》，江苏古籍出版社 2001 年版，第 144 页。

④　同治《宣恩县志》卷首《张金澜序》，江苏古籍出版社 2001 年版，第 141 页。

⑤　同治《宣恩县志》卷首《凡例》，江苏古籍出版社 2001 年版，第 145 页。

且略而不详。余甚异焉。"①可见，该志编纂时间应在乾隆四十四年至同治元年间。

3.《宣恩县志稿》

卷数不详，苏于洛纂修。苏于洛，河南汤阴人，乾隆四十五年进士，乾隆五十六年任宣恩知县，后升任同知，卒于恩施，"苏于洛，河南汤阴，进士，嘉庆元年教匪扰来凤，土匪起为声援，公诱擒其魁，余党悉就抚，以功晋同知，随营办理粮台，以病卒于恩施之了木峪"②。范植清先生认为该志纂修于嘉庆年间。③然而早在乾隆五十六年，苏于洛就任宣恩知县，嘉庆年间升任同知，该志应是其宣恩知县任内所纂，即乾隆五十六年至嘉庆九年间，而无明确史料可以判定该志为嘉庆年间所纂。同治年间，张金澜修纂《宣恩县志》时，该志早已散佚，"前令苏公曾修邑志，其稿久逸，不得遵循为恨"④。

（四）来凤县

《来凤县志稿》，二十卷或二十二卷，王煜纂修。王煜，字晓（小）艘，县贡生，著述甚富，"王煜，字晓艘，廷弼子，状欣而黑，目炯炯，精光外射，赋性聪颖，读书目数行下，于左、骚、汉魏以还之书，无不成诵在心，其为文如天马行空，凌轹古今，不可一世，尤长于诗赋古体，排奡纵横，动与古合，书法二王，而苍秀生动，自成一家。嘉庆辛酉院试，以《问月亭赋》受知学使鲍侍郎觉生，击节叹赏，登拔萃科，复为之游扬公卿间，一时名噪江汉，中年以数奇不偶，士林惜之，著有《冬青馆诗草》二十卷、《古律赋》四卷，《古文》五卷，《骈体文》二卷，

---

① 同治《宣恩县志》卷首《张金澜序》，江苏古籍出版社2001年版，第141页。

② 同治《宣恩县志》卷十六《官师志》，江苏古籍出版社2001年版，第233页。

③ 范植清：《鄂西州及长阳、五峰古佚方志考略》，《湖北民族学院学报》1989年第1期。

④ 同治《宣恩县志》卷首《凡例》，江苏古籍出版社2001年版，第145页。

《来凤县志》二十卷"①。

鉴于林翼池《来凤县志》较为粗略，王煜乃纂《来凤县志稿》，然王志历经咸丰、同治年间兵燹，散佚较为严重。同治五年，李勗、何远鉴等筹划编纂《来凤县志》，在龙山县黄元复②处寻得该志，多所参考，"县志旧有前县令林公警斋刻本一十二卷，维时草莽初开，无可采志，略举纲目而已。其后，邑王明经小艘著《志稿》二十二卷，兵燹以后，颇多散失，近得之龙邑黄奉政叔容家，虽非善本，亦多可采择"③。

(五)咸丰县

雍正十三年，置设咸丰县后，汉阳府训导蒋世槐，贡生宋文藻、文有典以及候选教谕徐正旭等各编有《咸丰县志稿》，"设县以后，志之者不一家。蒋氏荫亭、文氏菊人、宋氏古芗及予家先君子皆各有藏稿"④。

宋文藻、文有典曾分校张梓修、张光杰纂《咸丰县志》，又纂有《咸丰县志稿》。宋文藻，字古香，岁贡生，多文才，擅诗文，"幼性敏勤学。其为文才思纵横，不落庸腐，且词赋擅长。游泮后，每试辄冠多士。古体诗典丽清新，多表彰节义之作，近体亦渊茂越俗。文教五十年，门下士遍黔、利、恩、来诸邑，有声黉序者不下百余人，卒年八十三岁。著有《县志稿》《诗文集》若干卷"⑤。

蒋世槐，字荫亭，岁贡生，任汉阳府训导，后归乡，著有《县志稿》《知日斋诗文集》若干卷，"蒋世槐……博学能文，尤工诗，任汉阳府训导，主讲晴川书院数年，门下士被其裁成，腾声艺苑者，实繁有徒。先生道咸多事之秋，以冷官小隐，外患内讧，每一感触辄托诸吟咏，是故在汉多载，抚藩上宪率多以笺扇索吟题。甫落稿，士林争传诵

① 同治《来凤县志》卷二十二《文学》，江苏古籍出版社 2001 年版，第 423 页。

② 黄元复，号柳桥，湖南龙山县人，监生，五品官衔府经历，参与道光《凤凰厅志》《龙山县志》等志的编纂。

③ 同治《来凤县志》卷首《凡例》，江苏古籍出版社 2001 年版，第 190 页。

④ 民国《咸丰县志》卷首《自序》，国家图书馆藏民国三年刊本。

⑤ 民国《咸丰县志》卷九《文苑》，国家图书馆藏民国三年刊本。

焉。粤西事棘，先生知武汉将大受蹂躏，谢病归理。时蒲圻贺渠塘任教授，本故交，以先生方蒙宪眷挽留，弗听。未几，武汉残破，贺奔波受累，始服生见之明。卒年九十六。所著有《县志稿》《知曰斋诗文集》若干卷。因乏嗣，无人梓行。府县志所附录特其近体中之一种耳"①。所撰《咸丰县志稿》应是蒋世槐辞官居乡时所撰。

徐正旭，贡生，任候选教谕，热心地方事务，"徐正旭，字寅轩，恩贡生，同治初以军需防堵功奖六品衔，就职候选教谕。先生幼精举子业，入庠后，两试秋闱，一膺房荐，素究心经世学，尤喜谈儒，先《性理》书皆手抄，裒辑成帙，昕夕把玩，因内无昆委，家贫亲老，不得已，里居教授。先品行，后文艺。邑名士多出其门，行谊诚敬仁恕，暗室无欺，毕生未尝袒裼箕踞，及为便易草书，其端正不苟，类如此。所为文醇厚静穆，望而知为耆德硕士。邑令刘寿椿举乡饮大宾，通详有案。至老以物望所归，尤惓惓于本县地方公益善举。尝手书重要事件于座右，以自课，即次第行之。如整理宾兴书院及赈荒施衣即送善书，其最著者也。易箦前日犹出大力"②。

（六）建始县

康熙年间，建始知县吴李芳、武令谟和刘珙征等先后修纂《建始县志》，诸志卷数不详，今皆已散佚不存。

吴李芳，湖广宝庆人，康熙丙辰年进士，康熙二十三年由内阁中书改任建始知县，课士劝学，抚民有法，"日与诸生讲学无倦色，历三年，人悉知礼教"③。

武令谟，山西太原人，进士，康熙四十年任建始知县，"留心民谟，培植人材，邑人秦应光，少孤贫，公奇其才，命与己子共读书，朝夕提命，后举乡试，任河南淅川令，有循声，皆公之力也"④。康熙四十二年编纂《建始县志》。该志又称《建始县志初编》，因平定三藩不久，

---

① 民国《咸丰县志》卷九《文苑》，国家图书馆藏民国三年刊本。
② 民国《咸丰县志》卷八《义行》，国家图书馆藏民国三年刊本。
③ 雍正《四川通志》卷七下《皇清名宦》，国家图书馆藏雍正十三年抄本。
④ 同治《建始县志》卷五《官师志》，江苏古籍出版社2001年版，第80页。

资料搜罗困难，该志也仅聊具规模，较为粗略，"觞咏之余，偶阅斯志，聊具粗略，鄙已甚"①。

刘珙征，进士，江西临江人，康熙四十六年任建始知县，"听断勤敏，加意学校，公余招集诸生，讲论经史，晟以实行，建邑之士习民风咸赖以主持焉"②。鉴于前志语焉不详，择核不精，刘珙征在旧志基础上加以考证损益，编纂新《建始县志》，"前任吴君粗备修举，武君慨然草创成编，然择焉不精，语焉不详，若使承讹袭舛，疑以传疑，世远而言愈湮矣。余不敏，不禁殷然而念曰：'操觚记胜，吾儒事也，修废举坠，有司职也，敢辞不敏而谢修明之职欤。'爰取遗编，更加博采，参互考订，残缺者补之，失次者序之，记事年表务求其确，论人博物悉覆其详，续百代之源流，昭一邑之典故，虽不敢谓书自我作，古自我传，但使蕞尔之山川、风俗、人物以及前言往迹不致泯于当时，纂集成编，以备风谣之采，俾得疾苦上闻，膏泽下逮，起凋残，而臻康阜，是则余之志也。至若踵事增华，灾梨寿世，端有藉于后世之同志耳"③。

十一、荆门州

(一) 当阳县

乾隆二十三年《当阳县志》，苗肇岱、方璲、郭孙俊、林可法等纂修。苗肇岱，宝应县人，贡生，乾隆年间任当阳知县。方璲，字玉山，号怀堂，又号深柳，汉阳县人，雍正己酉年副贡，乾隆间任当阳县教谕，著有《宝笏堂集》。④ 郭孙俊，字旬方，号章庵，雍正庚戌进士，

---

① 同治《建始县志》卷首《建始县志初编原序》，江苏古籍出版社 2001 年版，第 4~6 页。

② 同治《建始县志》卷五《官师志》，江苏古籍出版社 2001 年版，第 80 页。

③ 同治《建始县志》卷首《重修建始县志序》，江苏古籍出版社 2001 年版，第 4~6 页。

④ 同治《续辑汉阳县志》卷二十一《文苑》，江苏古籍出版社 2001 年版，第 9 页。

历任刑部主事、都昌知县等，后归主讲回峰书院，门下多名士。① 林可法，字行思，号恬庵，乾隆二十四年拔贡，当阳县人，乾隆三十二年任广东仁化县知县。是志成书后，苗肇岱迁任他地，未及授梓，稿藏县尊经阁，"国朝当乘自康熙八年焕然一新，然明季余氛未靖，士庶未尽还集，采访虽周，不无脱漏。越今上戊寅岁，前侯苗公率邑先辈博搜密订，已臻大备，未几他迁，不及授梓，抄本贮署尊经阁"②。

乾隆五十五年，当阳县廪生曹世焕曾见是志，认为该志虽体例整齐，文辞博赡，然纲目混乱，遗漏不少，"其时纂修者，学博汉阳方深柳也；分修者，邑先达郭章庵、林恬庵两公也。分门别类，体既整理可观，词亦博赡而文，然视国初，参之太史以著其洁，有间矣，且志《建置》遗修学宫，书院杂《典礼》中；志《典礼》，文庙则不该核，关帝尤为简亵；传《循吏》，参以谕，虽古官师不分，然后世设官设师，儒吏分途矣；而表止《沿革》；《学校》中或错落，《列女》不另门析类，杂而无纪，旧志各论多摈弃，《户口》《田赋》未入编，诸如此类难言完善"③。

即便如此，是志对乾隆五十九年《当阳县志》的编纂发挥了重要作用，"乾隆二十三年续修未梓姓氏，苗肇岱、方璘、郭孙俊、林可法。未梓。录其姓氏，不敢掠美也。今志多模范续修志稿，更定者不过十之三，余皆补析耳。惟各类前后论删易实多，窃意当年未经论定。九原可作在今日，亦必有去取也"④。

(二) 远安县

顺治四年《远安县志》，周会隆纂修。周会隆，字梅庵，崇祯三年举人，濮州人，历任远安知县、建昌府同知，著有《卧游草》《山野经济录》《为人金鉴集》，"周会隆，字梅庵，年十八中明崇祯庚午科举人，

　　① 同治《荆门直隶州志》卷九《仕绩》，江苏古籍出版社 2001 年版，第 212～213 页。

　　② 乾隆《当阳县志》卷首《童峦序》，海南出版社 2001 年版，第 70 页。

　　③ 乾隆《当阳县志》卷首《曹世焕序》，海南出版社 2001 年版，第 72 页。

　　④ 乾隆《当阳县志》卷首《当阳县志历修姓氏》，海南出版社 2001 年版，第 83页。

阅十五年，本朝定鼎，授湖广远安令，县在万山中，时当荒乱，贼众依山盘踞，百姓寥寥，公多方招徕，年余得一二千家。贼众不时剽掠，公战守交严剿抚互用，历三载，元凶授首，境内乂安，上官嘉其才能，交章荐之，升建昌府贰守，寻解组归，无志仕进，安于恬退，家居惟琴书自娱，启迪后进，嘉言懿行，足为模楷，所著有《卧游草》《山野经济录》《为人金鉴集》藏于家"①。

除万历时刘顺时所修《远安县志》外，前志尽毁，"邑之有志旧矣，一修于刘君顺时，再修于孙君自强，兵燹以来俱付祖龙之余熖矣。继起者易为力，创始者难为功，即欲奋笔丹黄，颇事采缉，为异日粉本，而流风阒如，又安从得乎？嗣是二志往来于予胸中者。再易岁，一日有持家藏刘君志一册见示者，嘿然曰先贤风流之不坠，其赖兹一线也"②。是志成稿刊行，然遇顺治十一年远安大水，是志亦毁。"清兴，周公会隆来宰是邑，旁求遗志于残缺之余，则县志湮没而无传矣。且周公当抢攘之秋，外治武备，内修文事，可谓戞戞乎难之。亡何，甲午之水没其藏板，令周公数载苦心，付之东流。惜哉！"③

本书所列一百多种清代散佚旧志，尚不能完全判定为散佚，不排除基层图书机构和民间藏书者有所收录。当然，随着新资料的发掘和利用，还可能判定出一些清代湖北曾经纂修、但由于种种因素而散佚者。但上列一百多部散佚旧志，为搜集清代湖北旧志提供了指向参考和基本线索。同时，将散佚方志与《中国地方志联合目录》所载湖北地区现存方志结合，能够较为清晰地反映清代湖北方志编纂谱系，从而进一步深化区域历史文化研究。

第二节 清代湖北散佚方志特点

清代湖北方志数量众多，由于兵燹水火、保存不当以及志书自身不

---

① 宣统《濮州志》卷四《乡贤传》，国家图书馆藏宣统元年刻本。
② 顺治《远安县志》卷七《周会隆序》，海南出版社 2001 年版，第 55 页。
③ 顺治《远安县志》卷首《安可愿序》，海南出版社 2001 年版，第 3 页。

足等内外原因，散佚较为严重。从整体上看，清代湖北方志散佚普遍，某些阶段、地区和类型的方志散佚更为突出。然清代距今较近，贮藏制度相较前代有所改善，方志散佚程度远远低于前代，为湖北历史研究提供了可贵的资料。

一、州志、县志为主，兼及其府志、卫所志等

清代湖北总计散佚方志 115 种，除省志、道志、土司志外，府志、州志、县志、卫所志和乡土志等都有不同程度的散佚。其中，以州志、县主为主，兼及府志、乡土志。具体来说，府志 6 种、州志 13 种、县志 90 种、乡土志 1 种、卫所志 5 种。

清代湖北旧志平均散佚率为 28.40%。具体到各类志书，散佚程度亦有所不同。散佚最为严重的是卫所志，散佚率达到 71.43%，远远超过清代湖北方志平均水平；其次是县志，散佚率达到 30.30%；后依次则是州志、府志、乡土志，散佚率分别为 26%、17.14% 和 14.29%，均低于清代湖北方志平均散佚率，参见表 4-1。

表 4-1 　　**清代湖北各类志书散佚数量、比例概况表**

种类	方志散佚量(种)	方志总量(种)	方志散佚率
省志	0	7	0
道志	0	1	0
府志	6	35	17.14%
州志	13	50	26.00%
县志	90	297	30.30%
乡土志	1	7	14.29%
卫所志	5	7	71.43%
土司志	0	1	0
总计	115	405	28.40%

说明：数据来于《湖北书征存目》《潜江文征》《明代方志考》《文渊阁书目》《内阁藏书目》《千顷堂书院》《传是楼书目》《八千卷楼书目》《历代天一阁藏书目》以及现存方志序跋和艺文志等资料统计。

从数量上来看，县志散佚数量最多，为 90 种，占清代湖北散佚方志的 78.26%；其次是州志，为 13 种，占清代湖北散佚方志的 11.30%；后依次是府志、卫所志和乡土志，分别为 6 种、5 种和 1 种，约占清代湖北散佚方志的 5.22%、4.35% 和 0.87%，如图 4-1 所示。

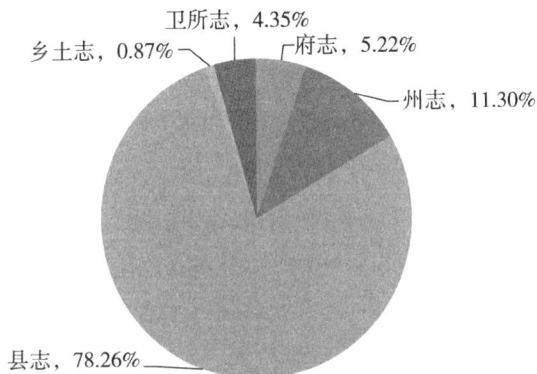

图 4-1　清代湖北各类志书散佚比例图

从整体上看，方志散佚与方志层级存在一定的关联性。省志、道志等较高层级的方志经费充足，内容涉及一省、数府史事，应用范围广，且纂修者多为修在名手，质量也较高，往往为藏书机构和收藏者所重视，散佚率也较低，而县志、州志等基层方志而言，涉及区域狭小，应用范围受到限制，多为乡曲陋儒仓促应付之作，质量不高，刻本数量不多，较易散佚。

二、散佚范围广，但又相对集中

清代湖北十府一直隶州，无不有方志散佚，散佚范围广，具有相当的普遍性。具体来说，武昌府散佚 9 种，汉阳府散佚 15 种，黄州府散佚 11 种，德安府散佚方志 5 种，襄阳府散佚方志 20 种，郧阳府散佚方志 16 种，荆州府散佚方志 8 种，安陆府散佚方志 3 种，宜昌府散佚方志 6 种，荆门州散佚方志 2 种和施南府 20 种。同时也相对集中，散佚最为严重的是襄阳府、施南府，近占散佚志书的 34.78%；其次是郧阳府、汉阳府、黄州府，占散佚志书总量的 36.52%；再次是武昌府、荆州府，累计散佚 17 种，占全省佚志的 14.78%。最后为宜昌府、德安府、安陆府、荆门州，则散佚不甚严重，累计为 16 种，合占全书佚志的 13.91%，参见表 4-2。

表 4-2   清代湖北散佚方志分府、种类统计表

志种 府名	府志		州志		县志		卫所志		乡土志		总计	
	数量 （种）	比例 （%）	数量 （种）	比例 （%）	数量 （种）	比例 （%）	数量 （种）	比例 （%）	数量 （种）	比例 （%）	数量 （种）	比例 （%）
武昌府	0	0	2	28.57	7	16.28	0	0	0	0	9	16.98
汉阳府	0	0	7	70	8	33.33	0	0	0	0	15	41.67
黄州府	1	20	3	42.85	7	16.27	0	0	0	0	11	19.64
德安府	0	0	1	25	4	25	0	0	0	0	5	22.73
襄阳府	0	0	0	0	20	62.5	0	0	0	0	20	47.62
郧阳府	1	16.7	0	0	15	41.67	0	0	0	0	16	38.1
荆州府	0	0	0	0	7	21.21	0	0	1	33.33	8	14.29
安陆府	0	0	0	0	3	17.65	0	0	0	0	3	16.66
宜昌府	2	66.67	0	0	4	21.05	0	0	0	0	6	17.14
施南府	2	40	0	0	13	52	5	71.43	0	0	20	55.56
荆门州	0	0	0	0	2	22.22	0	0	0	0	2	13.33
总计	6	17.14	13	26	90	30.3	5	71.43	1	14.29	115	28.40

从区域来看，鄂东地区，即武昌府、黄州府（含英山）十九州县合计损失 20 种，损失相对较小；鄂中地区，即汉阳府、德安府、荆州府、安陆府和荆门州，下辖二十四州县，合计损失方志 33 种，损失相对严重；鄂西地区，即施南府、襄阳府、郧阳府、宜昌府下辖二十六州县合计损失 62 种，损失最为严重。

三、清初所修方志散佚最为严重

清代历朝所编方志皆有不同程度的散佚，具体而言，顺治朝散佚各类志书 15 种、康熙朝散佚各类志书 25 种、雍正朝 7 种、乾隆朝 19 种、嘉庆朝 10 种、道光朝 13 种、咸丰朝 4 种、同治朝 11 种、光绪朝 6 种。另外不详年代者 5 种。

从各类散佚志书数量来看，散佚最多的是康熙朝，其中府志 2 种、州志 3 种、县志 20 种；其次是乾隆朝，其中府志 2 种、县志 17 种；再次是顺治朝，州志 2 种、县志 9 种、卫所志 4 种；其后是道光朝，其中州志 2 种、县志 11 种；最后是同治朝、嘉庆朝、雍正朝、光绪朝和咸丰朝。

从散佚率来看，顺治朝、雍正朝、嘉庆朝、道光朝和咸丰朝所修各类志书散佚率明显高于清代湖北志书平均散佚率。散佚程度最为严重的当属雍正朝，各类志书合计散佚达到 70%，其中县志散佚 85.71%、卫所志散佚 100%；再次是顺治朝，各类志书合计散佚 62.5%，其中州志散佚 100%、县志散佚 52.94%、卫所志散佚 100%；后次是嘉庆朝，各类志书合计散佚 41.94%，其中州志散佚 50%、县志散佚 45.83%。而同治朝、光绪朝和宣统朝志书散佚率明显较低，参见表 4-3。

表 4-3　　　　　清代湖北散佚方志分期、种类统计表

志种\朝代	府志		州志		县志		卫所志		乡土志		总计	
	数量（种）	比例（%）	数量（种）	比例（%）	数量（种）	比例（%）	数量（种）	比例（%）	数量（种）	比例（%）	数量（种）	比例（%）
顺治	0	0	2	100	9	52.94	4	100	0	0	15	62.5
康熙	2	16.67	3	23.08	20	28.17	0	0	0	0	25	25
雍正	0	0	0	0	6	85.71	1	100	0	0	7	70
乾隆	2	33.33	0	0	17	31.48	0	0	0	0	19	27.53
嘉庆	0	0	0	0	10	50	0	0	0	0	10	40

续表

朝代 \ 志种	府志 数量（种）	府志 比例（%）	州志 数量（种）	州志 比例（%）	县志 数量（种）	县志 比例（%）	卫所志 数量（种）	卫所志 比例（%）	乡土志 数量（种）	乡土志 比例（%）	总计 数量（种）	总计 比例（%）
道光	0	0	2	50	11	45.83	0	0	0	0	13	41.94
咸丰	0	0	0	0	4	50	0	0	0	0	4	40
同治	1	25	1	16.67	9	15.79	0	0	0	0	11	16.42
光绪	0	0	4	33.33	1	2.94	0	0	1	33.33	6	10.53
宣统	0	0	0	0	0	0	0	0	0	0	0	0
不详	1	100	1	100	3	75	0	0	0	0	5	83.33
总计	6	17.14	13	26	90	30.3	5	71.43	1	14.29	115	28.40

　　总的来看，清代前期各类志书散佚数量较大，且散佚率也明显高于其他时期。

四、私修方志散佚严重

　　有清一代，湖北官修志书和私家著述也有不同程度的散佚，官修志书散佚59种，其中府志3种、州志7种、县志48种、乡土志1种；私家著述散佚52种，其中府志3种、州志6种、县志38种、卫所志5种。另外尚有难以判断撰修性质的志书散佚4种。虽然，官修志书在数量上散佚较私家著述严重，然而私家著述在某些朝代、某些志书类型等方面失散者更多。如顺治朝，私家著述散佚累计10种，明显多于这一时期失佚的官修志书。卫所志亦是如此，清代私家著述的5种志书，皆散佚，也多于官修散佚者。

　　私家修志，往往限于财力，多未能刊刻，仅以稿本、抄本流传，散佚比较严重。湖北清代私修方志有60种，其中散佚52种，散佚率达86.67%。而同期的官修方志共计纂修335种，散佚者有59种，散佚率为17.72%，远低于私修志书，参见表4-4。

表 4-4　　　　　　清代湖北撰修类型志书散佚率概况表　　　　　（％）

朝代	官修					私修					不详	
	府志	州志	县志	乡土志	小计	府志	州志	县志	卫所志	小计	县志	小计
顺治	0	0	41.67	0	41.67	0	100	80	100	90.91	0	0
康熙	100	18.19	25.76	0	21.51	100	100	66.67	0	80	50	50
雍正	0	0	83.33	0	62.5	0	0	100	100	100	0	0
乾隆	33.33	0	15.91	0	15.25	0	0	100	0	100	100	100
嘉庆	0	0	20	0	13.33	0	0	88.89	0	88.89	0	0
道光	0	66.67	29.41	0	31.82	0	0	83.33	0	71.43	100	50
咸丰	0	0	33.33	0	33.33	0	0	100	0	100	0	0
同治	0	0	7.69	0	6.67	100	100	100	0	100	0	0
光绪	0	27.27	3.33	33.33	9.80	100	100	0	0	100	0	0
宣统	0	0	0	0	0	0	0	0	0	0	0	0
不详	0	0	0	0	0	0	100	0	0	100	0	100
汇总	30	17.07	19.59	50	17.72	60	100	86.36	100	86.67	50	40

就各类志书而言，除乡土志外，官修志书散佚率明显低于同类型的私家撰修者。官修府志散佚率为 30%，而私家著述则散佚率为 60%；官修州志散佚率为 17.07%，而私家所修志书散佚率为 100%；官修县志散佚率为 15.59%，而私家撰述者散佚率为 86.36%，参见图 4-2。

从清代历朝来看，顺治朝，官修志书散佚率为 41.67，私家著述者散佚率为 90.91%；康熙朝，官修志书散佚率为 21.51%，私家著述者散佚率为 80%；乾隆朝，官修志书散佚率为 15.25%，私家著述散佚率为 100%；嘉庆朝，官修志书散佚率为 31.82，私家著述散佚率为 88.89%；道光朝，官修志书散佚率为 31.82%，而私家著述散佚率为 71.43%；咸丰朝，官修志书散佚率为 13.33，私家撰修者散佚率为 88.89%；道光朝，官修志书散佚率为 33.33，而私家撰修者散佚率高达 100%；同治朝，官修志书散佚率为 6.67%，而私家者则为 100%；光绪朝，官修志书散佚率为 9.8%，而私家著述则为 100%。可见，私家著

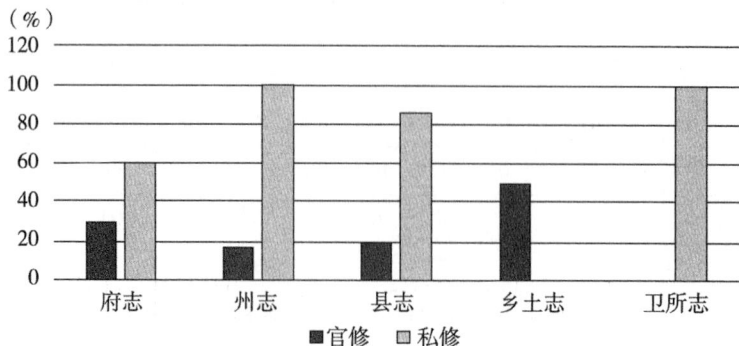

图 4-2 清代湖北官私撰修志书散佚率概况图

述不仅散佚率明显高于官修志书，且大多散佚率在 80% 以上，散佚相当严重，参见图 4-3。

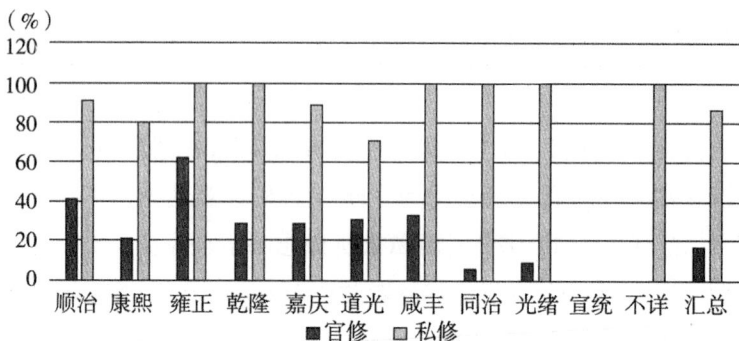

图 4-3 清代湖北官私撰修志书散佚率概况图

第三节 清代湖北方志散佚原因

"世间凡万物未有聚而不散者，而书为甚。"清代湖北方志数量众多，然其散佚亦十分严重。就湖北方志散佚原因来说，无非分为客观和主观两个方面，即方志自身的局限性以及方志所遭到的外界损坏等。

一、战乱兵燹

战乱兵燹，是志书佚失的首要原因。湖北战略地位重要，为历代兵家争战之地，凡有战事几乎无不波及。清代以来的战争，给湖北方志造成了极大的破坏。尤其是咸丰、道光年间，太平军与清军多次在湖北境内激战，几无完土，也损失了不少包括清代方志在内的图籍，"咸丰壬子之后，楚省叠遭兵燹，图书典籍，荡然无存"①。

湖北首邑的江夏县，在战乱之中三陷而又三复，图籍失散严重，"江夏附省治，当咸丰中，城陷至再三，不独邑中文籍荡然，即大府宪亦皆图书散失"②。蕲州，"蕲之有志，由来旧矣。前牧劳倡重修，议已略具规模，旋移官，而其事未竟。岁壬子，潘公莅兹土，为之参考就绪，梓方竣，未及成帙，而发逆扰境，都人士藏板黉宫，罹贼火，罕有存者"③。英山县，"咸丰癸丑岁，发逆窜英境内，蹂躏无完土，不分玉石，尽付劫灰，而志书藏板，遂亦荡然无存"④。枣阳县，"枣阳为春陵名区，东汉以后，历唐宋元明，代有英贤昭垂史册，惟以兵燹频仍，邑乘湮废"⑤。

在相对偏僻的兴山县、长乐县，志书也难逃散佚的厄运。兴山县，"邑僻处山陬，自嘉庆初年叠遭兵燹，县志久已遗亡"⑥。同治三年冬，容美土司后裔田思群叛乱，攻陷县城，与清军进行惨烈的激战。在这次动乱之中，咸丰《长乐县志》也遭损毁，"长乐处鄂省极边，故容美土司所辖……而志独缺，咸丰壬子，李君玉山始搜辑成书，不二十年，复为

---

① 同治《谷城县志》卷首《纂修谷城县志序》，江苏古籍出版社 2001 年版，第1页。

② 同治《江夏县志》卷首《王庭桢序》，江苏古籍出版社 2001 年版，第1页。

③ 光绪《蕲州志》卷首《黄式度序》，江苏古籍出版社 2001 年版，第5页。

④ 民国《英山县志》卷首《徐玉珂序》，江苏古籍出版社 2001 年版，第11页。

⑤ 同治《枣阳县志》卷首《书枣阳志后》，北京大学图书馆藏刻本。

⑥ 同治《兴山县志》卷首《伍继勋序》，湖北省图书馆藏同治四年刻本。

田逆所毁"①。刘昌绪谈及咸丰、道光年间战事对方志损坏的程度，"然天下一千三百余县，莫不有志……曩者粤捻窜扰各处，旧志不过存什一于千百，而残缺过多"②。

二、水火虫蠹灾害

水灾、火灾以及虫蠹等灾害为书之三厄，造成数量不等的清代湖北方志的佚失。道光二十一年，英山大水，原藏县署的志板损毁近十之二三，"英山县志自万弹峰司马补修后，板藏县署礼科。道光二十一年被水冲塌，板片漂没十之二三"③。公安县濒江，水患频仍，损坏志书颇多，"公安地沃饶而滨江，丰岁则富乐甲一郡，遇水潦城邑隳坏，图籍因之湮沉，致为治者时有更张之劳，而纪事者更有无征之叹"④。沔阳地处汉水之滨，洪灾造成了包括方志在内的大量图籍佚失，"沔之先志沔者，童宫庶尚矣。后此，若陈、若费、若方，亦史才也，沔固多君子哉。独其地属泽国，江汉二水频其灾，书之散佚……岁甲午古皖太史公义干葛公来牧此土，甫下车将有事于观省，觅旧志不得问"⑤。顺治十一年，远安大水，会当时事纷乱，周会隆《远安县志》亦被毁。"清兴，周公会隆来宰是邑，旁求遗志于残缺之余，则县志湮没而无传矣。且周公当抢攘之秋，外治武备，内修文事，可谓戛戛乎难之。亡何，甲午之水没其藏板，令周公数载苦心，付之东流。惜哉！"⑥

三、收藏、管理不当

收藏、管理不当，为书之第五厄，"昔人言藏书八厄，水一也，火

---

① 光绪《长乐县志》卷首《三修长乐县志叙》，江苏古籍出版社 2001 年版，第 1 页。
② 同治《黄陂县志》卷首《黄陂县志序》，江苏古籍出版社 2001 年版，第 4 页。
③ 民国《英山县志》卷首《阮华林序》，江苏古籍出版社 2001 年版，第 2 页。
④ 同治《公安县志》卷首《周承弼叙》，江苏古籍出版社 2001 年版，第 4 页。
⑤ 光绪《沔阳州志》卷首《杨钜序》，江苏古籍出版社 2001 年版，第 13 页。
⑥ 顺治《远安县志》卷首《安可愿序》，海南出版社 2001 年版，第 3 页。

二也，鼠三也，蠹四也，收贮失所五也"①。官修方志为一地之公器，有着较为规范的管理制度，藏于官府藏书机构，由专人负责查验，"分金木水火土谷藏本县阁库，每遇印刷由礼房一人查验出入，无令散佚，俟用垂永久"②。

但由于管理人员的懈怠，造成一些方志散佚。如《东湖县志》，"东湖志，前令林君平园所修，及今三十七年矣，板旧藏吏舍，庋贮不谨，遂缺失漫漶"③。

在新旧官员交替之际，极易佚失方志，"郡邑志书往往残缺失次者，皆因奸伪之徒乘新旧官交代之际，抽换窜掇，愈久愈失其真"④。《沔阳州志》成书后，管理不当，剥蚀严重，且不少流落士绅之手：

> 余于岁春移摄来此，思以沔治治沔，而苦不得所镜也。索取于志，因得其故，急欲收前板，之四而十之刷印成本。而其四并佚，欹乱散卧于斋楼间，速仆检拭，尘剥土蚀完者已仅，其散往各绅家者，搜索汇复，更仅数十片。⑤

另外，一些地方官视原属公器的方志为私产，竟然利用职权私自携带出境，造成散佚。乾隆五十七年，知县王沛霖、教谕沙象乾纂修《长乐县志草》，被道光年间知县袁巘私自携带出境而遗失，"前任王君与学博沙君著有《草志》二本。春急询所在，则曰：前任袁君携入省垣。更询其副本，又曰无之"⑥。

---

① 顾起元：《客座赘语》卷八《藏书》，上海古籍出版社 2012 年版，第 170 页。

② 康熙《武昌县志》卷末，线装书局 2001 年版，第 34 页。

③ 乾隆《东湖县志》卷末《何学青序》，江苏古籍出版社 2001 年版，第 330 页。

④ 乾隆《枝江县志》卷首《凡例十五则》，海南出版社 2001 年版，第 330 页。

⑤ 光绪《沔阳州志》卷首《葛振元序》，江苏古籍出版社 2001 年版，第 12 页。

⑥ 咸丰《长乐县志》卷首《李焕春序》，江苏古籍出版社 2001 年版，第 103 页。

四、好凌前志，喜新厌旧

古人修志，往往对前志多有批评，新书一成，而旧志亦随之废弃。对这种问题，认识最为深刻的当属章学诚。他在《答甄秀才论修志第一书》中指出：

> 凡捐资修志，开局延儒，实学未闻，凡例先广，务新耳目，顿易旧书；其实颠倒狙公，有何真见？州郡立志，仿自前明。当时草创之初，虽义例不甚整齐，文辞尚贵真实，翦裁多自己出；非若近日之习套相沿，轻隽小生，史字未曾全识，皆可奋笔妄修，窃叨饩脯者。然其书百无一存。此皆后凌前替，修新志者，袭旧志之纪载，而灭作者之姓名。充其义类，将班《书》既出，《史记》即付祖龙；欧、宋成书，《旧唐》遂可覆瓮与？仆以谓修志者，当续前人之纪载，不当毁前人之成书。即前志义例不明，文辞乖舛，我别为创制，更改成书；亦当听其并行，新新相续，不得擅毁；彼此得失，观者自有公论。仍取前书卷帙目录，作者姓氏，录入新志艺文考中，以备遗亡；庶得大公无我之意，且吾亦不致见毁于后人矣。①

清代湖北各地修志时，这种错误的做法亦不鲜见。光绪八年，孝感县志亢廷镛曾批判湖北地区此种磨灭前人功劳，尽毁前志的极端做法，"今人修志多取新而弃旧，如积薪然"②。

乾隆五十年，知县宣葆光修《竹溪县志》，咸丰年间志板损毁，仅以抄本流传。道光年间，知县李锦源、教谕张本皆嫌"其删繁就简，纪事太略"，废弃不用，渐而散佚。

---

① 章学诚著，仓修良编注：《文史通义新编新注》外编四《答甄秀才论修志第一书》，商务印书馆 2017 年版，第 842 页。
② 光绪《孝感县志》卷首《亢廷镛序》，江苏古籍出版社 2001 年版，第 3 页。

乾隆二十八年，彭悦桂、邓光仁纂成《竹山县志》二十七卷，是志分类明晰，记载详实，"悉照府志，别类分门，阅数月得书二十七卷，都成帙，求不谬于古人，亦庶凡一邑之星野、舆图、学校、赋役、兵政诸大务，以及古先圣贤之遗迹、忠孝、节义之可传者，一目了如"①。而后任知县常丹葵欲以其父常青岳稿为底本加以重修，对该书多有讥哂，不予刊刻，"甲辰冬，明府常梅村先生甫下车，索观县志，予遂以写本呈。明府见而哂之，且曰：书不刊布，如露之在花间，见睍则消耳"②。后，是志散佚。

五、优胜劣汰，自然淘汰

由于方志自身不足而被淘汰者亦不在少数。这种现象，郑板桥称之为"自烧"："自汉以来，求书著述，汲汲每若不可及。魏晋以下，迄于唐宋，著书者数千百家。其间风云月露之辞，悖理伤道之作，不可胜数，常恨不始皇而烧之。而抑又不然。此等书不必始皇烧，彼将自烧也。"③

(一) 内容舛误，体例不精，新书一成，往往被淘汰

光绪《兴国州志稿》，邑人熊奎斗纂，是志才四十余叶，采访不周，资料不齐，内容缺漏不全，"(光绪)二十二年，岁贡熊奎斗增刊四十余叶，附原志之末，因修期太促，采访未遍，故不能完备"④。光绪三十年《续修兴国州志》刊行后，是书渐失传。雍正十二年《崇阳县志》，知县李五淳、陈鹈撰。是志错讹尤多，为人所讥。乾隆六年，郭彦博、黄衮重修县志，以补是志之失，"(乾隆)辛酉距(雍正)甲寅才六年尔，本

---

① 乾隆《竹山县志》卷首《邓光仁序》，北京大学图书馆藏刻本。
② 乾隆《竹山县志》卷首《邓光仁序》，北京大学图书馆藏刻本。
③ 郑板桥：《郑板桥集》卷一《焦山别峰庵雨中无事书寄舍弟墨》，上海古籍出版社1979年版，第6页。
④ 光绪《续补兴国州志》卷首《再续兴国州志序》，江苏古籍出版社2001年版，第453页。

无事于更张。顾李君善政多端，独其所续志，崇人士嗛焉"①。康熙十一年，知县刘嗣煦修《枣阳县志》，仓促了事，内容简略，乾隆年间知县甘遇定重纂县志，"今所传刘氏一编，又极荒陋简略，兹特发凡例，定为新本"②。乾隆二十一年，知府王如珪修、教谕宋鳌纂《施南府志》四卷，采择不谨，荒陋缺略，"宋鳌，恩施训导，乾隆二十一年，辑府志四卷，未刊。时改设未久，又未开局征取，其书甚略"③。"邑训导宋氏所纂志乘，因采择弗备，未付枣梨。"④故而流传不甚广，后佚失。

（二）卷帙浩繁，不易保存

顾氏《蕲州志》，是书原有一百卷，其子顾景星也意识到卷帙浩繁，贮藏不易，乃删其重复，减为六十卷，"自郡县有志以来未有如此书者，卷帙繁重，虑难梓藏，岁次甲辰，景星读礼之余，不揣固陋，窃因成功，去其繁复，补以论辨，盖其意旨，皆出先君子而景星述之……共六十卷"。但仍不免部头过大，嘉庆年间是书已佚，"《蕲州志》六十卷，顾天锡著，佚"⑤。

（三）未能刊刻，仅以稿本、抄本传世，流传不广

道光二十二年《崇阳县志稿》，知县金云门、邑人刘镇鼎纂修，是志因钟人杰率众起义，未能刊刻，仅有稿本流传，同治朝散佚过半，"道光壬寅年志，邑人刘镇鼎定稿，凡八卷，知县金云门序，将镌梓，未遂，遭乱散失，近购得之已亡其半"⑥。后尽数佚失。《黄冈续志》，吕德芝纂，志成稿藏于家，流传不广，"德芝，字时素，岁贡生，有文学，以孝友重于士林，家贫与弟鼎玉，稽古赋诗，怡怡如也。尝辑《黄

---

① 同治《崇阳县志》卷十一《艺文志》，江苏古籍出版社 2001 年版，第 405 页。

② 乾隆《枣阳县志》卷首《凡例》，江苏古籍出版社 2001 年版，第 8 页。

③ 同治《增修施南府志》卷首《旧志稿姓氏录》，恩施土家族苗族自治州博物馆藏道光十七年刻本。

④ 嘉庆《恩施县志》卷首《恩施县志序》，海南出版社 2001 年版，第 153 页。

⑤ 咸丰《蕲州志》卷十《艺文志》，国家图书馆藏刻本。

⑥ 同治《崇阳县志》卷十一《艺文志》，江苏古籍出版社 2001 年版，第 407 页。

冈续志》藏于家"①。道光间，王祚宾抄录是志，"邑明经吕德芝辑《黄冈续志》藏于家。世鲜传本，宾觅获钞纂"②。由于仅以稿本、抄本传世，未能刊刻，流传范围有限，后散佚。乾隆五十九，黄义峰纂成《保康县志》，然未有刊行，"黄义峰纂保康志，皆脱稿未刊"③。嘉庆元年，保康动乱，是志亦毁，"前志稿脱于黄学师手，既毁于嘉庆丙辰"④。成书至书毁仅相隔二年，可见稿本保存之不易。

另外，部分志书可能毁于文字狱。顺治至康熙初期，文化氛围相对宽松，私家著述繁荣，但康熙中后期以来，尤其是乾隆朝，文网严密，湖广地区的禁书也引起朝廷的重视，"如有收藏违碍之书，即早交出，免其治罪，并以此等笔墨诋毁之事大率江浙两省居多，其江西、合越粤、湖广亦或不免，因指名交各督抚留心查办"⑤。乾隆四十四年，清廷明确将禁毁对象指向地方志，"据闵鹗元奏，各省郡邑书内，如有登载应销各书名目，及悖妄著书人诗文者，一概俱行铲削等语，所奏甚是。钱谦益、屈大均、金堡等所撰诗文，久经饬禁，以裨世教，而正人心。今各省郡邑志书，往往于名胜古迹编入伊等诗文，而人物、艺文门内并载其生平事实及所著书目，自应逐加芟削，以杜谬妄。至从前各省节次缴到应毁书籍，经朕发交馆臣覆勘，奏定应行销毁者，俱经该馆陆续咨行各省，自可遵照办理。着传谕各督抚将省志及府志、县志悉心查核。其中如又应禁诗文，而志内尚复采录，并及其人事实、书目者，均详细查明，概予芟节，不得草率从事，致有疏漏"⑥。

因修志被指控而受到政治迫害的事件屡有发生。一时之间，藏家多

① 乾隆五十四年《黄冈县志》卷八《文苑》，海南出版社 2001 年版，第 223 页。

② 光绪《黄冈县志》卷十《人物志》，江苏古籍出版社 2001 年版，第 342 页。

③ 嘉庆《郧阳志》卷首《例言十四则》，国家图书馆藏嘉庆十四年刻本。

④ 同治《保康县志》卷首《林煊序》，江苏古籍出版社 2001 年版，第 519 页。

⑤ 中国第一历史档案馆：《纂修四库全书档案（上册）：清代档案史料》，上海古籍出版社 1997 年版，第 282 页。

⑥ 中国第一历史档案馆：《纂修四库全书档案（上册）：清代档案史料》，上海古籍出版社 1997 年版，第 1119 页。

为惶恐，为避祸，不少地方志等地志书籍被付之一炬，"自朝廷开四库馆，天下秘书稍稍出见，而书禁亦严告讦频起。士民葸愤，凡天文地理，言兵言属之书，有一于家，惟恐遭祸，无问禁与不禁，往往拉杂摧烧之"①。据考证，乾隆帝一纸诏令竟能导致每日书籍焚毁者达六七十万部之多，远超南宋绍定以前平均每年 594 部书籍毁于各种灾厄的数量②，造成了空前规模的志书图籍散离亡佚。

清初私修志书在编纂体例，所载内容都较为随意，不无违碍之处。清代湖北私修志有 15 种，仅存 2 种，散佚率高达 86.67%，可见散佚之严重。而官修方志也不无波及，铲板剜字不少，致使文辞断裂不接。如乾隆《黄州府志》，多处遭到剜板，如《人物志·文苑》第十四页剜去十行、《人物志·宦迹下》第十一页剜去十四行。乾隆五十四年，黄冈再度修志，对旧志进行了删除、整改，"按年续入条目仍旧，而违制则芟之"③。

六、贮藏方法与清代湖北方志散佚

清代湖北方志散佚程度远较明代方志为轻，明代湖北方志散佚率达 82.95%，而清代则为 28.75%，且明代某些方志尽数散佚，具体如表 4-5：

表 4-5　　　　　　　　　**明清湖北方志散佚对照表**

朝代 志种	明代			清代		
	总量(种)	散佚量(种)	散佚率	总量(种)	散佚量(种)	散佚率
省志	5	2	40%	7	0	0
府志	41	31	75.61%	35	6	17.14%

---

① 王芑孙：《惕甫未定稿》卷三《洴澼百金方》，上海古籍出版社 2010 年版，第 300 页。
② 徐雁：《中国历代藏书论著读本》，四川大学出版社 1990 年版，第 6 页。
③ 乾隆《黄冈县志》卷首《续修黄冈县志序》，海南出版社 2001 年版，第 1 页。

续表

朝代 志种	明代			清代		
	总量(种)	散佚量(种)	散佚率	总量(种)	散佚量(种)	散佚率
州志	33	24	72.73%	51	13	25.49%
县志	131	116	88.54%	297	92	30.98%
其他	7	7	100%	17	6	35.29%
合计	217	180	82.95%	407	117	28.75%

康熙《京山县志》成稿后，要求详细统计志书志板数量、志书总量等，并载册登载，严禁杜绝假借印刷等：

> 书成计板若干、字共若干，藏县库载册，倘有假借刷印，因而私行镌改者，责在典守严加究□。①

又如荆门州，乾隆年间修志完毕之后，统计志板块数、志书字数等，由书办专人保管：

> 书成计镂板八百三十七块，镌字二十四万八千六百，备书于册，板片掌之原办书吏，藏之州库。倘有借刷印之名，因而私行改录者，责有攸归，在所必究。②

康熙十三年，知县熊登纂修《武昌县志》八卷，志成之后，详载每卷页数，按照五行分类法贮藏县阁库：

> 志凡四百三十八叶。新旧序三十，姓名二，总目二，图二，一卷二十、二卷二十七、三卷七、四卷十一、五卷三十八、六卷一百

---

① 康熙《京山县志》卷首《凡例》，江苏古籍出版社2001年版，第6页。
② 乾隆《荆门州志》卷首《例言》，江苏古籍出版社2001年版，第22页。

四十四、七卷四、八卷一百五十、分金木水火土谷藏本县阁库。每遇印刷由礼房一人查验出入，无令散佚，俟用垂永久。①

乾隆五年，枝江知县王世爵聘请钟彝修志，志成以后，为杜绝奸伪之徒乘新旧官员交替之际抽换志版或盗取志书，致使志书遗失和内容失真，乃在每卷末记明页数，以防作伪和佚失。

> 郡邑之书，往往残缺失次者，皆因奸伪之徒乘新旧官交代之际抽换窜撷愈久愈失其真，是编于每卷末记明页数以防作伪，并将此书先后交代明白，以垂永久。②

清代湖北较为规范的方志贮藏方法和制度，避免了一些方志佚失，使得湖北志书历经百年得以保存，并流传至今。

---

① 康熙《武昌县志》卷末，线装书局 2001 年版，第 34 页。
② 乾隆《枝江县志》卷首《凡例》，海南出版社 2001 年版，第 330 页。

第五章　清代湖北方志的编纂及其实践

清代湖北各级官员较为重视修志工作，由其牵头倡导和管理，组织一批文人学者参与各级方志编纂，修志流程有效有序，人员分工明确，确保志书编纂工作得以有序有效地开展，推动了清代湖北修志质量的提高和修志事业的有序发展。

第一节　清代湖北方志修志流程

方志编纂是一个系统工程，健全而有效的志书编纂流程不仅有助于地方志的发展，也是保障志书质量的重要举措。清代湖北方志编纂过程包括设局聘贤、资料搜集和整理以及志书撰写、裁定、刊刻、管理等环节，形成了系统而有效的流程，是清代湖北方志成绩的重要体现。

一、设局(馆)聘贤

清代湖北修纂方志和其他地方一样，大多会创设志局，聘请德才兼备者，从事方志编纂工作。志局地点不一，大多设置在署衙、试院、书院或寺观等地。乾隆五十九年，崔龙见、黄义尊修《江陵县志》，设志局于府衙，"郡伯崔公召诸绅士，而奖劝之，命开局于使院署中"①。乾隆二十七年，甘定遇修《枣阳县志》，设志局于柯公祠，"予与阖邑绅士复申前议，上之各宪，咸报可，爰诹吉开局于柯公祠，其经理度支采

访雠校，诸绅士分任之"①。道光二十六年，修《英山县志》，设志局凌云书院，"众志欣然，咸愿共襄盛举，开局凌云书院"②。乾隆二十三年，修《当阳县志》，设志局于回峰书院，"凡所纪述，颇为整理，但其中舛讹遗漏亦复不少，因集荐绅耆彦，设馆回峰书院，往来商榷，取旧稿厘定之，分门别类，删其太繁，补所未备"③。同治三年编修《东湖县志》，设志局于县试院，"劝募得若干缗，采访亦次第续至，于是即试院设局，延监利王子寿比部为之载笔，邑中渊雅士咸预编纂，而大镛综其成焉"④。值得注意的是，一些志局设在寺观祠庙中。如通山县，则数次将志局设在洞渊观⑤之内，以为清净，"志局设古洞渊观西房，系旧修志处，又系向捐输团练处"。

修志设局，是否为应需之务，清人不乏持否定意见者。道光《云梦县志略》的主纂程怀璟认为设局无疑会给原本经费有限的修志事务增加负担，且亲朋师友请托人事志局，反而不利方志纂修，影响修志的独立性和志书的客观性：

> 昨信商一二咸好，或谓宜在本城设局，或言先筹经费……设局一曾必德在绅宦旧家，或大庙中有空间房屋，经手董事长寓在内，延请总纂、分纂、采访、分缮多人，无论脩金有无多寡，即每日薪水所费不赀，谁肯节用，作此冷淡生活。此亦一难也。人人未必擅史家三长，议论多而成功少，虚縻岁月，薪水已告匮矣。又况一闻设局，邻境戚友，或外郡宾朋，必有荐函来托，本县父师虚派一协

---

① 乾隆《枣阳县志》卷首《枣阳县志序》，江苏古籍出版社 2001 年版，第 2 页。
② 道光《英山县志》卷首《汪时育序》，重庆市图书馆藏道光二十六年刻本。
③ 乾隆《当阳县志》卷首《当阳县志序》，海南出版社 2001 年版，第 68～69 页。
④ 同治《续修东湖县志》卷首《续修东湖县志序》，江苏古籍出版社 2001 年版，第 340 页。
⑤ 洞渊观，在县署西，又名元天观，在明代为道会司所在之地，在清代为官绅庆贺、迎诏之所。

修名目，冀得干束脩，或径有贸贸然来，直入志局，强作解事，未
几携取藏书而去，亦势所必至，一概辞，众怨沸腾。若稍为点缀，
安得人人而悦之，此又一难也。①

志局大多设在署衙等公共场所，来往人员频繁，缺乏良好的修志环
境，"辑志之署，非有承明金马之荣也，不过讼庭记室，喧沸倥偬而
已"②。然而，修志本属一项涵盖多个方面与环节的系统工程，工作庞
大而艰巨，设立志局，成立相对稳定和独立的修志工作机构，将修志人
员集中起来，从搜集资料、商定志例、撰写志书、校对考订、刊刻志稿
和后勤供给等修志各个环节和方面工作在志局统一进行，集思广益，彼
此商榷，充分讨论，达成共识，无疑有利于提高效率，保证志书质量。
康熙三十三年，刘焕、朱载震设局公署，数月而成《潜江县志》，"设局
公署，萃诸大夫暨文学辈君而入，扬榷今古，几阅月而志成，视左氏三
春构思十载而就，抑何颖捷也"③。道光年间，蒋炯、梅体萱修，李道
平等纂《安陆县志》，创设志局，五月而稿成，"遂设局从事，网罗旧
失，补缀新闻，五阅月而脱稿。授运读之，义例则精而极严，考据则详
而必核，谕断则正而胥当，诠次则简而能赅，运以为具兹数美，可以传
矣"④。

而一些未设局而编纂的方志，往往资料搜罗未广，考证不严，志书
质量得不到保证。乾隆年间，王如珪、宋鳌纂修《施南府志》，未能设
局广为征采资料，是书甚为简略，"宋鳌，恩施训导，乾隆二十一年，

---

① 道光《云梦县志》卷末《拟续修〈云梦县志〉说贴》，江苏古籍出版社 2001 年
版，第 587 页。

② 康熙《麻城县志》卷首《麻城县志序》，国家图书馆出版社 2013 年版，第 10
页。

③ 康熙《潜江县志》卷首《潜江县志序》，江苏古籍出版社 2001 年版，第 18~
19 页。

④ 道光《安陆县志》卷首《重修安陆县志序》，江苏古籍出版社 2001 年版，第
5 页。

辑《府志》四卷，未刊。时改设未久，又未开局征取，其书甚略"①。嘉庆十三年，张家檄修《恩施县志》，亦未设志局，内容缺漏，为后世所讥："张志修于嘉庆年，亦未设局采访，惟就改府后约略言之，无一语及于卫事者，其他更可知矣。"②

所惜，清代修志设局，往往志成而局散，所搜罗的资料大多散佚，故而章学诚提出设立志科，保存资料的建议，"州县既立志科，不患文献之散逸矣……至于志科，既约六科案牍之要，以存其籍矣"③。但未能受到相应的重视和落实执行。

修志人员的学识与素养直接关乎志书的质量，往往由地方行政长官自行聘请本邑或他地才德兼备者充任，上宪一般很少直接干预。但也不无例外，如康熙三十三年，知县刘焕聘请名士朱载震主笔《潜江县志》，则须呈报允可方能正式启动修志事宜：

> 朱君悔人誉擅三长，昔尝与其太公石户先生于役王公之志者也。使君以礼延致之，承家学，修旧典，新邑乘三美具焉。朱君其必无辞。余心仪朱君久矣，戚戚有获，亟以朱君名请于上。咸报可，爰开局传经书院。④

上级官府也会根据各地实际概况，派遣专人指导修志者。如袁瓒，号廉叔，道光己酉年拔贡，江苏奉贤县人，富有才学，曾任湖北来凤知县，因战乱滞留湖北，后聘掌当阳县回峰书院，而被上级委任修纂同治《兴山县志》和《黄安县志》：

---

① 同治《增修施南府志》卷首《旧志稿姓氏录》，武汉大学图书馆藏同治十年刻本。

② 同治《恩施县志》卷首《多寿序》，江苏古籍出版社 2001 年版，第 352 页。

③ 章学诚著，仓修良编注：《文史通义新编新注》外编四《州县请立志科议》，商务印书馆 2017 年版，第 836 页。

④ 康熙《潜江县志》卷首《刘焕序》，江苏古籍出版社 2001 年版，第 8~9 页。

廉叔袁君瓒，吴江名士也。家世簪缨，由拔萃科，游楚北，膺保荐即补县，以文学受上宪知，荐主当阳县书院讲席，接委修兴山邑乘，己巳春奉上台檄来安纂修邑志，博通经典，乐诱后进，工书法，各体各家俱备。求墨宝者，几于纸贵洛阳。①

二、志书资料搜集、整理

资料性是地方志的基本特性。搜集和掌握丰富、可靠的文献资料，是一部优秀方志编纂的前提条件。文献不足，志书编纂工作往往难以开展，"文献既阙，搜讨维艰，则有志而不克竟者，比比矣"②。修志资料内容十分广泛，包括各类志书、正史、政书、谱牒、稗史文集、文书档案、采访资料等，"所有应用之书，自省府邻境诸志而外，如《廿二史》《三楚文献录》《一统志》，圣祖仁皇帝御纂《方舆路程图》、《大清会典》、《赋役全书》之后，俱须加意采访。他若邑绅所撰野乘、私记、文编、稗史、家谱、图牒之类，凡可资搜讨者，亦须出示征收，博观约取。其六曹案牍，律令文移，有关政教典故、风土利弊者，概令录出副本，一体送馆，以凭详慎铨次。庶能巨细无遗，永垂信史"③。概而言之，修志文献资料主要包括各类志书，文献典籍以及实地调查、采访、测绘等资料。

(一)志书

方志文献是地方志纂修参考的基本资料。前代志书为新修方志提供了文献资料基础、体例范式借鉴和理论参考，是在新修方志时尽力搜罗的文献。

1. 本邑旧志

方志编纂具有较强的连续性。前代旧志在编纂体例、结构内容、组

---

①　光绪《黄安县志》卷九《艺文志》，江苏古籍出版社 2001 年版，第 649 页。

②　乾隆《荆门州志》卷首《舒成龙序》，江苏古籍出版社 2001 年版，第 13 页。

③　章学诚著，仓修良编注：《文史通义新编新注》外编四《修志十议呈天门胡明府》，商务印书馆 2017 年版，第 858 页。

织形式等方面，为后世修志提供了借鉴。后世修志大多在前志基础上加以发展，正其讹误，补其缺漏，续其所无。故而，每逢修志，编修者都会尽力罗致旧志，以为便宜，往往事半功倍，易于成事。康熙《湖广通志》以万历《湖广总志》为底本，袭旧者十分之七，增新者十分之三，历时五月而成八十余卷的巨著，"存旧者十之七，增新者十之三，日夕孳矻，凡五闰月而编成"。道光《天门县志》以乾隆《天门县志》为底本，兼采康熙七年、康熙三十一年县志，"前明姜绾、邱宜、任赞化三志久佚，国初李馨、钱永二志尚存，兹近据胡翼志为粉本，亦兼采旧志者，修志不忘其初也"①。咸丰《蕲州志》卷次皆依照旧志，"志卷次序俱照旧志"②。光绪《罗田县志》以康熙五十八年县志、乾隆五十三年县志为基础，而体例稍变，"前明嘉靖、崇祯两志久不可考，现存惟国朝康熙五十七年邑令张琳志，暨乾隆五十三年邑令姜廷铭志。张分列八纲，姜增为十，搜罗纂辑均极苦心，今即据为底本，而稍变体例"③。

2. 他邑志书

同时，他邑方志也有一定的参考借鉴价值，尤其是一些名篇名志，故而修志时也往往力为搜集。光绪年间修《黄州府志》时，则尽力搜集各省志书，以为参考，"并恭阅钦定《盛京通志》《热河志》《畿辅通志》及十八布政司统部之书，凡豫是有益者并皆钞内，还质太守"④。嘉庆《竹山县志》，仿《武功志》志体而纂修，"近得康对山先生《武功志》，见其结构精严，推为绝作……昌窃慕之，因即禀承其式"⑤。

(二)各类典籍

凡是涉及本地的政书、正史、地理书、档案文书、家谱等各类典籍，在修志中也具有相当重要的参考价值，尤其是在本邑无旧志可为借鉴的情况时，就显得更为重要。乾隆十九年，舒成龙修《荆门州志》，

---

① 道光《天门县志》卷首《凡例》，国家图书馆藏道光元年刻本。
② 咸丰《蕲州志》卷首《凡例》，湖北省图书馆藏咸丰二年刻本。
③ 光绪《罗田县志》卷首《凡例》，江苏古籍出版社 2001 年版，第 201 页。
④ 光绪《黄州府志》卷首《邓琛序》，江苏古籍出版社 2001 年版，第 3 页。
⑤ 嘉庆《竹山县志》卷首《范继昌序》，海南出版社 2001 年版，第 96 页。

无旧志可依，努力搜集各种文献，虽只言片语，也较为珍惜，"余于是坚欲纂成，再发征引，广事搜罗，家有一编半简者，咸得借观，人记只言片行者，辄得陈说，又裒集群书，自汉唐宋元诸史以及省道府志而下，无不胪列，乃以前辑数稿与残编旧闻互相考订，更延吾乡前达西林宰李公法孟、会稽征士陈君荣杰汰其冗蔓，核其疑似，列其标准，详其品目，宁质毋文，宁约毋侈"①。康熙十二年，知州党居易有意修志，"郡侯党公祖敦心嗜古，公余之暇，石鼓残碑，罔不搜抉"②。康熙二十六年，知府裴天锡组织修志，"新任裴守视事伊始即以修辑为己任，凡夫故老之所，家乘之所述，与夫残碑断碣之间，无不搜剔诠次焉"③。

3. 征集采访、勘察

为了进一步掌握丰富、准确的修志资料，实地采访、勘察是有效途径，尤其是社会动乱时期，旧志无载，文献无征，访察更显得十分重要。相较其他类型资料而言，实地考察、采访所得，属于一手资料，较为直观，往往相对客观，是方志质量的重要保障，具有不可忽略的资料价值。汉川县旧志地图标识不准、内容缺漏，邑人田宗汉采用近代科学的测绘法，实地勘测，兼访父老儒生等口头资料，以为补充，"予因制指南审度表，测量川地。并取纸幅规为方格，作寸方五里为率，首测城池，以县治为中枢，再于治右之伏龙山，格定四正四隅，而后裹粮带丁，挨次履测，昼测夜绘，历三月而图成。第图地之形，必记地之事，乃于测量所至。凡山川古迹之名，比邻交错之界，随时询诸父老儒生，或农商渔樵。其间有善谈故事，或水利，或稼穑，或炎祥者，悉听其纵谈而笔记之，且详加考虑焉"④。

实地采访和勘察的确能够弥补资料上的不足，但亦不无弊病。一些经济疲敝的州县往往难以支持实地采访和勘察的费用，且也有官员吏僚

① 乾隆《荆门州志》卷首《舒成龙序》，江苏古籍出版社 2001 年版，第 13 页。
② 康熙《均州志》卷首《王钦命序》，海南出版社 2001 年版，第 7 页。
③ 康熙《湖广武昌府志》卷首《徐国相序》，江苏古籍出版社 2001 年版，第 1页。
④ 光绪《汉川图记征实》卷首《自序》，国家图书馆藏本。

敷衍了事，甚至出现借采访之名营利谋私的现象：

> 当官采访者，多于此道茫如，甚且阴以为利。十室必有忠信，规方千有余里，部领六七十城，岂无缙绅都士可与言者？地远势隔，无由朝夕商可。府县官吏，疲赖不支。其有指名征取之件，宪司羽檄叠催，十不报六。而又逼以时限，不能尽其从容。中间惑于浮议，当事委人磨勘，而应聘司磨勘者，不知适从何来。①

虽然实地开展采访和勘察困难重重，靡费人力、物力不少，但是能够或多或少征集和掌握不少一手资料，充实了志书的内容，一定程度上提高了志书的编纂效率，保证了志书的可信性。

三、方志撰写、裁定及其刊刻

搜集和整理一定数量的文献资料后，方志便进入撰写阶段。清代湖北方志撰写大多设有主纂、协修、分纂、校对、分校等名目，有着明确的分工协作机制。同治《续辑汉阳县志》，总纂为王柏心，分纂为王远翱、曹禧珍、吴传灏、张行简等四人。光绪《应城志》设有主纂一人、分纂六人。光绪《沔阳州志》设总纂一人，而分纂达到十五人之多。

采取多人协作分工的撰写方式有利于发挥个人所长，加快志书完成进度，成书更为便捷。宫梦仁在修《巴东县志》时讲到："顾志集于众美易，成于独造难。"②黄义尊也总结众人分工修志的经验："盖未有不资众手之长，集群才之力，勒成一书，遂得完备者也。邑志，亦史之支流，何独不然。吾邑之志仗诸同人协心共济，参互考订，相与有成，其勤劳皆有不可没者。志《方舆》《风土》则有乔君松升，志《秩官》《军制》则有朱君彤峰，《艺文》则张君醇斋，《建置》则秦君晓园，《名胜》《列

---

① 章学诚著，仓修良编注：《文史通义新编新注》，商务印书馆2017年版，第405页。

② 康熙《巴东县志》卷首《宫梦仁序》，海南出版社2001年版，第284页。

女》则严君大峰昆季，《人物》则李君澹斋，《赋役》《学校》则陈君洪斋、邓君龙川暨佺惇斋，至各类有所去取，则孙君煦堂互相商质，其分析体例，裁酌部署，为力居多，而司铎崇阳王公淹雅明决诸凡得所咨度焉。盖博采旁搜，校核精密，各抒所见，各展所长。"①

但众人合修的弊端亦较为明显，协修者在修志体例、内容取舍等方面存在风格相异、歧见不一、相持不下的情况，矛盾较多，颇多抵牾之处，反而不利于志书的纂修。

兴国州人周旋，富有史才，参与本地州志编纂，然而因为人孤峭，与局中同事意见不合，愤而退局，"周旋，字履元，尊贤坊人，雍正元年拔贡生，所学尤邃于《易》，著有《斫窗新编》四十卷、《杜诗梦》六卷、《沙鸥集》四卷，皆卓然可传，性孤峭，不能谐俗。八年，大府聘修《湖广通志》，不就。与修《州志》，甫三月，与同事不合，掷笔告退"②。

雍正八年，英山知县赵宗晃设局修志，而诸家意见不一，加上主官去任，修志之事遂止，"雍正八年，平越赵公曾设馆修葺，会除寿州牧，未及成书，因舆论不协中止"③。

光绪年间，潜江县修志，刘恭冕曾为主纂，而分纂诸人意见纷纷，是志也为人所讥，"统观全书，虽有二十卷之繁，而寒俭特甚，旧闻轶事漏载殊多。频年遭水，既苦文献无征，又无人负网罗之责，以故寒俭如此。不特寒俭而已，芜杂荒率鄙陋诸弊均所难免。盖总纂初本属之刘叔俯先生，先生经学湛深，果出其手，当有可观。不料到局日浅，去不复回，分纂诸公七手八脚，罔识著述体裁。明府但知好名，毫无学识，既无人总其成，又急欲成书，遂至成此笑柄"④。

枣阳县志自乾隆二十四年甘定遇主持纂修后，至咸丰朝已九十年未

---

① 乾隆《江陵县志》卷末《黄义尊序》，国家图书馆藏乾隆五十九年刻本。
② 光绪《兴国州志》卷二十《文学》，江苏古籍出版社 2001 年版，第 219 页。
③ 乾隆《英山县志》卷首《凡例》，海南出版社 2001 年版，第 9 页。
④ 甘鹏云：《潜江旧闻录》卷五《光绪潜江续志之失》，湖北教育出版社 2002 年版，第 115 页。

能重修。究其原因，除经费难以筹集外，而纂修者意见难一也是一个重要的因素，"邑志之修已阅数载，所以未就者，意见各殊，而赀财不递耳"①。

并且诸人合修，往往官职称谓不一，"各传出自旧志，秉笔者原非一人，称名称公，体例参差"②。陕西学政、孝感县人武之亨认为新修志书质量不及旧志，其中一个很大的原因是合纂所致，"世之志所以不逮古者，古之志出于一，后之志出于分。一则是非定，分则议论滋凭爱憎为取舍，立意见如城府，泛则讥其不根，严则因而贾怨"③。

志稿完成后，交由专人校对和誊录，并呈送地方主官和更高层级的官员审阅，对方志内容的真伪、体例得宜等进行鉴定、裁定，而后方能定稿成熟，印刷刊行。同治《远安县志》历经十二月成书，交知县郑燡林鉴定，"阅十二月而稿脱，转报司马，司马曰：'真'，遂灾枣梨"④。乾隆二十九年，誊抄《通城县志稿》毕，先后交由知县和学政鉴定裁核，"爰遵誊清，稿呈送明侯鉴裁，转赍学宪仰核"⑤。顺治十七年，孝感县志稿成，次年由学政核查，并予以订正，"庚子九月，受简于夏君九夔之墅，浃月而脱稿。辛丑正月复裁于督学，订于沈君"⑥。道光二十八年，知县俞昌烈主持纂修《黄冈县志》，志稿交由汉黄德道陶梁⑦、知府祁宿藻⑧裁定，"自四月开局，五阅月而蒇事，余更请道宪陶公、

---

①　咸丰《重修枣阳县志》卷首《陈子饬序》，湖北省图书馆藏咸丰四年刻本。

②　乾隆《嘉鱼县志》卷首《凡例》，湖北省图书馆藏乾隆五十四年刻本。

③　康熙《孝感县志》卷首《武之亨序》，海南出版社 2001 年版，第 7 页。

④　同治《远安县志》卷首《续纂志书序》，江苏古籍出版社 2001 年版，第 326 页。

⑤　同治《通城县志》卷末《葛行琥跋》，江苏古籍出版社 2001 年版，第 690 页。

⑥　康熙《孝感县志》卷首《张擢士序》，海南出版社 2001 年版，第 31 页。

⑦　陶梁，字宁求，长洲人，嘉庆十三年进士，历任荆宜施道、汉黄德道、湖北按察使等。

⑧　祁宿藻，字幼章，寿阳人，道光年间以检讨转任黄州知府，多善政，咸丰二年擢升江宁布政使。

郡宪祁公加裁定焉"①。

一般来说，地方官很少彻底否定一部耗费巨大人力、物力的"邑中盛举"。但也有一些方志，经地方长官裁定后，认为未合体例，内容缺漏，而被废弃不用，成为"废志"。乾隆三十一年《竹山县志》，皇甫枢、尹一声纂修。郧阳知府王采珍以该志体例未合，废而不用，"乾隆甲午，本府大守王公终以其格调规模与志体欠吻合，檄县重订"②。乾隆三十八年《竹山县志》，彭悦桂、邓光仁纂修，知县常丹葵以其"书不刊布，如露之在花间，见晛则消耳"③，价值不高，也废之不行，后散佚。作为官书，地方官员对其在内容、体例等方面进行整体把握和鉴定审查，是地方官履行文化职责的必要，有助于提高地方志的权威性和客观性，但这种层层审核往往也造成了许多方志的独特性和价值性遭到人为"阉割"，甚至废弃不用，以致佚失。

四、志书刊印、志板保管

完成上述流程之后，志书进入刊刻和保管阶段。志书是官修志书，为一方公器，具有权威性和严肃性，对许多问题具有盖棺论定的定性作用，修志者往往较为审慎，"志之不可不慎"④，尤其是《人物志》中所涉是非曲直的评价部分，更为谨慎，"志人物，考古易而征今甚难，以近事多凭传说，非尽有载籍可稽也。若仅取家传行述，出自子孙之口者，秽琐称引，最是史家陋体，而区分流品，出自乡评，虽公亦借易滋多口，二者交讦，而新志人物不得不慎之又慎矣"⑤。

清代，湖北许多州县为避免人为篡改志书内容，重申志书的严肃性和权威性，对新修志书详为登记卷数、页码，并派专人看守志板、志书等，形成较为严格的贮藏制度。如乾隆《枝江县志》志成，登记页数，

---

① 光绪《黄冈县志》卷首《俞昌烈序》，江苏古籍出版社 2001 年版，第 14 页。
② 乾隆《竹山县志》卷首《竹山县志序》，故宫博物院藏乾隆五十年刻本。
③ 乾隆《竹山县志》卷首《邓光仁序》，故宫博物院藏乾隆五十年刻本。
④ 康熙《均州志》卷首《党居易序》，海南出版社 2001 年版，第 1 页。
⑤ 道光《安陆县志》卷首《凡例》，江苏古籍出版社 2001 年版，第 23 页。

以防作伪，"郡邑志书往往残缺，失次者皆因奸伪之徒，乘新旧官交代之际，抽换窜掇，愈久愈失其真，是编于每卷末记明页数，以防作伪，并将此书先后交代明白，以垂永久"①。康熙《京山县志》将志板数量、字数等载册登记，对私行篡改者，追究当事人责任，"书成计板若干、字共若干，藏县库载册，倘有假借刷印，因而私行镌改者，责在典守，严加究□"②。乾隆《荆门州志》不仅统计了志板页数、志书字数，还特别强调如有篡改，追究当事人的责任，进一步明确志板管理，"书成计镂板八百三十七块，镌字二十四万八千六百，备书于册，板片掌之原办书吏，藏之州库，倘有借刷印之名，因而私行改录者，责有攸归，在所必究"③。

清代湖北方志编纂从聘请贤才、创设志局、资料搜集和整理以及撰写、裁定、刊印、志板管理等环节皆有严格的制度和规范的流程，体现了清代已经形成了较为成熟的志书编纂机制，是清代湖北方志成就的重要体现。

第二节　清代湖北方志的修志人员

清代在总结前代修志经验的基础上，形成了逐级行文、颁发志例、申详呈报、严格审查、定期修志等行之有效的修志制度④，对推动清代方志发展和保证修志质量发挥了重要作用。清代湖北修志人员组织合理、分工明确，自志书发凡起例、资料搜集、草拟誊录、校对考证、刻板刊行、保管庋藏等各个环节皆有专门人员参与负责，也是清代修志制度完善和进步的重要体现。具体来说，清代修志的主要组成人员有地方

①　乾隆《枝江县志》卷首《重修枝江县志序》，海南出版社2001年版，第328页。

②　康熙《京山县志》卷首《凡例》，江苏古籍出版社2001年版，第6页。

③　乾隆《荆门州志》卷首《荆门州志例言》，江苏古籍出版社2001年版，第22页。

④　王晓岩：《方志演变概论》，沈辽书社1992年版，第191~202页。

各级官员吏僚、当地士绅以及邑外学者等。具体分工名目主要有总裁、鉴定、提调、主修、监修、同修、主纂、分纂、总校、分校、校对、订定、誊录、劝捐、采访、刊印、收理志板、绘图等。虽然名目繁杂，但根据所负责事务的性质和作用来看，可以分为组织管理型、业务专职型、后勤保障型等三类。

一、组织管理型

组织管理者往往是省、府、州、县等地方军政长官，如总督、巡抚、道员、知府、知州、知县等，在方志编纂中，大多担任总裁、总理、提调、鉴定、总修、主修等名目。康熙《武昌府志》，总裁为湖广总督徐国相、湖广巡抚石琳，提调一职由湖北布政使戴仁、湖北按察使丁炜、武昌分守道成光、湖北督粮道叶应福、湖北盐法道龚士积、湖北学政姚春焘等大小官员担任。① 康熙《应山县志》，总裁为总督蔡毓荣、湖北巡抚张朝珍，提调为湖广布政使张彦珩、按察使高翼辰、荆南道员王业兴，鉴定为湖广学政郑昆璧等，裁定为德安府知府许廷试、同知胡国佐、通判刘其浑。② 虽然总裁、主修、提调等名目中不乏空具虚名、不预修志事宜者，"有事纂辑，率以邑人士为之，又或借才异地，县有司名曰主修，其实未一寓目，无惑乎，问以所辖之文献政俗，茫然无以应也"③。但地方志的编纂是一项涉及面广、事务繁重的系统工作，地方官能在发起志书编纂、设立修志机构、募集和决定经费开支、聘请修志人员、划分职责权限、裁定志书体例、催促志书按期完成等方面发挥重要作用，推动地方志编纂的各项工作的开展。

乾隆三十八年，《竹山县志》总裁、郧阳知府王采珍以前志体例未合，颁来制式，命令知县彭悦桂重修：

---

① 康熙《湖广武昌府志》卷首《修志姓氏》，江苏古籍出版社 2001 年版，第 40~42 页。

② 康熙《应山县志》卷首《修志姓氏》，江苏古籍出版社 2001 年版，第 20 页。

③ 光绪《兴山县志》卷首《黄世崇序》，江苏古籍出版社 2001 年版，第 1 页。

适奉郡尊檄饬纂修县志，遂会两学博暨邑绅士集议，得前任尹梧岩手录史华阳残本，因尽以笔墨之责付之邓君静堂。桂惟提挈纲维，总裁其事……阅数月，悉遵郡尊颁来体式，成书二十七卷。①

乾隆《黄州府志》主修、黄州知府王勍审校志书体例和内容，并作序以为重视：

太守关中王公于乾隆戊辰十月开志馆，招邑文学之士编辑郡志……越明年夏五月，志稿成，太守公亲为厘定校核，严体例，慎去取，弁序于端。②

同治年间，远安县筹划修志，但因种种因素，久未能脱稿成书。县志总纂郑焌林屡次督促主修周葆恩尽快完书，志书成稿后并鉴定内容真伪，促成志书刊印：

以其事辗转为之周君(周葆恩)，曰："当效力。"久而不报，急促之，曰："君其误我乎?"。曰："尚有待。"期年，怀其稿示予。予再三翻阅，知其记载得实，则彼之无妄，即予之不欺也。以一字报之，曰："真"。遂付诸梓。③

更为可贵的应属光绪年间任长乐知县的李焕春，甫一就任，则聚集本邑士绅倡修志书，并确定修志章程，捐俸以倡导，还亲自参与修志的具体事宜：

吏治公余之暇……爰集阖邑绅士议定修志章程，不但捐廉为

---

① 乾隆《竹山县志》卷首《彭序》，故宫博物院藏乾隆五十年刻本。
② 光绪《黄州府志》卷首《靖道谟序》，江苏古籍出版社 2001 年版，第 17 页。
③ 同治《远安县志》卷首《纂修志书序》，江苏古籍出版社 2001 年版，第 326 页。

倡，亦且身任其劳，无间寒暑，考诸史乘之留遗，稽诸土司之著述，索诸远年之案牍，证诸邻封之记载，征诸本邑之文献，日与长嗣君少白参考互订，摅著作之宏才，备诸体以润色其间，信以传信，疑以传疑，纲举目张，汇成一部。①

二、业务专职型

专门修志人员乃是修志工作的具体践行者和实施者，主要负责资料的收集、整理，志稿的撰写、校对、修改等。具体来说，他们在修志中往往担任总纂、分纂、同纂、协纂、分纂、编辑、讨论、参订、纂编、校对、校正等名目。他们主要由三种人员构成，即各级学官、居乡士绅、邑外人士等。

(一)各级学官

地方学政、教谕、训导等省府州县各级学官，负责一方的教育文化、人才选拔等，素有"冷官"之称，一直被人们视为"清贵"之地，是地方志编纂的必备成员。同治《枝江县志》，当阳县儒学教谕童峦、当阳县儒学训导郝遴任纂修。② 乾隆《竹山县志》，"纂修，竹山县教谕邓先仁、竹山县训导王瑞"。同治《施南府志》，"纂修，中书衔、施南府学训导高维岳、恩施县学教谕万修塘、前署恩施县学教谕李瀛尽、即选训导刘元贵、恩施分发试用训导朱宸"③。

(二)居乡士绅

举贡生员等地方士绅接受过系统的儒学教育，具有一定的文化水平，在地方具有一定的社会影响力，并且对当地地理、民情、掌故有一定的了解。故而，地方官也会根据他们学识、德望等的高低而分配不同的工作。其中学识渊博、德隆名著者，往往充当总纂、主纂、协修等

① 光绪《长乐县志》卷首《潘炳勋序》，江苏古籍出版社 2001 年版，第 106 页。

② 乾隆《当阳县志》卷首《修志姓氏》，海南出版社 2001 年版，第 81~82 页。

③ 同治《施南府志》卷首《修志姓氏》，武汉大学图书馆藏同治十年刻本。

职，如王万芳，襄阳名士，学识渊博，历任八旗官学汉教习、江南道监察御史、翰林院编修等，为光绪《襄阳府志》总纂。而地位较低、学识稍浅的贡监生员则以分修、同纂、采访、校正等名目协助主纂编纂方志。

(三) 邑外人士

延请邑外具有修志经验的学者纂修方志，这种做法由来已久，在清代尤为普遍。清代著名方志学者章学诚、戴震、张澍、刘光谟、黄彭年、钱大昕、李绂、洪亮吉、方苞等都曾受聘编纂他邑志书。清代湖北的志书编纂中，不乏邑外人士，他们凭借着熟练的修志经验和史家修养，在修志过程中提纲挈领，发凡起例，提高了志书的质量。乾隆五年，鲁之裕筹划纂修《湖北下荆南道志》，乃聘请黄冈县人靖道谟充任主笔，负责纂修事宜。靖道谟，字城合，康熙六十年进士，黄冈县人，曾任姚州知府，后回乡主讲江汉、白鹿等书院，曾修有《云南通志》《贵州通志》等。是志考核谨严，为时所推许。陈诗，字愚谷，蕲州人，进士，曾任工部主事等，为鄂东名士。乾隆五十八年，广济知县黄垲聘请陈诗来广济纂修县志，"蕲春陈水部愚谷，名士也。予向闻之京师，蕲与济接壤，都人士亦久重其名，归省居乡，延来秉笔"[1]。

外邑名家，明于志体志例，修志经验丰富，有利于弥补当地修志人才不足，确保志书质量。尤须指出的是以外邑担任主纂，负责修志事宜，在当地没有过多的情面来往，能在一定程度上均衡本地各方势力，保证修志的独立性和公正性，做到客观公允，"先前邑志三修，皆出邑人为手。邑人修志，则其载录人物非关亲师友，即为亲旧。褒贬之间，动则有顾虑，至斯思欲更张，乃远聘他郡学人董理其事"[2]。

重金聘请的外邑名家，亦无弊端。聘请邑外名手修志，不仅增加额外开销，给本不富足的修志经费带来负担，并且邑外学者虽有修志经验，富有文采，避免过多的人事牵扯，但于当地典故、人物事迹也往往

---

[1]　乾隆《广济县志》卷首《黄垲序》，故宫博物院藏乾隆五十八年刻本。
[2]　《续修四库全书总目提要》(18)，齐鲁书社 1996 年版，第 634 页。

不熟，颇有隔阂：

> 夫修志亦良难矣……至若赍币帛，越江湖，远延名宿，非生长
> 其地，人与事不相习。而本籍能文章熟掌故之士又以草茅不亲，案
> 牍吏事无由得知甚。且亲戚交游牵延嫌怨，黜陟是非，难秉直笔。
> 毛西河所以有志书多不可信之讥。①

康熙《罗田县志》，知县张琳主修，参与方志编纂者达到七十四人，
而实际主笔者是河南襄城县刘青震②，罗田士绅仅充任采访之职。刘青
震，虽有文才，然而对罗田典故、地理以及史事皆不熟悉，造成该志讹
误不少：

> 此次倡修志事，整理一邑文献，尤为各方所称许。惟是志之
> 修，据蔡志为蓝本，是时县绅徐钜、闵煜以下但充当采访雠校，其
> 讨论、编辑都由琳之幕客刘青震等十余人主之。以外籍人士修志，
> 动则隔膜，其用意盖欲旧乘伪误之处，矫枉过正，其失亦多。县人
> 王葆心跋《嘉靖志》谓是志星野、祥异乃泛入人物列传，描摹空谈，
> 为名人改籍贯。以陋谱为宝书，以排比广篇幅，以序论见文彩，其
> 取资于康熙郡志，但欲详于旧志，而不顾于乖隔。③

三、后勤保障人员

后勤人员主要负责修志经费募集、食膳供给、志稿管理以及志稿刊
印等日常事务，具体名目包括劝捐、誊录、督刊、承刊、绘图、监梓、
监镌等。

---

① 乾隆《江陵县志》卷首《黄义尊序》，国家图书馆藏乾隆五十九年刻本。
② 刘青震，字啸云，号方来，康熙四十四年乡试第五名，考授内阁中书，后
改任知县，为文才思骏发，与兄清藜齐名，著有《葵园诗抄》《古文汇抄》等。
③ 《续修四库全书总目提要》(18)，齐鲁书社1996年版，第646页。

劝捐，佐贰官员、地方士绅往往预事其中，同治《黄陂县志》，"五品衔贡生陈均藻、六品衔附生杨履埠、千总晏占鳌、同知衔蓝鼎钧、光禄吏署正衔蓝星阶、中书科中书衔陈瑞芝、同知衔陈瑞恺、州同衔魏之汉、大挑二等壬戌举人张绍良、州同衔李桂森"①。

绘图，一般由熟稔地情的当地人士绘制，如乾隆《东湖县志》，绘图者"府学生郭圣章、县学生马希驭"②。乾隆《钟祥县志》，"绘图，黄铭，邑人"③。乾隆《江陵县志》，"邑人孙焕、皮承宪，绘图"④。不过也偶尔有武职官员，"绘图……竹山县职员六品军功唐懋骥"⑤。同治《房县志》，"绘图，军功六品衔郧镇左营稿书刘朝相"⑥。同治《远安县志》，"绘图，学书李友宽"⑦。

誊录，康熙《潜江县志》，"誊录，书吏王加珍、阴阳生龚鼎"⑧。光绪《长乐县志》，"补修誊录，邑书吏毕治万"⑨。同治《远安县志》，"誊录，文童马兴珏"⑩。"监镌吏员张文仲、覃广，散毛司舍覃禹基、覃瑛、覃玗、覃玿，漫水司舍向胜富，安抚司舍向瑞、向文，百户司舍向王卿、向玉爵、向占，乡耆北芳伯、向鸿明，童生张必显、杜交□、

---

① 同治《黄陂县志》卷首《修志各官》，江苏古籍出版社 2001 年版，第 8 页。

② 乾隆《东湖县志》卷首《修志姓氏》，江苏古籍出版社 2001 年版，第 8 页。

③ 乾隆《钟祥县志》卷首《增修县志姓氏》，江苏古籍出版社 2001 年版，第 68 页。

④ 乾隆《江陵县志》卷首《江陵县志图》，国家图书馆藏乾隆五十九年刻本。

⑤ 嘉庆《竹山县志》卷首《纂修竹山县志姓氏》，海南出版社 2001 年版，第 102~103 页。

⑥ 同治《房县志》卷首《修志姓字》，江苏古籍出版社 2001 年版，第 354 页。

⑦ 同治《远安县志》卷首《远安县志重修姓氏》，江苏古籍出版社 2001 年版，第 8 页。

⑧ 康熙《潜江县志》卷首《纂修潜江县志姓氏》，江苏古籍出版社 2001 年版，第 27 页。

⑨ 光绪《长乐县志》卷首《修志姓名》，江苏古籍出版社 2001 年版，第 111 页。

⑩ 同治《远安县志》卷首《远安县志重修姓氏》，江苏古籍出版社 2001 年版，第 332 页。

鞠洪印、向正材。"①

督刻，一般由地位相对较低的地方官员和士绅负责，如康熙《孝感县志》，负责督刻的是孝感典史滑仑、马溪司巡检徐蛟、小河溪巡检吕景式。② 咸丰《远安县志》，负责督刊的是远安县典史郑维周、倪炯。③

志板管理，一般由府衙胥吏负责。如同治间修《竹溪县志》，志成以后，"经理板片，礼书姜从容。礼书王士炎"④。乾隆《荆门直隶州志》，"收掌书板，书吏易汝明、陈文振"⑤。

第三节　清代湖北方志经费来源

地方志是一项由经济支撑的文化活动，经费的充足与否，直接关系到各项修志工作的开展和志书质量，"修志经费的保证是方志事业的基本保障。方志编修的特殊性决定了对经费的特殊需要方式，修志经费的充足与否，极大地影响方志编修工作能否顺利进行"⑥。虽然清代修志为官方主导的模式，但修志经费并无明确的规定，经费往往由于地方自行筹集，"至于修志系奉旨盛典，一切用费自应于各该地方设法"⑦。

一、经费来源

志书是官修史书，是一种官府行为，属于公共开支，修志相关费用理应由地方政府予以拨付。如乾隆年间，蒲圻县修志刊刻印行等诸费皆由官府出资，不予摊派，"至厘板、印行诸费悉捐公费为之，不以一钱

---

① 乾隆《来凤县志》卷首《修志姓氏》，海南出版社2001年版，第446页。
② 康熙《孝感县志》卷首《修志姓氏》，海南出版社2001年版，第34页。
③ 咸丰《远安县志》卷首《重修姓氏》，国家图书馆藏咸丰八年刻本。
④ 同治《竹溪县志》卷首《纂修姓氏》，江苏古籍出版社2001年版，第19页。
⑤ 同治《荆门直隶州志》卷首《乾隆十九年修志姓名》，江苏古籍出版社2001年版，第434页。
⑥ 沈松平：《方志发展史》，浙江大学出版社2013年版，第183页。
⑦ 康熙《太平府志》卷首《修志文移》，国家图书馆藏康熙十二年刻本。

苟诸人"①。然而，许多州县地方财政困难，地方官和士绅大多予以经济上的支持，呈现"出之公帑者有之，令长捐廉者有之，绅民乐输者有之"②的状况。具体来说，除了公费之外，清代湖北各地修志经费来源主要有以下几种类型。

(一)地方官员捐俸

官修方志编纂是在地方官的支持和管理下开展的修纂活动。修志经费不足，地方官员往往会捐俸予以支持。乾隆六年，鹤峰知州毛俊德捐俸刊刻州志，"因于簿书之暇，约举大端稍加编缉，会集成帙，酌分上下两卷，用捐清俸以授梓人"③。乾隆九年，石首知县张琳捐俸刊刻县志，"余自甲子冬始莅兹土，催科抚宇，力有未周，日思补刊其阙，而鞅掌尘劳，因循未果，今案牍稍清，民人较昔渐以乐业，于是亟捐薄俸，命梓人识之，凡二月而始竣，披览之余，依然成帙"④。乾隆四十二年，郧西知县张道南出薪俸，刊刻县志，"是志镌刻之资费无所出，南独捐俸付梓，惜山僻小邑，匠业未精，阅者谅之"⑤。除了正堂出资外，教谕、训导、典史等佐贰官员也会出资支持修志。乾隆年间，广济县教谕胡效顺捐修县志，"胡效顺，字抒白，邵阳贡生，顺治丁酉任广济训导，时文庙久墟，丁祭行于佛寺，乃与教谕傅锽同力兴造，约诸生襄事，新殿克成。邑令以私忿辱衿士，力护之，士被宽。抑及通邑病苦悉为陈办，捐俸倡修邑志，自处布农，蔬食澹如也"⑥。

值得注意的是，在修志经费不足时，亦有向上级申请经费者。同治年间，周承弼修《公安县志》，经费困难，得到荆州府知府倪文蔚襄助，"其修书刊版之费，同治初，绅捐所存无几，后不欲重烦民力，特为请

---

① 乾隆《蒲圻县志》卷首《凡例》，海南出版社2001年版，第17页。
② 傅振伦：《中国方志学通论》，商务印书馆1935年版，第106页。
③ 乾隆《鹤峰州志》卷首《毛俊德序》，海南出版社2001年版，第3页。
④ 乾隆《石首县志》卷一《张琳序》，海南出版社2001年版，第311页。
⑤ 乾隆《郧西县志》卷首《凡例》，海南出版社2001年版，第244页。
⑥ 乾隆十七年《广济县志》卷十一《名宦》，海南出版社2001年版，第133页。

于太守倪公捐助，并自分俸以济之，乃得蒇事"①。

地方官员积极捐款，不仅直接增加了修志经费，并且因其所具备的地方权威性和身份性，起到了良好的表率作用，客观上也有助于推动地方士绅捐输，改善修志经费不足的情况。

（二）士绅捐助

士绅阶层是地方少数精英，在修志这项地方公共事务中发挥着重要作用。他们既是修志活动的主要承担者，也是修志资金的重要捐献者。乾隆年间修《蕲州志》，陈于座捐金五百，"陈于座，字甸宣，优廪生，自幼博览群书，兼好吟咏，著有《候鸣草》《葺园时艺》行世。已巳，分修《黄州府志》，（乾隆）乙亥分修《蕲州志》，捐金五百，士林重之"②。光绪年间，黄世崇主持修《兴山县志》，邑人吴翰章奉父命捐俸百缗，"（吴）玉汝承其尊甫梅轩封公朗清命，捐钱百缗助之，其急公不可泯灭，因并识之"③。甚至，一些地位较高的士绅，在修志经费方面，起到了主导性作用，超过了地方官员的影响。乾隆五十四年，广济修志，曾任中部知县的邑人朱本绩捐俸三百金以为倡，"惟是县志一书，久经残缺，屡欲聘礼名儒，编摩搜辑，以新一邑观瞻。而费用浩繁，必资群力，莫为之应，用阻盛怀。绩承乏中部，片长莫展，今虽待命田园，而心旌北向，无日不以民社为念，矧维桑与梓，凡一切公事，何忍置之膜外，情愿捐轮三百金，以为之倡"④。

咸丰朝以后，清代地方财政日益恶化，为募集经费，地方官会贴布公文，以激发士绅捐款修志。知县李焕春为解决修志经费问题，颁布《劝捐修县志引》：

县之有志，犹国之史、家之乘也。乐邑改土百余年，乃独无

---

① 同治《公安县志》卷首《叙》，江苏古籍出版社 2001 年版，第 4 页。
② 咸丰《蕲州志》卷之十一《人物志》，湖北省图书馆藏咸丰二年刻本。
③ 光绪《兴山县志》卷首《例言》，江苏古籍出版社 2001 年版，第 1 页。
④ 乾隆十七年《广济县志》卷首《请修县志原呈》，海南出版社 2001 年版，第 11 页。

之。本县莅任即出示晓谕，雅欲编修，年余无一应者，亦行之不力耳。兹集素所闻见者，已将成帙矣，然犹未敢自信也。除邀集绅士编辑外，合再布告衿耆人等，务宜量力捐资。俾告厥成功，本县幸甚，邑人幸甚。①

甚至会组织专人负责募捐事宜，使原属自愿性质的捐献，渐成强制性摊派。光绪二年，麻城县修志，负责募集修志经费人数达八十九人。② 同治《郧西县志》，负责募捐兼采访的地方文武监贡生员达到一百四十九人。同治《石首县志》，负责募捐兼采访有九十四人。光绪年间，黄安县编修志书，设有专门督催捐款的官员，"督催捐款：中和司巡检李隆发、黄安县城守李贞福、黄陂站巡检陈济洪、黄安县典史沈嵩祥"③。同治年间，黄陂县修志，"劝捐：五品衔贡生陈均藻、六品衔附生杨履埕、千总晏占鳌、同知衔蓝鼎钧、光禄吏署正衔蓝星阶、中书科中书衔陈瑞芝、同知衔陈瑞恺、州同衔魏之汉、大挑二等壬戌举人张绍良、州同衔李桂森"④。

(三)社会组织捐赠

除了官绅的私人捐助外，尚有寺观、公所、商业行会等社会组织资助修志。以同治《黄陂县志》为例，长春公所捐钱二十串文，"长春公所，捐二十串文"；德星书屋也捐钱五十串文，"德星书屋，五十串文"⑤；白龙寺、双泉寺、垸基寺、木兰山道衲、木兰山僧各捐钱不等，"白龙寺，二十八串文；双泉寺，捐十五串文；垸基寺，捐四串文；木

---

① 咸丰《长乐县志》卷首《劝捐修县志引》，湖南省图书馆藏咸丰二年刻本。
② 光绪《麻城县志》卷首《麻城县志修辑职官》，武汉大学图书馆藏光绪八年刻本。
③ 光绪《黄安县志》卷首《重修黄安县志姓氏》，江苏古籍出版社2001年版，第20页。
④ 同治《黄陂县志》卷首《修志各官》，江苏古籍出版社2001年版，第8页。
⑤ 同治《黄陂县志》卷十六《计开乐输银钱数目》，江苏古籍出版社2001年版，第493~500页。

兰山道衲，捐八串；木兰山僧，四串"①。可见，清代湖北方志的修纂工作得到了社会的广泛认可和支持。

另外值得注意的是女性在修志中的作用，如长乐县湾潭保罩刘氏捐钱十四千文捐修《长乐县志》②，徐杜氏捐钱四串文助修《黄陂县志》③。虽然还不能确定刘氏、杜氏的具体身份，但应属士绅女眷。女性捐资修志，参与公益类捐赠活动，并被作为官书的志书所载，反映了女性社会意识和权利的觉醒和提高，在逼仄的社会环境中拓展了一定的活动空间，能有限度地参与公共生活，在地方社会之中赢得相应的赞誉和褒奖。

二、清代湖北方志经费来源的弊病

清代湖北修志经费没有专门的行政拨款，修志经费不稳定，经费短缺问题普遍存在，而更多地依赖地方官、士绅以及社会各界的捐助。一遇修志，则首以筹措经费为虑，弊病甚多。

（一）经费不足，志书修纂的各项工作难以开展

修志经费不菲，少则一千，多达万两。乾隆《荆门州志》耗费千余两，"自癸酉初冬至甲戌秋，抄阅一载而始竣，草创之难，经营之苦，有未易为局外人道者，至前后经费千数百金，犹其细焉者也"④。咸丰年间，奚大壮修《应城县志》，仅志书刊刻费用预算则达两千两，"余将广咨确核，以成一邑之乘，至刊刻之费，非二千金不足蒇事"⑤。相较而言，府志、省志则费用数额更为巨大。汉阳府，自康熙八年陈国儒修成府志后，历时近百年，亦未能成事。其中，乾隆初

① 同治《黄陂县志》卷十六《计开乐输银钱数目》，江苏古籍出版社 2001 年版，第 493～500 页。

② 光绪《长乐县志》卷末《捐修姓名》，江苏古籍出版社 2001 年版，第 419 页。

③ 同治《黄陂县志》卷十六《计开乐输银钱数目》，江苏古籍出版社 2001 年版，第 493～500 页。

④ 乾隆《荆门州志》卷首《凡例》，江苏古籍出版社 2001 年版，第 19 页。

⑤ 光绪《应城志》卷首《奚大壮序》，江苏古籍出版社 2001 年版，第 134 页。

年任汉阳知府的陈文言前后靡费千缗，耗费十年，卒为成书，"志乘缺如，自国初陈公国儒后鲜留意者，前守胡公学成及钟公昭始置授餐，鸠诸老宿为撰辑，陈公文言继之，费近千缗，积十余岁仍未卒业"①。

一些经济发展相对滞后的州县，经费更难以保障。经费的不足，无力聘请名家，修志草率，甚至半道中止。光绪年间，大冶县修志，虽然采访等开销均由知县负责，但限于经费不足，县志主纂不领薪资，无法聘请修志名手，"此次未筹经费，采访、夫马各项均由邑尊捐发，主纂不议脩金，故不得聘延巨手"②。

兴山县为鄂西山邑，地薄民穷，修志经费筹措困难，无力聘请名士，知县黄世崇在公务之暇亲为纂修，以省开支，"县本瘠区，筹费维艰，此次重修县志，力不足以延请名贤，即由世崇手辑成书以节糜费，特公余暇日无多考据，多未精审，此衷深用歉然"③。

《武昌县志》，经康熙十三年、乾隆二十八年两次纂修后，至光绪朝已有百年未能纂修。邑人柯茂枝、王家璧等以修志为己任，分为采访和纂修，成《武昌县志稿》，然因经费无出，未能刊刻，仅以稿本流传，"太史谓然曰：邑旧有志，纪载未详，且迄今数百年，凋残殆尽矣。虽前经柯根臣、吴云鸿、陈漱芳、吴穉仙诸君采辑、王孝凤廷尉精心总纂历有年所。卒以经费筹，辍为中止"④。

道光《枣阳县志稿》，因经费不足，历经熊文凤、吴辉珇、杨裕仁三任知县，至杨嘉运任内才迟迟成稿，"道光丁未，前令熊君文凤延随州增生高福滂续修，邑之文生刘峨、卫瞻淇佐之，历吴君辉珇、杨君裕仁，率以帛糈不继中止，至庚戌冬，杨君嘉运任内而稿甫脱"⑤。

---

① 乾隆《汉阳府志》卷首《陶士僙序》，江苏古籍出版社 2001 年版，第 2 页。

② 光绪《大冶县志》卷首《例言》，江苏古籍出版社 2001 年版，第 408 页。

③ 光绪《兴山县志》卷首《例言》，江苏古籍出版社 2001 年版，第 1 页。

④ 光绪《武昌县志》卷首《钟桐山序》，江苏古籍出版社 2001 年版，第 345 页。

⑤ 咸丰《枣阳县志》卷首《陈子饬序》，湖北省图书馆藏咸丰四年刻本。

修志经费不够充裕，必然影响志书编纂的进程，更会影响志书的质量。为了节省开销，不少志书在聘请纂修者、志书刊刻等方面也尽可能减少相应的开销，致使志书质量也受到不小的影响。乾隆年间，郧西知县张道南主持编纂县志，然而本县经济本不富足，刊刻经费也无着落，只能捐俸而为之，但无力聘请外地技艺较好的刻匠，致使志书刊刻不至精美，"是志镌刻之资费无所出，南独捐俸付梓，惜山僻小邑，匠业未精，阅者谅之"①。

甚至，一些县志因经费不足，未能刊刻，仅能以稿本传世。咸丰年间，奚大壮纂修《应城县志》，募得六百缗，但经费仍明显不足，仅能维持修志办公费用，而刊刻之费则需两千多两方能成事，"今募得公项六百缗，延揽通儒，互相参订，其李志内增所不应增，删所不应删，与体例未协者，从而厘正之。自雍正四年制与今，其事与人，关系地方风化者，务在采入，期无遗滥。遍告老成宿学，故家硕彦，凡有见闻，详厥端尾，毋参私意，据说直书，投诸厅事牍中。余将广为咨确核，以成一邑之乘。至刊刻之费，费二千金不足藏事，是在慕义之士，解囊积腋，共襄此举"②。因经费不足，志稿拖延至三十多年后的光绪七年仍未能刊刻，仅以志稿流传，"光绪七年，细既下车……檄取邑之而采览之。时应邑百废粗举，功多未竟，奚志亦仅存稿，询其故，金曰以赀绌为言"③。

（二）摊派式劝输捐纳，弊病丛生

捐输，在经费不足的情况下，各地大多采取广为劝捐，以纾解修志的经费窘境。清代，尤其同治朝以后湖北地方经济持续疲敝，经费困难，一旦修志往往设有劝捐一职，专门负责各地捐赠一事，且多为有官职者担任。同治年间修《黄陂县志》，有十人司募集经费之事，"五品衔附贡生陈均藻、六品衔附生杨履埠、千总晏占鳌、同知蓝鼎钧、光禄吏

---

①　乾隆《郧西县志》卷首《例言》，海南出版社 2001 年版，第 244 页。

②　咸丰《应城县志》卷首《奚引》，武汉大学图书馆藏刻本。

③　光绪《应城志》卷首《罗绌序》，江苏古籍出版社 2001 年版，第 130 页。

署正衔蓝星阶、中书科中书衔陈瑞芝、同知衔陈瑞恺、州同衔魏之汉、大挑二等壬戌举人张绍良、州同衔李桂森"①。同治朝，石首县筹划修志，分派四五十人到邑内各乡保筹集修志相关费用。另外，一些府县虽未专设劝捐一职，但往往在田野调查中发生变异，"采访兼劝捐催收"屡屡有之。修志为一邑之文化大典，士民官商中的确有乐于捐助者，"邑志之役，乐于捐输无吝色"，"此盛事也，愿尽力"，但亦有将原属自愿性质的捐输，变成强制性摊派的现象，不仅加重了民众负担，还在管理方面出现诸多弊病。

邑人程怀璟在《拟续修〈云梦县志〉说贴》中指出，劝捐虽能一定程度上缓解经费不足的窘境，但亦有借此逼收善款、强行摊派、乘机渔利者：

> 昨信商一二戚好，或谓宜在本城设局，或言先筹经费，窃谓此筑室道谋也。设局筹费，事属一贯，亦有不得不变通而行者。其中难处尝约略计之。凡筹经费，必请首事数人，分途劝捐，慷慨办公者固不乏人，而藉端觊觎沾润，恐亦不免，又况苛派勒逼，强人所难，势所必至。②

光绪元年，长乐知县郑敦祐筹划纂修县志，因邑本贫瘠，经费拮据，乃听从劝捐之议，详载各乡人士捐修姓名及金额，以为表彰：

> 长乐县志之修，自天文地理诸大端外，记科名忠孝慈善节义诸色人物，并志捐输议叙之类，有善必录也，顾当议修之时，在事诸君即以瘠土穷乡经费无出为难。既而有劝捐之说进者。予思之，予重思之。上好仁，而下好义。虽难尽必诸今日，然而量力捐赀一毛

---

① 同治《黄陂县志》卷首《修志各官》，江苏古籍出版社 2001 年版，第 8 页。
② 道光《云梦县志》卷末《拟续修〈云梦县志〉说贴》，江苏古籍出版社 2001 年版，第 587 页。

可利事似易行，故从之。而乐邑好义者正自多人，则亦未有好义事不终者也。今修志事终，好义之人焉可没乎哉。余固乐为志之，非以愧夫不义者，实以劝夫好义者。

一时之间，原属贫壤的长乐县各乡碍于情面，或迫于压力，大多有数额不等的捐助，但也有托名捐助、不肯实捐、难于征收的现象，"是役也，除白鱼保无捐，及谦敬坪保乡约已收，共钱六千三百六十文未缴，与弟空名不肯实捐"①。就征集到位的款项而言，在使用方面也是弊端丛生，屡有参与志书编纂者借机挪用拆借，难于做到专款专用。充任采访一职的刘振华和担任誊录一职的陈仁龄借用刘振贵、汤卓干等人捐款数千文，"刘振华借用刘振贵票钱四千文，除差彭正义赔钱一千文，下欠钱三千文，借用汤卓干等票钱二千六百五十八文。陈仁龄借用钱三千文"。

(三)损害志书的严肃性和权威性

作为官书的地方志的编纂具有相应的特殊性，与之匹配的经费来源也应当具有特殊性、独立性，否则必然影响志书的客观性和权威性。清代湖北各地普遍经费困难，只能广为劝捐，一些世家大族出资修志，凭借自己在修志中的经济地位，在地方志编纂中掌控了一定的话语权，"地方政府在编修县志之际发动公共工程的劝募活动，成功地在县志这一特定的文化资源和金钱财富之间建立了一种微妙的关联。通过这种关联，地方官员得以解决公共工程当然更包括修志的经费所需，而地方力量则依凭其经济实力谋得了在县志'权力分布图'中的相应'地盘'，将其经济资本成功地转化为文化资本"②。

云梦县人程怀璟曾专门指出捐输之家凭借着这种因经济优势而带来的权力话语，在志书之中强行载入与邑无关之事，甚至有是非颠倒的内

---

① 光绪《长乐县志》卷末《长乐县捐修姓名志》，江苏古籍出版社 2001 年版，第 419 页。

② 李晓方：《县志编纂与地方社会：明清〈瑞金县志〉研究》，中国社会科学出版社 2015 年版，第 116 页。

容，明显会影响地方志编纂的独立性、客观性和权威性：

> 所捐之家，如果博求督学奖励，在宪题请，尚肯勒输，言及志书，并不知为何物者，有之。不急之务，谁肯慨出己费，徒烦唇舌。此一难也。或有力之家，愿捐数十金及百数十金，强交无可考证之祖功宗德及无涉本邑之诗文杂著，累牍连篇，录入则不合体裁，不录则渠侬既捐多金，岂甘缄默？此一难也。且闻子道有亏，群美之日曾经割股疗亲。再醮之妇，竟邀督学之旌间悬额，此等人家不难于多捐，而难于有羞恶之心者之劝捐耳。①

余　论

　　湖北是中华文明发展比较发达的地区，有着悠久的修志传统，取得了显著的修志成就，在中国方志史上具有显著的地位。清代是湖北方志发展的鼎盛时期，在方志纂修数量、质量以及理论等方面皆有相当程度的发展，修志范围之广、数量之多、质量之优、理论之成熟，都是空前的。

一、清代湖北方志成就明显，但尚有不足

　　清代是湖北方志发展的鼎盛时期，在方志纂修数量、质量以及理论等方面皆有相当程度的发展，修志之多、质量之优、范围之广，都是空前的，主要体现在：

　　第一，数量宏富，修志频繁。

　　清代二百多年间，湖北地区纂修各类方志达到405种，是明代217种的1.87倍；是元代的15种的27倍；是宋代63种的6.43倍。清代湖北修一种志书需要0.66年，而明代则需1.27年，元代约需6.47年，宋代约有5.06年，可见清代湖北修志频率远远要高于其他朝代。

　　具体到各地而言，方志一修再修，其中不乏五修、六修，甚至七次、八次纂修。凡清代二百六十七年，10次纂修府州县的有沔阳州；9次纂修的府州县的有竹山县、保康县等。8次有谷城县、归州等；7次纂修的府州县有兴国州、汉川县、孝感县、黄冈县、麻城县、蕲州、英山县、应城县、江陵县、公安县等；6次纂修的府州县有崇阳县、通城县、黄安县、襄阳县、枣阳县、宜城县、松滋县、荆门州等；5次纂修的府州县则有江夏县、嘉鱼县、大冶县、汉阳县、黄陂县、蕲水县、广

济县、郧西县、竹溪县、石首县、监利县、兴山县等。无论是从方志编纂数量、修志频率，还是各地修志概况来看，清代是湖北方志发展史上的鼎盛时期，是其他朝代无法比拟的。

第二，卷帙丰富，种类齐全。

明代湖北方志卷帙和内容都较为简约，而入清以来，尤其是康熙中后期，卷帙和内容都大为丰富，呈现"博"的特征。明清《蕲州志》凡七修，仅存五种，嘉靖《蕲州志》七卷，康熙《蕲州志》十二卷，乾隆《蕲州志》二十卷，咸丰《蕲州志》二十六卷，光绪《蕲州志》三十卷。清代在继承了前代省志、府州县志以及卫所志等多种方志的基础上，还出现了路志、土司志以及乡土志等新型方志种类。尤其是路志，即乾隆三年《湖北下荆南道志》，为清代仅存三部道志之一，考核谨严，取材审慎，颇为后世所重，具有重要价值和意义。

第三，名篇迭出，修志理论深入。

清代湖北方志质量较之前代有所提高，其中善本尤多。尤其是章学诚纂修、裁定以及指导的方志，如乾隆《天门县志》《荆门府志》《麻城县志》《广济县志》《罗田县志》等，在当时都属于善本，尤其是《湖北通志》为后世称誉，"史界独有千古之作品，不独方志之圣而已"①，达到了当时历史条件下的最高水平。

但整体上来看，清代湖北通常由官方设立修志局，士绅参与其事，并委派当地秀才、举人采集有关资料编纂成书，绝大多数方志没有一定的成法，往往良莠不齐。② 方志数量和质量在全国并不占优势，远逊于直隶省和浙江、江苏、安徽等地，在质量上甚至落后于湖南、云南等省份。

究其原因，主要有以下几个方面：

首先，人文不兴，学者无闻。频繁的战乱，经济繁庶，导致湖北学

---

① 梁启超著，朱维铮校注：《中国近三百年学术史》，复旦大学出版社2015年版，第446页。

② 金恩辉、胡述兆：《中国地方志总目提要》（下册），台湾汉美图书有限公司印行1996年版，第3页。

者不多，"湖北为四战之区，商旅之所辐集，学者希焉"①。并且更多的士人则醉心于科举仕途，于方志则并不特别热心，"志书乃史书一类，非有史学者不能率尔操觚。时旧志陋极矣。前辈徒习科举，吾不敢议，若议重修，务必痛除陋习，乃不见笑大方"②。人才的不足，直接影响了志书的质量和修志工作的开展。光绪年间，周锡恩预修《湖北通志》，在给张之洞的信函中提到修志的难题，其中一个便是史才难得，"凡成巨制，务在博览，百城既拥，一管斯下。楚北藏书之族，寥若秋星。战文之士，持无寸铁"，尤其是修志人才尤为匮乏。"史之与文，判若霄海，近时志局，多延文士，今辄虚加练饰，轻聘英华，艺文一部，高积尺许。赋颂之体，羼入史才……史才难得，浩叹何极！"③

其次，清代湖北学风僵化。"自清虏严讲学结社之禁，而学术式微。楚士又好为一意孤行，不近标榜，前贤之遗泽渐斩，后嗣之趋向益迷。"④这种僵化的学风，在湖北亦甚为明显，新的思潮难以被接受。章学诚，在湖北生活长达二十年，撰修志书七八种，然不为世俗所容，多为后人篡改，"撰著一派，则惟实斋为集成之祖，因此遂树无数之敌，到处皆受弹射以去"⑤。乾隆五十六年，麻城知县黄书绅聘请章学诚总修县志，一年而成，乾隆六十年继任知县姜廷铭刊行，然是志不为所重，"至光绪初修志时犹存，其时纂《麻城县志》者……因不满章书之故，并仅存未校之红本，但供取材，而不用其书焉"。章学诚曾指导《石首县志》纂修，刊行时根本不提及章学诚的贡献。作为章学诚方志学最高成就的《湖北通志》，也是颇为坎坷，"但余之去楚，志稿交今安

---

① 梁启超：《近代学风之地理的分布》，《清华学报》1942 年第 1 期。

② 同治《黄陂县志稿》卷首《黄陂县志稿弁言》，《中国方志丛书》，台湾成文出版社 1975 年版，第 1 页。

③ 周锡恩：《传鲁堂骈文》卷一《谢张孝达师荐修湖北通志书》，国家图书馆藏民国四年刻本。

④ 熊十力：《熊十力全集》卷一《问津学会启》，湖北教育出版社 2001 年版，第 23 页。

⑤ 王葆心：《清代方志撰著派与纂辑派争持论评》，朱士嘉：《中国旧志名家论选》，《史志文萃》编辑部 1986 年版，第 135 页。

襄兵备道、前荆门知州、署武昌知府胡君齐仑，盖彼时制府去楚，无知者之谤议方兴”①。是书随后不为所重，散佚十分严重，“楚北方志撰自乾嘉。纂其书者，实斋章君也。章君导其源史裁，执法统志，综括百家之学，截分三部之书，义法精巧，文字明当。……后来作者轻改旧书，体杂糅而不精，文草率而多舛”②。乾隆《广济县志》、乾隆《罗田县志》、乾隆《荆州府志》的体例几乎都被窜改。虽然章学诚在湖北生活长达二十多年之久，但与当时主流学风相抵牾，方志思想不被重视，“是章氏之学，至光绪初，犹被攻诘，此新派修志之所以难拓于时人也”③。

再者，藏书有限，文籍匮乏。占有丰富和准确的资料是修志的基础。湖北虽然开发较早，历史文化积淀丰厚，“非甚蕞陋之邦”④，但相对江南地区而言，湖北世家大族较少，藏书甚少，加上地处四战之区，毁于兵燹者尤多，“里无素封，士鲜世族，名编遗稿，多付劫灰，子孙舆台，论斤复瓿”⑤。据郑衡泌统计，清代湖北藏书家仅 14 位，远少于浙江（447 位）、江苏（348 位）、福建（123 位），也逊于安徽（30 位）、山东（28 位）、广东（67 位）等省份，在全国处于中下等。⑥ 乾隆三十七年，湖北巡抚陈辉祖征集地方文献，然“臣于七月间往来荆宜一带，接见各属及因公来省之员，详加访问，佥称明季以后，陈编故翻，率多散轶，国朝文治光昌，始知有复古之学，而儒林藏书尚少，如熊伯

---

① 章学诚：《记修湖北通志经过》，张树棻：《章实斋方志论文集》，山东省地方志编纂委员会办公室 1983 年版，第 320 页。

② 周锡恩：《传鲁堂骈文》卷一《谢张孝达师荐修湖北通志书》，国家图书馆藏民国四年刻本。

③ 王葆心：《清代方志学撰著派与纂辑派争持论评》，朱士嘉：《中国旧志名家论选》，《史志文萃》编辑部 1986 年版，第 134 页。

④ 宣统《湖北通志》卷七十七《艺文志序》，国家图书馆藏民国十年刻本。

⑤ 卢弼：《潜庐类稿序》，甘鹏云：《潜庐类稿》，崇雅堂丛刻本，第 6 页。

⑥ 郑衡泌：《中国历代藏书家籍贯属地的地理分布和变迁》，《经济地理》2004 年第 3 期。

龙、刘子壮、金德嘉诸人，推为时文作手，其编纂亦少概见"①。太平天国运动又再一次损毁了大量文献，"楚北自兵燹以后，藏书家大半漫溤无存，即各府州县志书亦半多残缺"②。"前志纂辑时，军兴旁午，且鲜藏书，搜罗无几。"③道光《云梦县志略》，"惟邑小人贫，家鲜藏书，供其考据"④。同治《房县志》，"咸丰四年，邑士刘元栋遵王府志体式，稍为续纂，且时隔七十余年，天时人事，遝嬗更易，间有一二记载未免残缺，又出城僻处，兵燹迭遭，鲜有藏书，无从征引，除将旧志略加删润外，其新增入者就邑人采辑，遗漏尚多，舛错鄙陋俱所不免，以俟后辑者再订焉"⑤。光绪《光化县志》，"乃筮吉设局，复因兵燹后，鲜藏书家"⑥。光绪《兴山县志》，"县属鲜藏书家，世崇千里赴官，山川险阻，所携书籍无多"⑦。松滋县人彭玉龙曾历任户部郎中、南宁知府等官职，雅好藏书，广搜善本，以至万册、碑帖至数千种，为松滋藏书之最，然而咸丰、同治年间皆散佚。⑧

二、方志是真伪互参、瑕瑜互见的地方文献

"志属信史。"真实可信是地方志生命力所在，是方志编纂长久不衰的重要原因。方志纂修者从资料采访、内容鉴定等方面都严加把关，也安排专人负责志板、志稿保管，甚为审慎，"有荒诞不经者，概不之纪，疑者必征其信，异者必考其同，略者必求其详"⑨。"是集也，简

---

① 《湖北巡抚陈辉祖奏购访遗书情形折乾隆三十七年十一月十四日》，中国第一历史档案馆编：《清代档案史料 纂修四库全书档案（上册）》，上海古籍出版社1997年版，第11页。

② 光绪《黄安县志》卷首《重修黄安县志序》，江苏古籍出版社2001年版，第7页。

③ 嘉庆《郧阳志补》卷首《王正常序》，国家图书馆藏嘉庆十四年刻本。

④ 道光《云梦县志略》卷首《凡例》，江苏古籍出版社2001年版，第346页。

⑤ 同治《房县志》卷首《例言》，江苏古籍出版社2001年版，第355页。

⑥ 光绪《光化县志》卷首《唐学瀛序》，湖北省图书馆藏本。

⑦ 光绪《兴山县志》卷首《例言》，江苏古籍出版社2001年版，第1页。

⑧ 民国《松滋县志》卷七《人物》，江苏古籍出版社2001年版，第106页。

⑨ 康熙《监利县志》卷首《志跋》，故宫博物院藏康熙十一年抄本。

而能通，辨而有要，纪其信，不纪其疑，如鲁鱼亥豕，宁置弗书。"①
"人物纪载，求为信史，凡有增入，皆博采与论，确有可据者录之。"②
但在实际纂修中，由于参考文献的不足、纂修者的知识水平等以及诸多
势力的干涉，志书往往难以做到"全信"，错讹难免。

　　同治《松滋县志》，是志以旧志为底本，以省志、郡志、舆地、廿
二史为参考，增以见闻，"惟旧志历年既久，简断编残，兹姑据为蓝
本，而广以省、郡志，参之舆记及廿二史，更益以近代之见闻"，以期
"书以传信"。③ 卷一《舆地志》载："文公山在县南九十里，从起龙迂回
而东，众山皆止此。独摇曳南向，昂出里许，而河流汇于其前，有三洲
拖秀层叠，若裯褥然。相传朱子守潭州，时曾讲学于此，故名。"考《朱
子年谱》，绍熙四年十二月，授湖南安抚使、知潭州，次年四月朱熹启
行，五月始至其地，不久调归，未曾到松滋讲学。

　　康熙《湖广通志》卷三十三载："周损，字远害，麻城人，崇祯十六
年，为饶州推官，乙酉至建昌。城破与夏万亨、史夏隆等同被执死。"
语焉不详，实则周损可能战败而亡，或薙发为僧。《小腆纪传》载："周
损，崇祯己卯经魁，任饶州司理、行取御史，江西平，逃福建，受兵部
尚书。寻平福建，逃归麻城。同其侄、廪生周羽仪各带湖广叛卒三百
人、马数十匹……事败皆死之。"④又《湖北诗征传略》载："周损，字远
害，号迁岌，崇祯举人。损博学善诗文，少与刘侗共砚席者十余年，侗
入北雍，损从之游，共著《帝京景物略》。官饶州推官，饶俗多盗，丁
车捕数十人，盗为敛迹。鼎革，薙发为僧。"

　　王爌，罗田县人。光绪《罗田县志》载："王爌，字安定，号少参，
中天启丁卯科乡，试任洧川县事，以清廉方正升河南监军道，告归，时
县令白公倡修水旱二城，安定襄办其事，保聚乡邑，全活甚众。甲申之

　　①　康熙《均州志》卷首《王钦命序》，江苏古籍出版社2001年版，第8页。
　　②　康熙《安陆府志》卷首《凡例》，江苏古籍出版社2001年版，第28页。
　　③　同治《松滋县志》卷首《凡例》，江苏古籍出版社2001年版，第338页。
　　④　徐鼒：《小腆纪传》卷四十六《列传第三十九》，国家图书馆藏光绪十三年
刻本。

变，安定尽室南迁，道遇贼，率家丁与战。不胜，死之，妻汪氏殉焉。"实则王爌参与抗清活动，战败而亡，"顺治二年，豫亲王下河南，镇开封，王之纲弃城南下，爌归故里，连山砦，结义兵，与故福京兵部尚书麻城周损、嘉定知县曹胤昌相倚……连战潜山、太湖间。兵败，俘至江宁，不屈，死之"①。

三、方志是国家意志、地方话语的文本依托

地方志是官书，"然则邑志之作，固非徒侈观听而已，盖使莅兹邑者有所稽，以为治，而邑之人亦因以知劝也"。"志书，治书也"②，主要是为一地之统治服务，在组织形式、指导思想和内容编辑等方面强烈地反映了国家意识。从功用上来看，地方志尤为凸显资政工作，"治郡国者，以志为鉴"，而教化、存史等功能则稍次之。从方志编纂程序来看，从发起修志、招贤设局、商定体例到编纂志书、刊刻管理等皆有官胥预事，且扮演了主导性作用，深深体现了官府的意志。虽然地方志在地方官的支持和监督下进行编纂，而实际的纂修工作则更多落在地方士绅身上。士绅们凭借修志的便利和经济上的优势，往往会夹杂诸多地方观念和宗族意识，并且假借被赋予权威性的志书编纂以"夸饰以侈风土"，在执行朝廷政令和体现国家意识中保留着地方的"小传统"。

乾隆四十五年，朝廷明令地方要求将志书中有关钱谦益、屈大均等人诗文尽数铲除，实际执行并不彻底。同治《应山县志》卷三十三《艺文志》载钱谦益为杨涟所作墓志铭《杨忠烈公墓志》、为陈愚母陈氏所撰墓志《陈孺人张氏墓志铭》③，光绪《黄梅县志》载钱谦益为石镇国《栩栩轩

---

① 王葆心：《蕲黄四十八砦纪事》卷三《山砦列传》，上海图书馆藏民国三年铅印本。

② 康熙《监利县志》卷首《监利县志引》，故宫博物院藏康熙十一年抄本。

③ 同治《应山县志》卷三十三《艺文志》，江苏古籍出版社 2001 年版，第 587 页。

诗集》所作序文。① 光绪《蕲州志》载有钱谦益为康熙《蕲州志》所作序文。② 杜濬《变雅堂集》、周思久《石潭集》、钟惺《古唐诗归》以及高世泰《三楚文献录》等本属禁毁书籍，但被各地方志屡屡提及。乾隆十四年《黄州府志》虽有多处遭到剜版，但亦有吴国伦、瞿九思、官抚臣等著述按禁书令禁毁，但由于地方的"小传统"而幸免，并详载姓名，列有小传。

在修志过程中，地方士绅往往凭借自己在地方的威权和影响力，将个人的意志渗入方志之中，特别是一些地方虽然设置志馆，而地方官将修志之事交由下属操办，志馆之中充斥官府亲故，原为公器的志书沦为一家之言。章学诚在《答甄秀才论修志一》中载士绅大族往往贿赂志书编纂者，加入诸多不可靠的内容或者粉饰之处：

> 志乃史体，原属天下公物，非一家墓志寿文，可以漫为浮誉，悦人耳目者。闻近世纂修，往往贿赂公行，请托作传，全无征实。此虽不肖浮薄文人所为，然善恶惩创，自不可废。今之志书，从无录及不善者，一则善善欲长之习见，一则惧罹后患之虚心尔。仆谓讥贬原不可为志体，据事直书，善否自见，直宽隐彰之意同；不可专事浮文，以虚誉为事也。③

尤其是志书中的《人物志》，"修志之难，难在人物传，黩货眩势，震名狗情，有一于此，表章失实，文虽工，弗善也"④。

有些官员也借修志之机，以行政权力直接干涉修志，谋求个人私利。康熙二十七年，武昌府通判张苊在夏逢龙兵乱之中，不为所屈，后

①　光绪《黄梅县志》卷三十五《艺文志》，武汉大学图书馆藏光绪二年刻本。

②　光绪《蕲州志》卷二十七《艺文志》，江苏古籍出版社 2001 年版，第 590页。

③　章学诚：《文史通义》卷八外编三《答甄秀才论修志一》，上海古籍出版社2015 年版，第 292 页。

④　龚炜：《巢林笔记》，中华书局 1981 年版，第 22 页。

越狱出城请援，对平定兵乱多有功绩。章学诚认为："是时国家景远方隆，夏贼小寇跳梁。识者知其无成，一时官吏污污伪命，不过奉身守法，本非奇节。避兵而循势，自不能复顾其家，非弃家也……身全而家亦无恙，抑亦可谓幸矣，以此请褒而无恧乎？"而于《平夏逆传》中列有张芑小传。而张芑后人、乾隆年间任黄陂知县的张曾秀①则甚为不满，强行要求章学诚用自己提供的文稿，将张芑撰入《忠臣传》，以夸饰先人节义：

> 丁巳季春，在通城阅县试卷讫，出与缙绅知好，多为文酒之会，因于行箧检《湖北志稿》中《平夏逆传》草本，属交张氏宗人公阅。盖内有张氏相关涉事也。因书始末于册面云：此《平夏逆传》稿，乃《湖北通志》第六十一篇，通志例传之第四十一篇也，传以纪事名篇，乃史家之旧例。或云：纪事不当为传。非也。当夏逆乱时，有见官武昌府通判通城张芑不为贼污，改装逸去，请援收复，亦有战绩，故于篇中惟立小传。此稿既成，外人犹未见也。张之后人，有为黄陂知县者，并无一面之雅，亦无半刺之投，突遣其奴子持帖赴馆，书云：检别驾公入志《忠臣传》，稿即抄付来人。

所幸的是章学诚能够恪守修志品德，对张曾秀的无理要求严词拒绝，秉笔直书，坚持原议：

> 余讶其不伦，亦取贴报云：别驾与叶宣诸公死难者不同，于例不得为《忠臣传》，至劳绩可录，已载入《平夏逆传》。文繁不可胜钞，成书自然共见。黄陂即大有烦言，甚可笑也。夫身为子孙，于其祖先之事，方藉人为表扬，而咫尺之间，不屑一顾之劳，一刺之通，而突遣家丁手贴径取书，语若长官之谕胥吏，毋论欺人太甚，

① 张曾秀，桐城县人，乾隆五十八年任黄陂知县，修城垣，选俊士，亦有政绩。

285

即其自视先人，亦不复在顾盼列矣。然余修志，自是公事，断不因其子孙之妄，而没其先人之善，其文至今尚在笥，可出与众白也。

天下自有真知，逐狂之众，不足虑也。即《平夏》之篇，此岂凭空所能补饰。今以全卷白众，窥其用心如何。一隅三反，余志之受谤，何能余损益其书张别驾处。更欲编质张氏宗人。胡观察与陈工部，岂能有所增删；黄陂自署为忠臣传，其说自否可通。至其先之无礼相加，后之无端枉诉，缙绅自有公论。横逆之来，君子贵乎自反，于彼又奚贵焉。①

而更多的情况是地方官员和世家大族以其政治、经济和文化上的优势，干预了修志事宜。究其原因，州县官与士绅有着共同的利益，州县官需要士绅的合作与支持，否则其行政无法顺利进行。而士绅也要倚仗州县官来维持自己在本地区的影响力和特权。② 在地方志的编纂中，地方官与士绅共享了这份共同利益，纂修者往往难以做到真正的秉笔直书，完全客观真实地反映当地史事。

---

① 章学诚：《记修湖北通志经过》，张树棻：《章学诚方志论文集》，山东省地方志编纂委员会办公室 1983 年版，第 321 页。
② 范忠信著，晏锋译：《清代地方政府》，法律出版社 2003 年版，第 327 页。

附　　录

序号	志名	卷数	年代	纂修者	官私编纂	存佚	体例
1	湖广通志	八十卷	康熙二十三年	徐国相、王新命	官修	存	平目体
2	湖广通志	一百二十卷	雍正十一年	夏力恕、柯煜	官修	存	平目体
3	湖北下荆南道志	二十八卷	乾隆五年	鲁之裕、靖道谟	官修	存	纲目体
4	湖北通志	不详	乾隆	章学诚	官修	存	三宝体
5	湖北通志	一百卷	嘉庆九年	吴熊光、陈诗	官修	存	纪传体
6	湖北通志志余	不分卷	光绪	洪良品	不详	存	纲目体
7	湖北通志舆地志	十二卷	光绪	杨守敬	不详	存	不详
8	湖北通志	一百七十二卷	宣统二年	张仲炘、杨承禧	不详	存	纪传体

序号	志名	卷数	年代	纂修者	官私编纂	存佚	体例
1	武昌府志	十六卷	康熙二十二年	杜毓秀	官修	存	平目体

序号	志名	卷数	年代	纂修者	官私编纂	存佚	体例
2	武昌府志	十二卷	康熙二十六年	裴天锡、罗人龙	官修	存	平目体
3	江夏县志	四卷	康熙二十二年	马仲骏	官修	存	平目体
4	江夏县志	五十二卷	康熙五十二年	刘朝英、张石虹	官修	存	平目体
5	续修江夏县志	二十二卷	康熙六十一年	潘棻鼎、王一宁	官修	存	纲目体
6	江夏县志	十五卷	乾隆五十八年	陈元京	官修	存	纲目体
7	江夏县志	八卷	同治八年	彭崧毓	官修	存	纲目体
8	江夏县志艺文志	二卷	宣统元年	王庭桢	官修	存	纲目体
9	武昌县志	八卷	康熙十三年	熊登、孟振祖	官修	存	纲目体
10	武昌县志	十卷	乾隆二十八年	邵遐龄、谈有典	官修	存	纲目体
11	武昌县志稿	不分卷	光绪二年	王家璧、柯茂枝	官修	存	纲目体
12	武昌县志稿	不分卷	光绪九年	佚名	不详	存	纲目体
13	武昌县志	二十六卷	光绪十一年	钟桐山、柯逢时	官修	存	平目体
14	蒲圻县志	十五卷	康熙十二年	张圻隆、龚逢烈	官修	存	平目体
15	蒲圻县志	十五卷	乾隆三年	王云翔、李日瑚	官修	存	纪传体
16	蒲圻县志	十卷	道光十六年	劳光泰、但传熺	官修	存	平目体

序号	志名	卷数	年代	纂修者	官私编纂	存佚	体例
17	蒲圻县志	八卷	同治五年	顾际熙、郑庆华、文元音	官修	不详	平目体
18	崇阳县志	十卷	康熙九年	高景之、王应斗、汪际炱	官修	存	平目体
19	崇阳县志	不详	雍正十二年	李五熇、陈鹈	官修	佚	不详
20	崇阳县志	十卷	乾隆六年	黄衮、郭彦博	官修	存	平目体
21	崇阳县志	十卷	乾隆十七年	吴世雄、曹学诗	官修	存	平目体
22	崇阳县志稿	八卷	道光二十二年	金云门、刘镇鼎	官修	佚	不详
23	崇阳县志	十二卷	同治五年	高佐廷，傅鼎燮	官修	存	纲目体
24	咸宁县志	十二卷	康熙四年	何廷韬、郑邦相、王禹锡	官修	存	平目体
25	咸宁县志	十五卷	同治五年	陈怡、沈宝楠、陈国正	官修	存	纲目体
26	续辑咸宁县志	八卷	光绪八年	陈树楠、钱光奎	官修	存	纲目体
27	嘉鱼县志	三卷	康熙十年	李元震	官修	存	纪传体
28	嘉鱼县志	一卷	乾隆二年	张其维、李懋泗	官修	存	纲目体

序号	志名	卷数	年代	纂修者	官私编纂	存佚	体例
29	嘉鱼县志	八卷	乾隆五十五年	汪云铭、方承保、张宗轼	官修	存	纲目体
30	嘉鱼县志	十二卷	同治五年	钟传益、俞焜	官修	存	纲目体
31	嘉鱼县乡土志	二卷	宣统	佚名	不详	存	纲目体
32	通山县志	八卷	康熙四年	任仲麟	官修	存	平目体
33	通山县志	不详	道光二十年	蔡学清、朱美恕	不详	佚	不详
34	通山县志	八卷	同治七年	胡昌铭、乐纯清	官修	存	纲目体
35	通山县志	三卷	光绪二十三年	高震鑅、乐振玉	官修	存	纲目体
36	通城县志	不详	顺治	盛治、别仲茂、马振德	官修	佚	不详
37	通城县志	不详	顺治十年	吴鼎吕	私修	佚	不详
38	增修通城县志	九卷	康熙十一年	丁克扬	官修	存	纲目体
39	通城县志	十卷	乾隆二十九年	吴开澄	不详	佚	不详
40	通城县志	十卷	道光二十四年	林逢年、郭亦棠	官修	佚	不详
41	通城县志	二十四卷	同治五年	郑荦、胡洪鼎	官修	存	纲目体

序号	志名	卷数	年代	纂修者	官私编纂	存佚	体例
42	续修兴国州志	二卷	康熙十四年	杨遵、冯之图、王之宾	官修	存	平目体
43	兴国州志	十卷	雍正十三年	魏钿，颜星	官修	存	平目体
44	兴国州志稿	不详	道光	金宝树、罗德昆	官修	佚	不详
45	兴国州志	三十六卷	同治十三年	吴大训、陈光亨	官修	存	纲目体
46	兴国州志	三十六卷	光绪十五年	王凤池、刘凤纶	官修	存	纲目体
47	兴国州志	四十余叶	光绪二十二年	熊奎斗	私修	佚	不详
48	续补兴国州志	三卷	光绪三十年	贺祖蔚、刘凤纶	官修	存	纲目体
49	大冶县志	九卷	康熙十二年	谢鑅、胡绳祖	官修	存	纲目体
50	大冶县志	十二卷	康熙二十二年	陈邦寄、胡绳祖	官修	存	纲目体
51	大冶县志	十八卷	同治六年	胡复初、黄昺杰	官修	存	纲目体
52	续修大冶县志	十卷	光绪八年	林佐、陈冠洲	官修	存	纲目体
53	大冶县志后编	二卷	光绪二十三年	陈鳌	官修	存	平目体

表3　　　　　　　　　清代汉阳府方志概况表

序号	志名	卷数	年代	纂修者	官私编纂	存佚	体例
1	汉阳府志	十六卷	康熙八年	陈国儒、李宁仲	官修	存	纲目体
2	汉阳府志	五十卷	乾隆十二年	陶士偰、刘湘煃	官修	存	纲目体
3	汉阳县志	三十二卷	乾隆十三年	刘嗣孔、刘湘煃	官修	存	平目体
4	汉阳县志	三十六卷	嘉庆二十三年	裘行恕、徐必观	官修	存	纲目体
5	续辑汉阳县志	二十八卷	同治七年	王庭桢、王柏心	官修	存	纲目体
6	汉阳县志校	一卷	光绪	许盛春、张行简	私修	存	不详
7	汉阳县识	十卷	光绪十年	濮文昶、张行简	官修	存	纲目体
8	汉川县志	五卷	乾隆三十八年	魏金榜	官修	存	不详
9	汉川县志稿	不详	乾隆	秦之柄	不详	佚	不详
10	汉川县志稿	不详	嘉庆	林钟任、林钟俊	私修	佚	不详
11	汉川县志稿	不详	嘉庆	周若鸿	不详	佚	不详
12	汉川县志稿	不详	同治	周镛	私修	佚	不详
13	汉川县志	二十二卷	同治十二年	德廉、林祥瑗	官修	存	纪传体
14	汉川图记征实	不分卷	光绪二十八年	田宗瀚	私修	存	纲目体
15	孝感县志	二十二卷	顺治十七年	张士擢、沈宜	官修	存	平目体

序号	志名	卷数	年代	纂修者	官私编纂	存佚	体例
16	孝感县志	十六卷	康熙十二年	胡国佐	官修	存	平目体
17	孝感县志	二十四卷	康熙三十四年	梁凤翔、李湘	官修	存	纲目体
18	增补孝感县志	二十四卷	嘉庆十八年	王进祖	官修	存	不详
19	孝感志补存略	不详	不详	李传熺	不详	佚	不详
20	孝感县志稿	不详	同治七年	吴大训	官修	佚	不详
21	孝感县志	二十四卷	光绪八年	朱希白、亢廷铺、沈用增	官修	存	纲目体
22	黄陂县志稿	十五卷	顺治	戴君赐	官修	佚	不详
23	黄陂县志	十五卷	康熙五年	杨廷蕴	官修	存	纲目体
24	黄陂县志略	不详	嘉庆十三年	萧超运	私修	佚	不详
25	黄陂县志稿	二卷	道光	金国钧、金永森	私修	存	平目体
26	黄陂县志	十六卷	同治十年	刘昌绪、徐瀛	官修	存	纲目体
27	沔阳州志	不详	康熙四年	佟成年、王尔揖	官修	佚	平目体
28	沔阳州志	不详	康熙十二年	王浩冲、张金龙	官修	佚	不详
29	沔阳州志	二十卷	康熙二十一年	杨士元、方弘履、张之溢	官修	存	平目体

续表

序号	志名	卷数	年代	纂修者	官私编纂	存佚	体例
30	沔阳州志	三十卷	乾隆四十年	禹殿鳌、方弘履	官修	存	纲目体
31	沔阳州志稿	不详	同治	张葆森	私修	佚	不详
32	沔阳州志稿	不详	不详	费楚玉	私修	佚	不详
33	沔阳州志稿	不详	光绪七年	钟廷瑞、刘叔俔	官修	佚	不详
34	沔阳州志稿	不详	光绪十一年	邓倬英	官修	佚	不详
35	沔阳州志稿	不详	光绪十三年	陆佑勤、王冕南	官修	佚	不详
36	沔阳州志	十二卷	光绪二十年	葛振远、俞成、杨巨	官修	存	纲目体

表4　　　　　　　　　　　　清代黄州府志书概况表

序号	志名	卷数	年代	纂修者	官私编纂	存佚	体例
1	黄州府志	九卷	康熙二十四年	苏嗣良、奚禄诒、高登云	官修	存	纲目体
2	郡志注遗	五卷	康熙、雍正年间	张光璧	私修	佚	不详
3	黄州府志	二十卷	乾隆十四年	王勍、靖道谟	官修	存	纲目体
4	黄州府志	四十卷	光绪十年	英启、邓琛	官修	存	纪传体
5	黄州府志拾遗	六卷	宣统	沈致坚	私修	存	纲目体

序号	志名	卷数	年代	纂修者	官私编纂	存佚	体例
6	黄冈县志	五卷	康熙十二年	董元俊、孙锡藩	官修	存	平目体
7	冈邑续志	不详	不详	吕德芝	私修	佚	不详
8	黄冈县志	二十卷	乾隆二十四年	刘煜、王凤仪、蔡绍清	官修	存	纲目体
9	续修黄冈县志	二十卷	乾隆五十四年	王正常	官修	存	纲目体
10	黄冈县志稿	不详	道光十一年	李锦源	官修	佚	不详
11	黄冈县志	二十四卷	道光二十八年	俞昌烈、靖厚钦	官修	存	纲目体
12	黄冈县志	二十四卷	光绪八年	戴昌言、刘恭冕、洪良品	官修	存	纲目体
13	增修黄安初乘	不详	康熙四年	萧恒	官修	佚	不详
14	黄安县志	十二卷	康熙三十六	刘承启、詹大衢	官修	存	平目体
15	黄安县志	十卷	道光二年	林缙光	官修	存	纲目体
16	黄安县志	十卷	同治八年	朱锡绶、袁瓒、张家俊	官修	存	纲目体
17	黄安县志	十卷	光绪八年	陈瑞澜、吴言昌、王仪吉	官修	存	纲目体
18	黄安乡土志	三卷	宣统元年	陈漳	官修	存	纲目体

续表

序号	志名	卷数	年代	纂修者	官私编纂	存佚	体例
19	黄梅县志	九卷	顺治七年	徐昱	官修	存	纲目体
20	黄梅县志	十二卷	乾隆二十一年	薛乘时、沈元寅	官修	存	纪传体
21	黄梅县志	十二卷	乾隆五十四年	胡绍中、石元吉	官修	存	纲目体
22	黄梅县志	四十卷	光绪二年	覃瀚元、袁瓒、余邦元	官修	存	纲目体
23	罗田县志	八卷	康熙四年	慕容远	私修	存	纲目体
24	罗田县志	八卷	康熙五十六年	张琳	官修	存	纲目体
25	罗田县志①	十二卷	乾隆五十四年	姜廷铭、郭地鹏	官修	存	纲目体
26	罗田县志	八卷	光绪	管贻葵、陈锦	官修	存	纲目体
27	麻城县志遗稿	不详	顺治	周损	私修	佚	不详
28	麻城县志略	十四卷	顺治	邹知新	私修	佚	不详
29	麻城县志稿	不详	顺治	王潞、王汝霖	官修	佚	不详
30	麻城县志	十四卷	康熙九年	屈振奇、周维矩	官修	存	平目体
31	麻城县志	二十八卷	乾隆五十四年	黄书绅、姜廷铭、章学诚	官修	存	纪传体

---

① 中国地方志联合目录未曾著录。

序号	志名	卷数	年代	纂修者	官私编纂	存佚	体例
32	麻城县志	五十六卷	光绪二年	郑庆华、潘颐福	官修	存	纲目体
33	麻城县志	四十卷	光绪八年	陆祐勤、朱荣椿、余雅祥①	官修	存	纲目体
34	蕲水县志	二十六卷	顺治十四年	刘佑、杨继经	官修	存	平目体
35	蕲水县志	四卷	康熙二十三年	李振宗	官修	存	平目体
36	蕲水县志	二十六卷	乾隆二十三年	邵应龙、徐明理	官修	存	纲目体
37	蕲水县志	二十卷	乾隆五十九年	高举、徐养忠	官修	存	纲目体
38	蕲水县志	二十二卷	光绪六年	多祺	官修	存	纲目体
39	蕲州志	六十卷	顺治	顾天锡、顾景星	私修	佚	不详
40	蕲州志	十六卷	康熙三年	王宗尧、卢紘	官修	存	纲目体
41	蕲州志补遗	不详	康熙	张泮	私修	佚	不详
42	蕲州志	二十卷	乾隆二十年	钱鋆、程大中	官修	存	纲目体
43	蕲州志	不详	道光二十五年	劳光泰、陈廷扬	官修	佚	不详
44	蕲州志	二十六卷	咸丰二年	潘克溥	官修	存	纲目体

①　《湖北书征存目》载余雅祥《麻城县志稿》四十卷，考光绪《麻城县志》载余雅祥担任采访一职，应是一书二名。

序号	志名	卷数	年代	纂修者	官私编纂	存佚	体例
45	蕲州志	三十卷	光绪八年	封蔚礽、陈廷扬	官修	存	纲目体
46	广济县志	十八卷	顺治	黄玉铉、王临、张仁熙	官修	存	纲目体
47	广济县志	二十二卷	乾隆十七年	虞学灏、龚佐龙、陈景行	官修	存	纪传体
48	广济县志	十六卷	乾隆五十八年	黄恺、陈诗	官修	存	纲目体
49	广济县志	十六卷	同治十一年	刘宗元、朱荣实、刘映青	官修	存	纲目体
50	英山县志	十三卷	康熙十九年	刘五珑	官修	存	平目体
51	英山县志	二卷	康熙二十三年	刘五珑	官修	存	平目体
52	英山县志稿	不详	雍正八年	傅有宣	私修	佚	不详
53	英山县志	二十六卷	乾隆廿一年	张海、姚之琅	官修	存	平目体
54	英山县志	二十六卷	道光三年	万年淳、陈彦、马映奎	官修	存	平目体
55	英山县志	二十六卷	道光廿六年	李文泉、汪时育	官修	存	平目体
56	英山县志	十卷	同治九年	徐玉珂、王熙勋、刘梦虹	官修	存	纲目体

表5　　　　　　　　　清代德安府志书概况表

序号	志名	卷数	年代	纂修者	官私编纂	存佚	体例
1	德安府志	二十四卷	康熙二十四年	傅鹤祥、李士竑	官修	存	平目体
2	德安府志	二十四卷	光绪十四年	刘国光	官修	存	纲目体
3	德安安陆郡县志	二十卷	康熙五年	高翱、高联捷、沈会霖	官修	存	平目体
4	安陆县志	四十卷	道光二十四年	蒋炯、梅体萱、李道平	官修	存	纲目体
5	安陆县志补正	二卷	同治十一年	陈廷钧	私修	存	不详
6	增修随志	不详	顺治、康熙间	周宗成	私修	佚	编年体
7	随州志	四卷	康熙六年	刘霈、何藩	官修	存	平目体
8	随州志	十八卷	乾隆五十五年	张璿	官修	存	平目体
9	随州志	三十三卷	同治八年	潘亮功、史策先	官修	存	平目体
10	应城县志	八卷	康熙十年	樊司铎、吴元馨	官修	存	平目体
11	应城县志稿	不详	康熙二十三年	齐国政、闵景骞	官修	佚	不详
12	应城县志	十二卷	雍正四年	李可寀	官修	存	平目体
13	应城县志	十二卷	咸丰三年	奚大壮、吕庭栩、熊汝弼	官修	存	纲目体

序号	志名	卷数	年代	纂修者	官私编纂	存佚	体例
14	应城县志	十四卷	光绪八年	罗细、陈豪、王承禧	官修	存	纲目体
15	应山县志	不详	康熙五年	王汇、朱孔昭	官修	佚	不详
16	应山县志	七卷	康熙十二年	周祜、陈联璧	官修	存	平目体
17	应山志稿	十二卷	咸丰二十一年	林钟任	官修	佚	不详
18	应山县志	三十六卷	同治十年	刘宗元、朱荣实、吴天锡	官修	存	纲目体
19	云梦县志	十二卷	康熙七年	邵嘉胤、陈梦舟、张奎华	官修	存	纲目体
20	云梦县节略	一册	乾隆、嘉庆间	王公壎	私修	佚	不详
21	云梦县志略	十二卷	道光	吕锡麟、程怀璟	官修	存	纲目体
22	续云梦县志略	十卷	光绪九年	程寿昌、曾广潚	官修	存	纲目体

表 6　　　　　　　　　　清代襄阳府志书概况表

序号	志名	卷数	年代	纂修者	官私编纂	存佚	体例
1	襄阳府志	三十四卷	顺治九年	赵兆麟	官修	存	平目体
2	襄阳府志	八卷	康熙十一年	杜养性	官修	存	平目体

序号	志名	卷数	年代	纂修者	官私编纂	存佚	体例
3	襄阳府志	四十卷	乾隆二十五年	陈锷	官修	存	纲目体
4	襄郡赋志要	四卷	道光	安庭松	私修	存	辞赋体
5	襄阳必告录	七卷	道光六年	周凯	官修	存	纲目体
6	襄阳府志	二十六卷	光绪十一年	恩联、王万芳	官修	存	纲目体
7	襄阳县志稿	不详	乾隆	贾润	私修	佚	不详
8	襄阳后耆旧传	一卷	乾隆	刘滋生	私修	佚	不详
9	襄阳县志稿	不详	同治五年	杨宗时、崔诠	官修	佚	纲目体
10	续修襄阳县志	七卷	同治十年	吴耀斗、李士彬	官修	存	纲目体
11	襄阳四略	二十五卷	光绪	吴庆焘	官修	存	纲目体
12	枣阳县志	不详	康熙十一年	刘嗣熙	官修	佚	不详
13	枣阳县志	二十七卷	乾隆二十七年	甘定遇、熊天章	官修	存	平目体
14	枣阳县志	不详	道光	熊文凤、王树滋	官修	佚	不详
15	枣阳县志	十五卷	咸丰四年	陈子饬	官修	存	纲目体
16	史志眉评	不详	咸丰	刘峨	私修	佚	不详
17	枣阳县志	三十卷	同治四年	张声正、史策先	官修	存	平目体
18	宜城县志	不详	康熙十二年	郭维垣	官修	佚	不详

序号	志名	卷数	年代	纂修者	官私编纂	存佚	体例
19	宜城县志	四卷	康熙二十一年	胡永庆、关宁、尚其志	官修	存	平目体
20	南鄢都采访记	三十卷	道光	鲁桂元	私修	佚	不详
21	宜城县志	十卷	同治五年	程启安、张炳钟	官修	存	纲目体
22	宜城县续志	二卷	光绪八年	李连骑、姚德莘	官修	存	纲目体
23	宜城乡县土志	四卷	光绪三十二年	杨文勋、望炳麟	官修	存	纲目体
24	南漳县志稿	不详	康熙十一年	不详	不详	佚	不详
25	南漳县志草	十卷	乾隆二十二年	马政、吕玮	私修	佚	不详
26	不详	不详	乾隆五十七年	不详	不详	佚	不详
27	南漳县志集钞	三十五卷	嘉庆八年	胡正楷	官修	存	纲目体
28	南漳县志集钞	二十六卷	同治四年	胡心悦	官修	存	纲目体
29	谷城县志	不详	顺治	卢雍	官修	佚	不详
30	谷城县志	不详	康熙	吴应元	官修	佚	不详
31	古志备草	一册	乾隆三十二年	王照	私修	佚	不详
32	谷邑诗志	一卷	嘉庆	安庭松	私修	佚	辞赋体
33	谷城合编	四卷	嘉庆	朱星远	私修	佚	不详
34	谷城县志	不详	嘉庆	陈八浩	私修	佚	不详

序号	志名	卷数	年代	纂修者	官私编纂	存佚	体例
35	谷城县志	八卷	同治六年	承印、蒋海澄、黄定镛	官修	存	纲目体
36	谷城县志	不详	光绪	周天衢、周金罗	官修	佚	不详
37	光化县志稿	二十七卷	乾隆四十四年	李正干①	私修	佚	不详
38	光化县志	不详	道光	徐克昌	私修	佚	不详
39	光化县志	八卷	光绪十年	钟桐山、叶树南	官修	存	平目体
40	均州志	四卷	康熙十二年	党居易	官修	存	平目体
41	均州志补	四卷	康熙二十四年	江闿	官修	存	平目体
42	续辑均州志	十六卷	光绪八年	马云龙、贾洪诏	官修	存	纲目体

表7　　　　　　　　　　清代郧阳府志书概况表

序号	志名	卷数	年代	纂修者	官私编纂	存佚	体例
1	郧志类编	不详	康熙八年	仇昌祚、李绍贤	官修	佚	不详
2	湖广郧阳府志	四十二卷	康熙二十四年	刘作霖、杨廷耀	官修	存	平目体
3	郧阳府志补	一卷	康熙二十八年	江闿	官修	存	纲目体

① 《中国地方志总目提要》作"李正揆"。查同治《竹山县志》、同治《光化县志》皆作"李正干"。

序号	志名	卷数	年代	纂修者	官私编纂	存佚	体例
4	郧阳志	十卷	嘉庆二年	王正常、谢攀云	官修	存	纲目体
5	郧阳志补	一卷	嘉庆十四年	王正常	官修	存	纲目体
6	郧阳志	八卷	同治九年	吴葆仪、王严恭	官修	存	纲目体
7	郧县志	不详	康熙十一年	张杞	官修	佚	不详
8	郧县志略	二十六卷	康熙二十二年	侯世忠	官修	存	平目体
9	郧县志	十卷	同治五年	周瑞、崔诰	官修	存	纲目体
10	竹山县志	三十卷	康熙二十一年	贾待聘	官修	存	平目体
11	竹山县志	不详	康熙五十一年	史求忠	私修	佚	三宝体
12	竹山县志	不详	乾隆十一年	常青岳	官修	佚	三宝体
13	竹山县志	不详	乾隆三十一年	皇甫枢、尹一声	官修	佚	纲目体
14	竹山县志	二十七卷	乾隆三十七年	彭悦桂、邓光仁	官修	佚	纲目体
15	竹山县志	二十七卷	乾隆五十年	常丹葵、邓光仁	官修	存	平目体
16	竹山县志	十卷	嘉庆十年	范继昌	官修	存	平目体
17	竹山县志	二十八卷	咸丰九年	陈汝藩、黄子遂	官修	佚	纪传体

序号	志名	卷数	年代	纂修者	官私编纂	存佚	体例
18	竹山县志	二十九卷	同治四年	周士桢、黄子遂	官修	存	纲目体
19	房县志	不详	康熙五年	傅六吉、吴良玉	官修	佚	不详
20	房县志钞	不详	康熙二十年	雷化龙	官修	佚	不详
21	房县志	四卷	康熙三十四年	沈用将、李发荣、许嘉言	官修	佚	不详
22	房县志钞	三十三卷	乾隆五十三年	张启、汪魁儒	官修	存	平目体
23	房县志	不详	道光年间	不详	不详	佚	不详
24	房县志	十二卷	同治四年	杨延烈、郁方董、刘元栋	官修	存	纲目体
25	郧西县志	十二卷	康熙二十年	冯运泰	官修	存	平目体
26	郧西县志	二十四卷	乾隆十五年	梁凤翥	官修	佚	不详
27	郧西县志	二十卷	乾隆三十八年	张道南	官修	存	平目体
28	郧西县续志	四卷	嘉庆九年	孔继檊	官修	存	纲目体
29	郧西县志	二十卷	同治五年	程光第、叶年茱	官修	存	纲目体
30	竹溪县志	不分卷	康熙十九年	徐京陞	官修	存	平目体
31	竹溪县志稿	二十二卷	雍正元年	张懋勋	官修	佚	纲目体

序号	志名	卷数	年代	纂修者	官私编纂	存佚	体例
32	竹溪县志	不详	乾隆五十八年	宣葆光	官修	佚	平目体
33	竹溪县志	十二卷	道光七年	李锦源、颜渭	官修	存	纲目体
34	竹溪县志	十六卷	同治五年	陶寿嵩、杨兆熊	官修	存	纲目体
35	保康县志	一卷	康熙	金国明	官修	存	平目体
36	保康县志①	三十卷	乾隆三十八年	张道南	官修	存	不详
37	保康县志	四卷	乾隆五十九年	黄义峰	私修	佚	不详
38	保康县志②	不详	嘉庆九年	孔继杆	官修	存	不详
39	保康县志	不详	道光	王礼兴、熊章锦、朱绂	私修	佚	不详
40	保康县志	七卷	同治五年	林让昆、杨世霖	官修	存	纲目体
41	补刻保康县志	不详	同治十年	不详	官修	存	纲目体
42	补刻保康县志	不详	光绪五年	熊銮	官修	存	纲目体

---

　　① 笔者未见是志。据朱士嘉《中国地方志综录》、《保康县志》(1991年)载该志原藏北京故宫博物院，现藏台湾。姑录之。

　　② 笔者未见是志。据朱士嘉《中国地方志综录》、黄道立《中国方志学》载是志尚存，原藏北京故宫博物院，现藏台湾。姑录之。

表 8　　　　　　清代荆州府志书概况表

序号	志名	卷数	年代	纂修者	官私编纂	存佚	体例
1	荆州府志	四十卷	康熙二十年	郭茂泰、胡在恪	官修	存	平目体
2	荆州府志	五十八卷	乾隆二十二年	来谦鸣、叶仰高、施廷枢	官修	存	纲目体
3	荆州府志	八十卷	光绪六年	倪文蔚修，顾嘉衡纂	官修	存	纪传体
4	荆州府志	不分卷	光绪	杨守敬	不详	存	纲目体
5	荆州卫志	一卷	康熙十二年	王斌	官修	存	平目体
6	荆州右卫志	一卷	康熙二十二年	王大基	官修	存	平目体
7	江陵志余	十卷	顺治十年	孔自来	私修	存	平目体
8	江陵县志	三卷	康熙三年	佚名	不详	存	平目体
9	江陵志略	不详	康熙	张之增	私修	佚	不详
10	江陵县志	五十八卷	乾隆五十九	崔龙见、黄义尊	官修	存	平目体
11	江陵县志刊误	六卷	嘉庆五年	刘士璋	私修	存	不详
12	江陵县志余	五十六卷	光绪二年	蒯正昌、吴耀斗、刘长谦	官修	存	纲目体
13	江陵乡土志	三卷	宣统	孚保、邓宗禹	官修	存	纲目体
14	石首县志	一卷	顺治十三年	王大年	官修	佚	不详
15	石首县志	四卷	康熙十一年	卫胤嘉、王章	官修	存	平目体

序号	志名	卷数	年代	纂修者	官私编纂	存佚	体例
16	石首县志	七卷	乾隆元年	张坦、成师吕	官修	存	纲目体
17	石首县志	八卷	乾隆六十年	王维屏、徐祐彦	官修	存	纲目体
18	石首县志	八卷	同治五年	朱荣实	官修	存	纲目体
19	公安县志	三卷	顺治十五年	孙锡蕃、吕重望	官修	存	平目体
20	公安县志	六卷①	康熙七年	何国栋、毛寿登	官修	佚	不详
21	公安县志	十六卷	康熙九年	孙锡蕃	官修	存	平目体
22	公安县志	六卷	康熙五十六年	杨之骈、龚三捷	官修	存	纲目体
23	公安县志	不详	同治三年	袁鸣珂	官修	佚	不详
24	公安县志	八卷	同治十三年	周承弼、王慰	官修	存	纲目体
25	公安县乡土志	不分卷	光绪末年	佚名	不详	存	纲目体
26	枝江县志	十卷	康熙九年	周廷桂、杨际春	官修	存	平目体
27	枝江县志	十卷	乾隆五年	王世爵、钟彝	官修	存	纪传体
28	枝江县志	十四卷	道光八年	谢丕绩、李辉先、周浚	官修	存	纲目体
29	枝江县志	二十卷	同治五年	查子庚、熊文澜	官修	存	纲目体

---

① 《湖北艺文志附补遗》作三卷，误。

序号	志名	卷数	年代	纂修者	官私编纂	存佚	体例
30	宜都县志	十三卷	康熙三十六	刘显功	官修	存	平目体
31	宜都县志	四卷	同治五年	崔培元、朱甘霖、龚绍仁	官修	存	纲目体
32	松滋县志纪略	不详	康熙四年	李式祖、胡起凤	官修	不详	佚
33	松滋县志	二卷	康熙九年	屈乘超、李抡才	官修	存	纲目体
34	松滋县志	二十四卷	康熙三十五年	陈麟、丁楚琮	官修	存	列目体
35	松滋县志	四卷	道光三十年	陆锡璞	官修	佚	不详
36	松滋县志	十二卷	同治八年	吕缙云、罗有文	官修	存	纲目体
37	松滋县乡土志	不详	光绪三十二年	罗元璧	官修	佚	不详
38	监利县志	十二卷	顺治九年	蔺完煌、潘世标	官修	存	纲目体
39	监利县志	十卷	康熙二十一年	程藻、曾三寿	官修	佚	不详
40	监利县志	十二卷	康熙四十一年	郭徽祚、易宫翼	官修	存	纲目体
41	监利县志	十三卷	同治	徐兆英、林瑞枝、王柏心	官修	存	纲目体
42	监利风土志	一卷	光绪十七年	王柏心	私修	存	纲目体

表 9　　　　　　　　清代安陆府志书概况表

序号	志名	卷数	年代	纂修者	官私纂修	存佚	志体
1	安陆府志	三十六卷	康熙三十六年	张德尊、王吉人	官修	存	纲目体
2	潜江县志	二十卷	康熙十年	王又旦、朱士尊、向大观	官修	存	纲目体
3	潜江县志	二十卷	康熙三十三年	刘焕、朱载震	官修	存	纲目体
4	潜江县志	二卷	咸丰、同治年间	万苇	私修	佚	不详
5	潜江县志	二十卷	光绪五年	史致谟、郭士元、刘恭冕	官修	存	纲目体
6	潜江县志稿	不分卷	光绪三十二年	佚名	不详	存	不详
7	景陵县志	十二卷	康熙七年	李馨、吴泰	官修	存	纲目体
8	景陵县志	十二卷	康熙三十一年	钱永、戴祁	官修	存	纲目体
9	天门县志	二十四卷	乾隆三十年	胡翼、章学诚	官修	存	纲目体
10	天门县志	三十六卷	道光元年	王希琼、张锡谷	官修	存	纲目体
11	钟祥县志	十卷	康熙五年	程起鹏、郑茂泰	官修	存	平目体
12	钟祥县志	十卷	乾隆六年	高世荣、李莲	官修	存	纲目体

序号	志名	卷数	年代	纂修者	官私纂修	存佚	志体
13	钟祥县志	二十卷	乾隆六十年	张琴、李元辅、杜光德	官修	存	平目体
14	钟祥县志	二十卷	同治六年	许光曙、孙福海、张裕钊	官修	存	纲目体
15	京山县志	十卷	康熙十二年	吴游龙、王演、尚登岸	官修	存	纲目体
16	京山县志	不详	雍正、乾隆间	熊绎祖	私修	佚	不详
17	京山县志稿	十二卷	道光、同治年间	易本烺	私修	佚	不详
18	京山县志	二十七卷	光绪十四年	沈星标、曾宪德	官修	存	纲目体

表 10　　　　　　　　　　　　清代宜昌府志书概况表

序号	志名	卷数	年代	纂修者	官私纂修	存佚	志体
1	彝陵州志	八卷	康熙十年	鲍孜、徐同功	官修	存	平目体
2	宜昌府志草	不详	不详	甘如梅	私修	佚	不详
3	宜昌府志稿	二十八卷	同治	吴翰章	私修	佚	不详
4	宜昌府志	十六卷	同治五年	聂光銮、王葆心、雷春沼	官修	存	纲目体
5	兴山县志	六卷	康熙四年	胥遇、文纶	官修	佚	不详
6	兴山县志稿	一卷	雍正初	潘内召	官修	佚	不详

序号	志名	卷数	年代	纂修者	官私纂修	存佚	志体
7	兴山县志	一卷	乾隆十八年	黄宫、蔡绍清	官修	存	纲目体
8	兴山县志	十卷	同治四年	伍继勋、范德炜、吴翰章	官修	存	纲目体
9	兴山县志	二十二卷	光绪十年	黄世荣	官修	存	纪传体
10	长阳县志	不分卷	康熙十二年	田恩远、石高嵩	官修	存	平目体
11	长阳县志	七卷	乾隆十九年	李拔	官修	存	平目体
12	邑乘小稿	二卷	嘉庆	彭溁	私修	佚	不详
13	长阳县志	七卷	道光二年	朱庭荣、彭人擅	官修	存	纲目体
14	长阳县志	七卷	同治五年	陈惟模、谭大勋	官修	存	纲目体
15	归州志	不分卷	康熙四年	曹熙衡、汪申	官修	存	平目体
16	归州志	不分卷	康熙十一年	王景阳、李毓昌	官修	存	平目体
17	归州志	一卷	乾隆五十四	熊仪东	官修	存	纲目体
18	增修归州志	未分卷	乾隆五十五年	曹维道	官修	存	纲目体
19	归州志	十卷	嘉庆二十二年	李炘、陆仲达	官修	存	纲目体
20	归州志	十卷	同治五年	余恩训、蒋宪仪、陈凤鸣	官修	存	纲目体

序号	志名	卷数	年代	纂修者	官私纂修	存佚	志体
21	归州志	十卷	光绪八年	沈云骏、刘玉森	官修	存	纲目体
22	归州志	十七卷	光绪二十七年	黄世崇、卢万	官修	存	纪传体
23	长乐县志草	二册	嘉庆	王霈霖、沙象乾	官修	佚	纪传体
24	长乐县志	十六卷	咸丰二年	李焕春、潘炳勋	官修	存	纲目体
25	补修长乐县志	十六卷	同治九年	龙兆霖	官修	存	纲目体
26	补修长乐县志	十六卷	光绪元年	郑敦祐	官修	存	纲目体
27	东湖县志	三十卷	乾隆二十八年	林有席、严思潚、林有彬	官修	存	纲目体
28	东湖县志	三十卷	嘉庆五年	何学青	官修	存	纲目体
29	东湖县志	三十卷	同治三年	金大镛、王柏心	官修	存	纲目体
30	巴东县志	四卷	康熙二十二年	齐祖望	官修	存	纲目体
31	巴东县志	十六卷	同治五年	廖恩树、萧佩声	官修	存	纪传体
32	鹤峰州志	二卷	乾隆六年	毛峻德	官修	存	平目体
33	鹤峰州志	十四卷	道光二年	吉钟颖、洪先焘	官修	存	纲目体
34	鹤峰州志	二卷	同治六年	徐澍楷、雷春沼	官修	存	纲目体

序号	志名	卷数	年代	纂修者	官私纂修	存佚	志体
35	鹤峰州志	十四卷	光绪十一年	长庚、厉祥官、陈鸿渐	官修	存	纲目体

表11　　　　　　　　　　清代施南府志书概况表

序号	志名	卷数	年代	纂修者	官私纂修	存佚	志体
1	施州卫志	不详	顺治	邓宗启	私修	佚	不详
2	施州卫志	不详	顺治	张延龄	私修	佚	不详
3	施州卫志	不详	顺治	童天衢	私修	佚	不详
4	施州卫志	不详	顺治	唐箴	私修	佚	不详
5	施州卫志	不详	雍正七年	王封镇	私修	佚	不详
6	施南府志	四卷	乾隆二十一年	王如珪、宋鳌	官修	佚	不详
7	续修施南府志	八卷	乾隆四十二年	李宗汾	官修	佚	不详
8	施南府志	三十卷	道光十四年	王协梦、罗德昆	官修	存	纲目体
9	施南府志	三十卷	同治十年	松林、周庆榕、何鉴远	官修	存	纲目体
10	施南府志	十卷	光绪十年	李谦、雷春沼	官修	存	纲目体
11	建始县志	不详	康熙	吴李芳	官修	佚	不详
12	建始县志初编	不详	康熙四十二年	武令谟	官修	佚	不详
13	建始县志	不详	康熙	刘琪征	官修	佚	不详
14	建始县志	不详	雍正	武公怡	官修	佚	不详

序号	志名	卷数	年代	纂修者	官私纂修	存佚	志体
15	建始县志	不详	0	范泉麓	官修	佚	不详
16	建始县志	二卷	嘉庆十七年	不详	不详	存	纲目体
17	建始县志	四卷	道光二十一年	袁景晖	官修	存	纲目体
18	建始县志	八卷	同治四年	熊启咏	官修	存	纲目体
19	宣恩县志	不详	乾隆四十四年	贾思谟	官修	佚	不详
20	宣恩县志	不详	不详	不详	不详	佚	不详
21	宣恩县志	不详	嘉庆	苏于洛	官修	佚	不详
22	宣恩县志	二十卷	同治二年	张金澜、蔡景星	官修	存	纲目体
23	来凤县志	十二卷	乾隆二十一年	林翼池、蒲又洪	官修	存	纲目体
24	来凤县志稿	二十或二十二卷	嘉庆	王煜	私修	佚	不详
25	来凤县志	二十卷	同治二年	张金澜、蔡景星	官修	佚	不详
26	来凤县志	三十二卷	同治五年	李勖、何远鉴	官修	存	纲目体
27	咸丰县志	二十卷	同治四年	张梓、张光杰	官修	存	纲目体
28	咸丰县志稿	不详	同治间	文有典	不详	佚	不详
29	咸丰县志	不详	同治间	宋文藻	不详	佚	不详
30	咸丰县志	不详	同治间	蒋世槐	不详	佚	不详
31	咸丰县志	不详	同治间	徐正旭	不详	佚	不详
32	恩施县志	四卷	嘉庆十三年	张家榤、朱寅赞	官修	存	纲目体

序号	志名	卷数	年代	纂修者	官私纂修	存佚	志体
33	恩施县志	十二卷	同治七年	多寿、罗凌汉	官修	存	纲目体
34	利川县志	十卷	同治四年	何蕙馨、吴江	官修	存	纲目体
35	利川县志	十四卷	光绪二十年	黄世崇	官修	存	纲目体
36	卯峒司志	六卷	康熙	向子奇	官修	存	纲目体

表 12　　　　　　　　　**清代荆门州存佚方志表**

序号	志名	卷数	年代	纂修者	官私纂修	存佚	志体
1	荆门州志稿	八卷	康熙四年	李衷灿、郭占春、符国瑞	官修	存	平目体
2	荆门州志	三十六卷	乾隆十九年	舒成龙、魏光辉、王履泰	官修	存	纲目体
3	荆门州志	三十六卷	嘉庆十二年	王树勋、廖士琳	官修	存	纲目体
4	荆门州志士传	一册	道光	包世臣	不详	存	纲目体
5	荆门州志	十卷	咸丰九年	黄昌辅、王甲曾	官修	存	纲目体
6	荆门州志	十二卷	同治七年	恩荣、张圻	官修	存	纲目体
7	当阳县志	八卷	康熙九年	娄肇龙、杨州彦、栗引之	官修	存	平目体

序号	志名	卷数	年代	纂修者	官私纂修	存佚	志体
8	当阳县志	不详	乾隆二十三年	苗肇岱、郭孙俊、方璲	官修	佚	不详
9	当阳县志	九卷	乾隆五十九年	黄仁、童峦	官修	存	纲目体
10	当阳县志	十八卷	同治六年	阮恩光、王柏心	官修	存	纲目体
11	当阳县志	四卷	光绪十五年	李葆贞、李元才	官修	存	纲目体
12	远安县志	不详	顺治四年	周会隆	官修	佚	不详
13	远安县志	八卷	顺治十八年	安可愿、曾宗孔	官修	存	纲目体
14	远安县志	八卷	咸丰八年	赵广恩、朱锡绶、刘子垣	官修	存	纲目体
15	远安县志	八卷	同治五年	郑爝林、周葆恩	官修	存	纲目体

表 13　　　　　**清代武昌府志书朝代、种类分布表**　　　　（种）

朝代 ＼ 志种	府志	州志	县志	乡土志	汇总
顺治	0	0	2	0	2
康熙	2	1	12	0	15
雍正	0	1	1	0	2
乾隆	0	0	8	0	8
嘉庆	0	0	0	0	0

志种\朝代	府志	州志	县志	乡土志	汇总
道光	0	1	4	0	5
咸丰	0	0	0	0	0
同治	0	1	8	0	9
光绪	0	3	7	0	10
宣统	0	0	1	1	2
不详	0	0	0	0	0
汇总	2	7	43	1	53

表 14　　　　　清代汉阳府志书朝代、种类分布表　　　　（种）

志种\朝代	府志	州志	县志	汇总
顺治	0	0	2	2
康熙	1	3	3	7
雍正	0	0	0	0
乾隆	1	1	3	5
嘉庆	0	0	5	5
道光	0	0	1	1
咸丰	0	0	0	0
同治	0	1	5	6
光绪	0	4	4	8
宣统	0	0	0	0
不详	0	1	1	2
汇总	2	10	24	36

表 15　　　　　　清代黄州府志书朝代、种类分布表　　　　　（种）

志种\朝代	府志	州志	县志	乡土志	汇总
顺治	0	1	6	0	7
康熙	2	2	9	0	13
雍正	0	0	1	0	1
乾隆	1	1	11	0	13
嘉庆	0	0	0	0	0
道光	0	1	5	0	6
咸丰	0	1	0	0	1
同治	0	0	3	0	3
光绪	1	1	7	0	9
宣统	1	0	0	1	2
不详	0	0	1	0	1
汇总	5	7	43	1	56

表 16　　　　　　清代德安府志书朝代、种类分布表　　　　　（种）

志种\朝代	府志	州志	县志	汇总
顺治	0	1	0	1
康熙	1	1	6	8
雍正	0	0	1	1
乾隆	0	1	1	2
嘉庆	0	0	0	0
道光	0	0	2	2
咸丰	0	0	2	2
同治	0	1	2	3
光绪	1	0	2	3

志种　　朝代	府志	州志	县志	汇总
宣统	0	0	0	0
不详	0	0	0	0
汇总	2	4	16	22

表17　　　　　　清代襄阳府志书朝代、种类分布表　　　　（种）

志种　　朝代	府志	州志	县志	乡土志	汇总
顺治	1	0	1	0	2
康熙	1	2	5	0	8
雍正	0	0	0	0	0
乾隆	1	0	7	0	8
嘉庆	0	0	4	0	4
道光	1	0	3	1	5
咸丰	0	0	2	0	2
同治	0	0	6	0	6
光绪	1	1	4	1	7
宣统	0	0	0	0	0
不详	0	0	0	0	0
汇总	5	3	32	2	42

表18　　　　　　清代郧阳府志书朝代、种类分布表　　　　（种）

志种　　朝代	府志	县志	汇总
顺治	0	0	0
康熙	3	10	13

志种\朝代	府志	县志	汇总
雍正	0	1	1
乾隆	0	10	10
嘉庆	2	3	5
道光	0	3	3
咸丰	1	1	2
同治	0	7	7
光绪	0	1	1
宣统	0	0	0
不详	0	0	0
汇总	6	36	42

表19　　　　　　　　　**清代荆州府志书朝代、种类分布表**　　　　　　（种）

志种\朝代	府志	县志	卫志	乡土志	汇总
顺治	0	4	0	0	4
康熙	1	13	2	0	16
雍正	0	0	0	0	0
乾隆	1	4	0	0	5
嘉庆	0	1	0	0	1
道光	0	2	0	0	2
咸丰	0	0	0	0	0
同治	0	7	0	0	7
光绪	2	2	0	2	6
宣统	0	0	0	1	1
不详	0	0	0	0	0
汇总	4	33	2	3	42

表 20　　　　　　清代安陆府志书朝代、种类分布表　　　　　　（种）

志种　朝代	府志	县志	汇总
顺治	0	0	1
康熙	1	6	7
雍正	0	1	0
乾隆	1	2	0
嘉庆	0	0	3
道光	0	2	2
咸丰	0	1	1
同治	0	1	1
光绪	0	3	3
宣统	0	0	0
不详	0	0	0
汇总	1	17	18

表 21　　　　　　清代宜昌府志书朝代、种类分布表　　　　　　（种）

志种　朝代	府志	州志	县志	汇总
顺治	0	0	0	0
康熙	0	3	3	6
雍正	0	0	1	1
乾隆	0	3	3	6
嘉庆	0	1	3	4
道光	0	1	1	2
咸丰	0	0	1	1
同治	2	2	5	9
光绪	0	3	2	5

续表

志种 朝代	府志	州志	县志	汇总
宣统	0	0	0	0
不详	1	0	0	1
汇总	3	13	19	35

表 22　　　　　　　清代施南府志书朝代、种类分布表　　　　（种）

志种 朝代	府志	县志	卫志	土司志	汇总
顺治	0	0	4	0	4
康熙	0	3	0	1	4
雍正	0	1	1	0	2
乾隆	2	2	0	0	4
嘉庆	0	4	0	0	4
道光	1	1	0	0	2
咸丰	0	0	0	0	0
同治	1	11	0	0	12
光绪	1	1	0	0	2
宣统	0	0	0	0	0
不详	0	2	0	0	2
汇总	5	25	5	1	36

表 23　　　　　　　清代荆门州志书朝代、种类分布表　　　　（种）

志种 朝代	州志	县志	汇总
顺治	0	2	2
康熙	1	1	2

志种 朝代	州志	县志	汇总
雍正	0	0	0
乾隆	1	2	3
嘉庆	1	0	1
道光	1	0	1
咸丰	1	1	2
同治	1	2	3
光绪	0	1	1
宣统	0	0	0
不详	0	0	0
汇总	6	9	15

参 考 文 献

一、古籍文献

1. 正史、实录

《明史》，中华书局，1974 年。

《明实录》，台湾"中央研究院历史言语研究所"，1962 年。

《清实录》，中华书局，1986 年。

《清史稿》，中华书局，1977 年。

2. 方志

《中国地方志集成·湖北府县志辑》，江苏古籍出版社，2001 年。

《中国方志丛书·华中·湖北》，台湾成文出版社，1975 年。

《故宫珍本丛刊·湖北府州县志》，海南出版社，2001 年。

《北京大学图书馆藏地方志珍本丛刊》，国家图书馆出版社，2013 年。

《中国人民大学图书馆藏稀见方志丛刊》，国家图书馆出版社，2011 年。

《浙江图书馆藏稀见方志丛刊》，国家图书馆出版社，2011 年。

《上海图书馆藏稀见方志丛刊》，国家图书馆出版社，2011 年。

《重庆图书馆藏稀见方志丛刊》，国家图书馆出版社，2014 年。

《湖南图书馆藏稀见方志丛刊》，国家图书馆出版社，2014 年。

《华东师范大学图书馆藏稀见方志丛刊》，北京图书馆出版社，2005 年。

《复旦大学图书馆藏稀见方志丛刊》，国家图书馆出版社，2010 年。

《南京图书馆藏稀见方志》，国家图书馆出版社，2012 年。

《首都图书馆藏稀见方志》，国家图书馆出版社，2011 年。

《辽宁省图书馆藏稀见方志丛刊》，国家图书馆出版社，2012 年。

《清代孤本方志选》（一、二辑），线装书局，2001 年。

《日本藏中国罕见地方志丛刊》，书目文献出版社，1991 年。

《天一阁藏明代方志选刊》，上海古籍出版社，1981 年。

《天一阁藏明代方志选刊续编》，上海书店，1990 年。

《稀见中国地方志汇刊》，中国书店，2012 年。

《北京师范大学图书馆藏稀见方志丛刊续编》，北京图书馆出版社，2008 年。

《天春园藏善本方志选编》，学苑出版社，2009 年。

《国家图书馆藏地方志珍本丛刊》，国家图书馆出版社，2016 年。

《武汉大学图书馆地方志丛刊》，国家图书馆出版社，2016 年。

《上海辞书出版社图书馆藏稀见方志初编》，上海辞书出版社，2013 年。

《宋元方志丛刊》，中华书局，1990 年。

《中国历代书院志》，江苏教育出版社，1995 年。

《乡土志抄稿本选编》，线装书局，2002 年。

《中华山水志丛刊》，线装书局 2004 年。

万历《湖广总志》，四库全书存目丛书·史部。

康熙《湖广通志》，湖北省图书馆藏本。

雍正《湖广通志》，武汉大学图书馆藏本。

嘉庆《湖北通志》，武汉大学图书馆藏本。

章学诚：《湖北通志未成稿 湖北通志检存稿》，湖北教育出版社，2002 年。

洪良品：《湖北通志志余》，武汉大学图书馆藏复制本。

道光《云梦县志略》，武汉大学图书馆藏本。

万历《襄阳府志》，《四库全书存目丛书·史部》。

民国《黄陂县乡土志》，四川省图书馆藏本。

康熙《黄安县志》，天津图书馆藏本。

民国《巴东县志》，巴东县档案馆藏复制本。

民国《咸丰县志》，咸丰县方志办复制本。

3. 文集、笔记、杂录

陈振孙：《直斋书录题解》，上海古籍出版社，1987 年。

顾景星：《白茅堂集》，《清代诗文集汇编》第 76 册，上海古籍出版社，2010 年。

王柏心：《百柱堂集》，《续修四库全书》第 1527 册，上海古籍出版社，1995 年。

陈诗：《湖北旧闻录》，武汉出版社，1989 年。

周锡恩：《传鲁堂集》，国家图书馆藏本。

湖北省文史馆：《湖北文征》，湖北人民出版社，2014 年。

全祖望：《鲒埼亭集》，商务印书馆，1936 年。

甘鹏云：《潜江旧闻录》，湖北教育出版社，2002 年。

甘鹏云：《潜庐随笔》，《近代中国史料丛刊》第 97 辑，台湾文海出版社，1973 年。

甘鹏云：《潜庐类稿》，《近代中国史料丛刊续辑》第 34 辑，台湾文海出版社，1976 年。

甘云鹏：《潜江书征》，北京图书馆出版社，2008 年。

甘云鹏：《方志学两种》，岳麓书社，1984 年。

樊增祥：《樊山集》，《清代诗文集汇编》第 762 册，上海古籍出版社，2010 年。

王象之：《舆地纪胜》，中华书局，1992 年。

刘知几：《史通》，上海古籍出版社，1982 年。

姚振宗：《后汉艺文志》，《二十五史补编》第 2 册，中华书局，1986 年。

李昉：《太平御览》，中华书局，1966 年。

祝穆：《方舆胜览》，中华书局，2003 年。

章学诚：《文史通义》，上海古籍出版社，2008 年。

范锴：《汉口丛谈》，台湾成文出版社，1975 年。

王葆心：《续汉口丛谈》，湖北教育出版社，2002 年。

王葆心：《再续汉口丛谈》，湖北教育出版社，2002 年。

萧穆：《敬孚类稿》，黄山书社，1992 年。

陶士僙：《运甓轩文集》，乾隆二十七年刻本。

周锡恩：《传鲁堂文集》，光绪二十年刻本。

二、今人著述

巴兆祥：《方志学新论》，学林出版社，2004 年。

巴兆祥：《中国地方志流播日本研究》，上海人民出版社，2008 年。

曹子西、赵庚奇编：《中国地方志论集》，北京燕山出版社，1989年。

仓修良：《方志学通论》（修订本），方志出版社，2003 年。

陈光贻：《稀见地方志提要》，齐鲁书社，1987 年。

陈光贻：《中国方志学史》，福建人民出版社，1998 年。

陈捷先：《台湾方志研究》，台湾学生书局，1996 年。

陈运溶、王仁俊辑，石洪运点校：《荆州记九种》，湖北人民出版社，1999 年。

崔建英：《日本见藏稀见中国地方志书录》，书目文献出版社，1986 年。

地方史志研究组：《中国地方志论集（1919—1949）》，吉林省地方志编纂委员会、吉林省图书馆学会，1985 年。

地方史志研究组：《中国地方志论集（1950—1983》，吉林省地方志编纂委员会、吉林省图书馆学会，1985 年。

傅振伦：《傅振伦方志论著选》，浙江人民出版社，1992 年。

胡玉冰：《宁夏地方志研究》，中国社会科学出版社，2012 年。

湖北省地方志编纂委员会：《湖北方志论集》，湖北省地方志编纂委员会办公室，湖北省地方史志协会，1985 年。

黄道立：《中国方志学》，巴蜀书社，2005 年。

黄德馨、傅登舟：《中国方志学家研究》，武汉出版社1989年。

黄红萍：《武汉旧志序跋校注》，武汉出版社，2009年。

黄苇：《方志学》，复旦大学出版社，1993年。

黄苇：《中国地方志辞典》，黄山书社，1986年。

顾宏义：《宋朝方志考》，上海古籍出版社，2010年。

顾宏义：《金元方志考》，上海古籍出版社，2012年。

金恩辉、胡述达主编：《中国地方志总目提要》，台北汉美图书有限公司，1996年。

来新夏：《方志学概论》，福建人民出版社，1983年。

李晓方：《县志编纂与地方社会：明清〈瑞金县志〉研究》，中国社会科学出版社，2015年。

李仲均：《中国古代地学书录》，中国地质大学出版社，1997年。

梁启超：《中国近三百年学术史》，岳麓书社，2010年。

林久贵：《湖北地方古文献研究》，崇文书局，2009年。

林平：《明代方志考》，四川大学出版社，2001年。

林天蔚：《方志学与地方史研究》，南天书局有限公司，1995年。

林衍经：《方志学综论》，华东师范大学出版社，2008年。

刘道胜：《徽州方志研究》，黄山书社，2010年。

刘纬毅：《汉唐方志辑佚》，北京图书馆出版社，1997年。

刘纬毅：《汉唐地理总志钩沉》，国家图书馆出版社，2016年。

刘纬毅：《宋辽金元方志辑佚》，上海古籍出版社，2011年。

刘纬毅：《中国地方志》，新华出版社，1991年。

刘光禄：《中国方志学概要》，中国展望出版社，1983年。

骆兆平：《天一阁藏明代地方志考录》，书目文献出版社，1982年。

陆振岳：《方志学研究》，齐鲁书社，2013年。

罗福惠：《湖北近三百年学术文化》，武汉出版社，1994年。

罗福惠：《湖北通史晚清卷》，华中师范大学出版社，1999年。

吕志毅：《方志学史》，河北大学出版社，1993年。

马蓉：《永乐大典方志辑佚》，中华书局，2004年。

潘新藻：《湖北省建制沿革》，湖北人民出版社，1987年。

宋曦：《方志学研究论丛》，台湾"商务印书馆"，1990年。

沈松平：《方志发展史》，浙江大学出版社，2013年。

王葆心：《方志学发微》，湖北省地方志编纂委员会办公室，1984年。

王德恒：《中国方志学》，大象出版社，2009年。

王漠：《汉唐地理书钞》，中华书局，1961年。

王晓岩：《历代名人论方志》，辽宁大学出版社，1986年。

王晓岩：《方志体例古今谈》，巴蜀书社，1989年。

王卫平：《中国近代方志学》，江苏古籍出版社，2002年。

王中明：《中国地方志论文索引：1911—1949》，吉林省地方志编纂委员会，1985年。

习凿齿撰，舒焚、张林川校注：《襄阳耆旧记校注》，荆楚书社，1986年。

徐孝宓、刘昌润：《湖北省地方志考略》，吉林地方志编纂委员会、吉林省图书馆学会，1988年。

阳海清：《中南、西南地区省、市图书馆藏古籍稿本提要》，华中理工大学出版社，1998年。

袁艳梅：《古傩史料 湖北方志卷》，中央民族大学出版社，2003年。

曾新：《明清广州城及方志城图研究》，广东人民出版社，2013年。

张安东：《清代安徽方志研究》，黄山书社，2012年。

张国淦：《中国古方志考》，中华书局，1962年。

张康逊原辑、张国淦续辑：《湖北书征存目》，北京图书馆出版社，2008年。

张英聘：《明代南直隶方志研究》，社会科学文献出版社，2005年。

中国地方志论文索引编辑组：《中国地方志论文索引：1981—1995年》，国家图书馆地方志和家谱文献中心，1999年。

中国地方史志协会：《中国地方志总论》，吉林省地方志编纂委员会、吉林省图书馆学会，1981 年。

中国地方史志协会：《中国地方志分论》，吉林省地方志编纂委员会、吉林省图书馆学会，1981 年。

中国地方志指导小组：《清代方志序跋汇编》，上海古籍出版社，2014 年。

《中国方志大辞典》编纂委员会：《中国方志大辞典》，浙江人民出版社，1988 年。

中国地方志指导小组办公室：《中国方志文献汇编》，方志出版社，1999 年。

中国地方志指导小组办公室：《中国方志通鉴》，方志出版社，2010 年。

中国地方志指导小组办公室：《方志文献国际学术研讨会论文汇编》，宁波市人民政府地方志办公室，2011 年。

中国地方志指导小组办公室：《中国地方志论文论著索引(1913—2007)》，方志出版社，2014 年。

中国科学院图书馆：《续修四库全书总目提要(稿本)》，齐鲁书社，1996 年。

中国科学院北京天文台：《中国地方志联合目录》，中华书局，1985 年。

赵心愚：《清代西藏方志研究》，商务印书馆，2016 年。

朱士嘉：《中国地方志综录》，商务印书馆，1958 年。

朱士嘉：《中国旧志名家论选》，北京燕山出版社，1988 年。

章学诚撰、叶瑛校注：《文史通义校注》，中华书局，2014 年。

三、学术论文

1. 期刊论文

巴兆祥：《明代方志编纂述略》，《文献》1988 年第 3 期。

巴兆祥：《明代佚志述略》，《文献》1990 年第 4 期。

巴兆祥：《论〈大清一统志〉的编修对清代地方志的影响》，《宁夏社会科学》2004 年第 3 期。

巴兆祥：《论明代方志的数量与修志制度》，《中国地方志》2004 年第 4 期。

包弼德著，吴松弟译：《地方史的兴起：宋元婺州的历史、地理和文化》，《历史地理》2006 年第 1 期。

常建华：《试论中国地方志的社会史资料价值》，《中国社会历史评论》2006 年第 1 期。

陈蕴茜：《论清末民初士绅与江浙地方志的变化》，《江海学刊》2004 年第 4 期。

陈君静：《近三十年来美国的中国地方史研究》，《史学史研究》2002 年第 1 期。

戴思哲：《明代方志出版中的财务问题》，《浙江大学学报》2010 年第 6 期。

邸富生、方致：《试论方志的起源、性质和作用》，《河北师范大学学报(哲学社会科学版)》1985 年第 3 期。

邸富生：《试论清代方志的纂修》，《辽宁师范大学学报(社会科学版)》1986 年第 4 期。

邸富生：《试论元代志书的纂修与方志理论》，《辽宁师范大学学报(社会科学版)》1990 年第 1 期。

刁美林：《清代学者整理宋元方志文献成就考》，《故宫学刊》2014 年第 2 期。

杜七红：《〈汉口小志〉的编纂体例与史料价值》，《史学月刊》2009 年第 10 期。

范植清：《鄂西州及长阳、五峰古佚方志考略》，《鄂西大学学报(哲学社会科学版)》1989 年第 1 期。

方豪：《关于若干台湾方志的新认识》，《方豪教授台湾史论文选集》，捷幼出版社，1999 年。

顾志兴：《试论明清时期地方志的官私收藏》，《浙江学刊》2015 年第 3 期。

郭康松：《论章学诚与湖北及〈湖北通志〉》，中国历史文献研究会：《章学诚国际学术研讨会论文集》，北京图书馆出版社，2004 年。

桂始馨：《南宋方志编纂学浅析》，《史学史研究》2010 年第 3 期。

洪焕椿：《南宋方志学家的主要成就和方志学的形成》，《史学史研究》1986 年第 4 期。

胡宝国：《魏晋南北朝时期的州郡地志》，《中国史研究》2001 年第 4 期。

胡宝国：《魏晋南北朝的私撰地志》，《文史知识》2003 年第 1 期。

黄苇：《论宋元地方志书》，《历史研究》1983 年第 3 期。

黄燕生：《宋代地方志的史料价值》，《中国国家图书馆馆刊》1984 年第 2 期。

黄燕生：《元代的地方志》，《史学史研究》1987 年第 3 期。

黄燕生：《论明代的地方志》，《史学史研究》1989 年第 4 期。

黄燕生：《清代方志的编修类型和特点》，《史学史研究》1990 年第 4 期。

黄燕生：《〈永乐大典〉征引方志考述》，《中国历史文物》2002 年第 3 期。

来新夏：《略论地方志的研究状况与趋势》，《天津社会科学》1981 年第 2 期。

来新夏：《1949 年以来中国地方志的编写与研究》，《高校社科情报》1994 年 1 期。

来新夏：《中国地方志的史料价值及其利用》，《国家图书馆学刊》2005 年第 1 期。

里僻：《章学诚在湖北及其学术上给我们的启示》，《湖北方志通讯》1986 年第 1 期。

李晓方：《社会史视野下的地方志利用与研究述论》，《兰州学科》2010 年第 11 期。

李艳秋：《国外所藏中国地方志及其目录》，《图书与情报》1997 年第 3 期。

林衍经：《方志学源流疏论》，《安徽大学学报》1983 年第 3 期。

刘光禄：《历史上方志的派别、类型和修志主张》，《档案工作》1981 年第 2 期。

刘刚：《中国方志书目与索引述略》，《国家图书馆学刊》1997 年第 1 期。

刘刚：《中国方志工具书概述》，《中国地方志》1997 年第 4 期。

刘云军：《20 世纪宋代方志研究、出版综述》，《中国地方志》2008 年第 1 期。

陆敏珍：《宋代地方志编纂中的"地方"书写》，《史学理论研究》2012 年第 2 期。

罗新：《〈永乐大典〉所录湖北方志考》，《湖北方志通讯》1988 年第 3 期。

罗福惠：《停滞社会的重重危机——主要从林则徐奏稿中发现前近代湖北的社会问题》，《江汉论坛》2001 年第 2 期。

马强：《宋代地志学兴盛原因初探》，《中国地方志》2004 年第 11 期。

米彦军：《日本藏中国方志及研究综述》，《中国地方志》2005 年第 7 期。

潘晟：《谁的叙述——明代方志地图绘制人员身份初考》，《中国历史地理论丛》2004 年第 1 期。

邱新立、王芳：《中国五六十年代地方志的编修始末及成果概述》，《中国地方志》2000 年第 1 期。

孙继民：《六朝两湖方志的流传和散佚》，《湖北方志通讯》1986 年第 1 期。

佘广和：《近百年来中国方志与方志学研究》，《图书馆理论与实践》2001 年第 1 期。

涂明星：《湖北图书馆藏孤本〈灵泉志〉之编纂历程与史料价值》，《中国地方志》2015 年第 5 期。

徐鹏：《七十年来海外收藏中国方志研究综述》，《中国地方志》

2013 年第 6 期。

小林幸夫:《地方志的修刊和捐输》,熊本大学《文学部论丛》第 78 期。

小林幸夫:《清代地方志鉴定制度》,熊本大学《文学部论丛》第 93 期。

小林幸夫:《地方志的编修、刊行与地域社会》,熊本大学《文学部论丛》第 100 期。

王琳:《六朝地记——地理与文学的结合》,《文史哲》2012 年第 1 期。

王毓蔺:《魏晋南北朝方志初探》,《中国历史地理论丛》2007 年第 4 期。

王卫婷:《魏晋南北朝郡地记与地域意识述略》,《南京晓庄学院学报》2007 年第 5 期。

王娟侠:《略论南北朝地志的山水化与文学化》,《乐山师范学院学报》2006 年第 7 期。

王卫平:《日本的地方史志编纂》,《中国地方志》2000 年第 3 期。

吴景熙:《国内现存方志、北京图书馆藏方志及其他》,《中国地方志史志》1982 年第 6 期。

夏欣期:《方志编纂中的人物里籍争议之管见》,《上饶师范学院学报》1988 年第 1 期。

杨宪武:《公安派与公安县志》,台湾《湖北文献》1976 年第 40 期。

殷崇浩:《方志所见鄂境明代王庄及其危害》,《中国经济史研究》1988 年第 3 期。

于希贤:《中国方志发展史上的流派简论》,《中国历史地理论丛》1992 年第 4 期。

尹章义:《清代台湾方志与近卅年所修台湾方志之比较研究》,《台湾开发史研究》,联经出版社,1989 年。

曾育荣:《〈寿昌乘〉辑本辑佚之考察》,《中国地方志》2015 年第 2 期。

张安东:《清代方志编纂体例探析——以清代皖志编纂为例》,《大学图书馆情报学刊》2010 年第 6 期。

张建民：《湖广分省问题述论》，《江汉论坛》2003 年第 6 期。

张培玉：《明清郧阳府志述略》，《中国地方志》2007 年第 12 期。

张升：《明代方志数质疑》，《中国地方志》2000 年第 3 期。

张廷银：《地方志中"八景"的文化意义及史料价值》，《文献》2003 年第 4 期。

张新民：《地方性知识的文本世界——贵州地方志修纂源流考论》，《贵州民族研究》2007 年第 2 期。

张小也：《地方志与地方史的建构——以清代〈江夏县志〉与民间文献〈灵泉志〉的对比为中心》，《清史研究》2012 年第 3 期。

张翔：《中国地方志在日本》，《江苏图书馆学报》1996 年第 6 期。

张英聘：《日本现存中国大陆缺、残明代地方志考录》，《河北大学学报》2003 年第 1 期。

张英聘：《试述明代方志的编修组织——以明代南直隶方志的编修为例》，《中国地方志》2005 年第 5 期。

张英聘：《论〈大明一统志〉的编修》，《史学史研究》2004 年第 4 期。

赵心愚：《试论元代方志在中国方志史上的地位》，《西南民族大学学报（人文社科版）》2003 年第 2 期。

邹涛：《20 世纪以来晚清至民国时期乡土志研究综述》，《中国地方志》2013 年第 4 期。

朱志先：《〈兴都志〉与〈承天大志〉纂修考述》，《中国地方志》2003 年第 7 期。

朱志先、张霞：《王廷陈参修〈兴都志〉考述》，《黄冈师范学院》2011 年第 1 期。

2. 学位论文

方广岭：《清代直隶方志研究》，南开大学博士学位论文，2010 年。

胡伟：《〈寿昌乘〉研究》，湖北大学硕士学位论文，2012 年。

洪嫚：《章学诚〈湖北通志〉简论》，湖北大学硕士学位论文，2005 年。

邱新立:《中国近代转型时期的方志研究》,北京大学博士学位论文,2003 年。

宋佳:《论章学诚的方志思想在后世的影响》,宁波大学硕士学位论文,2011 年。

童莳:《王葆心方志学思想研究》,湖北大学硕士学位论文,2009 年。

王晶晶:《60 年来美国学者对中国旧方志整理、研究与利用》,华中师范大学硕士学位论文,2012 年。

吴猛:《〈湖北艺文志〉研究》,湖北大学硕士学位论文,2006 年。

杨桂萍:《宜昌旧志研究》,华中师范大学硕士学位论文,2015 年。

张全晓:《明代武当山志研究》,华中师范大学博士学位论文,2011 年。

张卫萍:《天门旧志研究》,华中师范大学硕士学位论文,2011 年。

周斌:《六朝荆州地记研究》,山东师范大学硕士学位论文,2013 年。

后 记

方志，以独特的体例记录一地自然、社会的历史和现状，是珍贵的地情文献，是中华民族的瑰宝。历经千百年的沧桑，现存旧志大约八千多种，约占现存古籍的十分之一，数量宏富，内容广泛，对服务社会生产和推动学术研究有着较高的价值。作为文化较发达的地区，湖北方志编纂历史悠久，数量之多，普及之广，在全国具有特殊地位，尤其是清代，志书数量远超前代，成就显著，为方志发展的鼎盛时期，某些方志在中国方志史上具有突出的地位。目前学界对湖北方志研究大多侧重于少数几种方志，而对湖北方志整体考察较为薄弱。拙著以清代湖北方志为研究重点，兼及清代以前和民国方志，利用文献法、比较法和计量史学等研究方法，在爬梳新旧湖北方志、文集笔记和目录学著作等基础上，充分借鉴和融汇前人研究成果，根据湖北方志发展概况，结合中国方志史特征，探究清代之前湖北方志的时空分布、存佚概况、编纂特色以及内容价值等，厘清湖北方志发展的基本脉络；从宏观的角度探究清代各阶段方志特征、志书种类、编纂体例，基本认识和把握清代湖北方志编纂的主要特征及其发展规律；着重探究清代湖北方志的成就，分析方志繁盛的原因，探讨清代湖北方志时空分布的差异性及其缘由；系统梳理清代湖北散佚方志，考述书名、卷数、纂修者、流传及其散佚年代等内容；同时探究清代湖北方志散佚原因及其特征，整体上揭示清代湖北散佚方志状况；探究清代湖北方志的人员设置、经费来源和编纂流程等内容，揭示清代湖北方志编纂的实践情况。

本书在博士学位论文的基础上，经过修改、完善而成，得到湖北省社科基金后期资助、湖北省人文社科重点研究基地武当文化研究与传播中心、湖北汽车工业学院博士科研启动项目的资助，特此感谢。

感谢华中师范大学历史文化学院院长吴琦教授和武汉大学历史学院张建民教授的耐心指导、悉心教诲、鞭策鼓励，以及在生活和学习等方面给予的诸多关心与帮助。两位授业恩师为人谦逊，处世平和，视野开阔，治学谨严，是学生一生学习的楷模。

武汉大学历史学院陈锋教授、杨华教授、谢贵安教授、杨国安教授、洪均教授，华中师范大学历史文化学院董恩林教授、周国林教授、冯玉荣教授、湖北师范大学蔡明伦教授、张泰山教授，惠州学院徐旭阳教授、华南农业大学刘玲娣教授、汉江师范学院王洪军教授、中国地方志领导小组办公室张英聘研究员、中国方志馆和卫国研究员、复旦大学巴兆祥教授、湖北省旅游与文化厅司念堂调研员、十堰市郧西县县委常委、常务副县长胡勇先生、县委政研室方华均主任、县人大常委会研究室李仁喜主任、十堰市武当山特区地方志办公室范学锋主任、十堰郧阳中学魏楚楚女士等诸多师长学友在书稿撰写过程中提供的热忱帮助以及生活中的无私关爱，难以忘怀，深表谢忱。

本书能够顺利出版，还要感谢湖北汽车工业学院党委副书记杨立志教授、宣传部部长计毅波教授、马克思主义学院杨高举院长、李崇祥书记、黄永昌副院长、成继平副院长、徐永安教授、孙绪兵教授、董文波副教授、张晓莉副教授、闵清副教授、刘明辉老师、刘汉朝老师、金威威老师、马保青老师、程慧中老师等领导和同事，在生活和工作中给予指导、帮助以及包容。

感谢武汉大学出版社副总编辑王雅红女士、文史编辑李程女士、黄河清女士，以其丰富的编辑经验和专业的历史知识，修订书稿多处错误，为本书的编辑、出版付出了艰辛的劳动。

最后特别感谢家人一直以来的理解和支持。内子张娜承担了多数家务，并校阅部分文稿；爱女严可馨的降生，也增添了甚多的欢喜和乐趣。

文化是民族的血脉，是精神的支柱。方志作为中华优秀传统文化的重要载体，也是中华优秀传统文化的有机构成，内容丰富，价值性高，相关研究亦有很大的拓展空间。本书对清代湖北方志诸多问题尚未涉及和充分探究，在研究深度、广度和高度上仍有待努力和提高，加上笔者久处一方，学识浅薄，鱼鲁亥豕之误，亦恐难免，敬请学界各位前辈和同仁批评指正。

严忠良

于湖北省十堰市对山居

2020 年 7 月